浙江省普通高校"十三五"新形态教材

21世纪经济管理新形态教材·管理学系列

数字管理概论

杨小平 ◎ 主　编

马　帅　朱梦丽
李晓明　王明宪 ◎ 副主编

清华大学出版社
北　京

内 容 简 介

本书力图体现数字时代背景下数字化管理的内涵和特点,广泛汲取商科最新的理念和方法,立足于本土实践经验和管理案例,对企业经营中的人力资源管理、营销管理、客户关系管理、供应链管理、财务管理、风险管理以及大数据管理等从数字化角度进行了引导式和探索性剖析,理论与实践相结合,从而为高等院校和社会培训机构培养应用型人才提供有力的教材支撑。

图书在版编目(CIP)数据

数字管理概论/杨小平主编.—北京:清华大学出版社,2022.9(2024.8重印)
21世纪经济管理新形态教材.管理学系列
ISBN 978-7-302-61836-2

Ⅰ.①数… Ⅱ.①杨… Ⅲ.①数字技术-应用-企业管理-高等学校-教材 Ⅳ.①F272.7

中国版本图书馆 CIP 数据核字(2022)第 172524 号

责任编辑:张 伟
封面设计:汉风唐韵
责任校对:王凤芝
责任印制:刘 菲

出版发行:清华大学出版社
  网 址:https://www.tup.com.cn,https://www.wqxuetang.com
  地 址:北京清华大学学研大厦 A 座 邮 编:100084
  社 总 机:010-83470000 邮 购:010-62786544
  投稿与读者服务:010-62776969,c-service@tup.tsinghua.edu.cn
  质量反馈:010-62772015,zhiliang@tup.tsinghua.edu.cn
  课件下载:https://www.tup.com.cn,010-83470142
印 装 者:三河市龙大印装有限公司
经 销:全国新华书店
开 本:185mm×260mm 印 张:15.25 字 数:345 千字
版 次:2022 年 11 月第 1 版 印 次:2024 年 8 月第 2 次印刷
定 价:49.00 元

产品编号:091759-01

前　言

党的二十大报告提出，要"加快发展数字经济，促进数字经济和实体经济深度融合"。产业数字化是发展数字经济的重要任务之一，而落实到企业则体现在企业管理各环节的数字化转型。当前，大数据、互联网、人工智能等新技术正不断改变人们的生活方式和商业模式，我国的数字经济发展处于世界领先位置，企业管理的数字化程度也在不断提高。如果在管理类专业授课中依然遵循传统的教学模式和内容，则无法培养出能够充分满足现代化管理要求的人才，数字化管理相关教材的编著以及专业教育改革迫在眉睫。

现代企业经营涉及人力资源管理、营销管理、财务管理、供应链管理等模块。本书对各个模块的基本内涵进行了回顾和梳理，同时对数字时代各模块面临的挑战以及未来发展趋势进行了分析，对当下各模块的数字化应用和策略进行了讲解，结合若干应用实例，达到理论与实践相结合的效果，从而为培养应用型人才提供有力的教材支撑。在本书编写过程中，编者走访了若干知名企业，通过访谈和实地参观，获取了大量企业经营中数字化管理的一手资料，紧跟企业数字化进程最新步伐，使得本书具有较强的可参考性。

本书的完成靠的是编委会全体成员的辛劳付出和密切合作，参与编写的成员有杨小平（第一章和全书统筹）、马帅（第二章、第三章、第四章）、王明宪（第五章）、朱梦丽（第六章、第七章）、李晓明（第八章）等。在编写过程中，编者还得到了其他学者的大力支持、帮助和建议，在此深表感谢。

本书的编写，参阅和借鉴了大量的书籍、论文、行业报告等相关资料，这里不再一一列举，谨在此向原作者深表谢意。由于时间有限，编写比较仓促，且编者能力有限，书中难免疏漏，恳请各位读者不吝指正，以使本书不断完善。

编　者

2024 年 7 月

目录

第一章

数字化管理概述

 **学习目标**

1. 掌握管理的基本概念、职能及特征,了解新时代管理面临的挑战与发展趋势。
2. 掌握数字化的基本内涵、特征及作用,了解信息化发展历程与脉络。
3. 掌握数字化管理的主要架构,结合实际案例理解数字化管理的价值与魅力。

引导案例

祖名豆制品股份有限公司(以下简称"祖名")是一家总部位于杭州的大型豆制品生产企业,具有很强的研发能力,拥有扬州祖名豆制食品有限公司等3家全资子公司。公司主要生产鲜豆浆、休闲豆制品等食品,单品总数达到400多种。

祖名自1994年成立之初就致力于生产健康的食品,期望通过科学、合理的内部管理机制不断提升产品质量,更重要的是提高自主创新能力。经过20多年的发展,祖名从一家小型的豆制品加工厂逐渐发展壮大为当地滨江区的龙头企业,它是全国农产品加工的示范企业,也是我国豆制品国家标准制定的参与单位之一。

作为一家传统行业企业,如何利用数字技术挖掘管理效能、提高企业竞争力是公司创始人蔡祖明先生一直思考的问题。在蔡祖明先生现代化企业管理思维模式领导下,祖名从财务入手,通过业财融合的方式逐渐实现了公司财务信息与业务信息的集成,并从中尝到了巨大的甜头,获得意想不到的回报。进一步,公司已开始利用物联网(IoT)技术、云计算、AI(人工智能)等数字技术改造业务流程和逻辑,不仅激发了公司的管理效能,更提高了公司的核心竞争力。

资料来源:祖名公司网站 www.chinazuming.cn,公司访谈资料。

第一节 管理是什么

一、管理的概念

管理是指一定组织中的管理者,通过实施计划、组织、领导、协调、控制等职能来协调他人的行为,使他人与自己共同实现既定目标的过程。管理是人类组织活动中最普通和最重要的一项活动,然而管理的具体定义至今仍未在学术界达成共识,以下列举了在管理学的发展历程中有关"管理"定义的一些表述。

"管理理论之父"亨利·法约尔(Henri Fayol)在其著作《工业管理与一般管理》中给出了管理的概念。他认为:管理是所有的人类组织都有的一种活动。法约尔对管理的看法颇受后人的推崇与肯定,并形成了管理过程学派,对西方管理理论的发展产生了重大影响。哈罗德·孔茨(Harold Koontz)是第二次世界大战后这一学派的继承人与发扬人,使该学派风行全球。

"科学管理之父"弗雷德里克·泰勒(Frederick Winslow Taylor)在《科学管理原理》一书中指出:"管理就是确切地知道你要别人干什么,并使他用最好的方法去干。"在泰勒看来,管理就是指挥他人能用最好的办法去工作。

"现代管理学之父"彼得·德鲁克(Peter F. Drucker)的《管理:任务、责任和实践》中的观点为:"管理是一种工作,它有自己的技巧、工具和方法;管理是一种器官,是赋予组织以生命的、能动的、动态的器官;管理是一门科学,一种系统化的并到处适用的知识;同时管理也是一种文化。"

此外,诺贝尔经济学奖得主赫伯特·西蒙(Herbert A. Simon,1916—2001)在其著作《管理决策新科学》中对管理的定义为:"管理就是制定决策。"组织行为学的权威学者斯蒂芬·罗宾斯(Stephen P. Robbins)提出:所谓管理,是指同别人一起,或通过别人使活动完成得更有效的过程。国内著名学者吴广扬对管理的理解为:管着最基本的行为和执行着最初心里想的问题。

上述种种描述和定义都可帮助人们从不同的角度去了解管理的内在含义,虽然结论不同,但无疑都从各种角度对管理的内涵做了不同的揭示,启发了人们对管理的全面认知。管理,从字义上理解,就是管辖、梳理或处理。管,表示有堵有疏、疏堵结合。由此可知,管理不仅包含引导、促进和疏通,还包含对员工的限制和约束。需要强调的是,管理更需要理解事物的本质,以事物的发展规律为基础,即"合理""顺理",犹如治水一般疏堵结合,利用内在规律使企业发展顺其自然。所以,管理就是合理地疏与堵的思维与行为。我们认为,管理是通过协调和控制人或组织的行为,使得工作和谐、持续、高效地开展,其定义主要包含以下四个重点。

(1)管理是人们进行的一项社会实践活动。

(2)管理是人类自觉的行为,这种自觉性源于人们要使自己的行为符合事物的客观运行规律。

(3)管理的目的是使人们所从事的工作(活动)能够和谐、协调地进行,并且能够使其活动的效率不断提高。

(4)管理的对象是人及组织以及他们所从事的工作和事务。

二、管理的内容

管理旨在提高整体的效益和效率,核心是人。就管理的本质而言,管理的目标为通过整合企业内部的各种资源,利用最适宜的方式和方法,结合最优化的投入产出结构,不仅要获得更多的收益,而且要实现企业可持续发展的战略目标。管理包含以下 10 个基本组成部分。

(1)计划管理:基于规划、预测、预算等基本方针,以企业的战略发展目标为前提,确保有序地组织企业的各项经营活动。计划管理还能直接体现出企业的既定目标。

（2）组织管理：构建各类管理职能，设立相应的管理岗位及部门，明确权责之间的关系，使组织中的成员更好地相互协调配合，进而实现企业的组织目标。

（3）物资管理：对企业各项活动所需物资的采购计划进行梳理，通过购买和存储来确保物资的供应充裕，同时需控制采购成本。

（4）质量管理：对企业的生产成果进行监督、考查与检验。

（5）成本管理：对企业的各项支出进行分析、预测与核算，完成成本管控计划及成本考核。

（6）财务管理：对企业的财务活动包括固定资金、流动资金、专用基金、盈利等的形成、分配与使用进行综合管理。

（7）劳动人事管理：在企业的各项经济活动中对劳动与人事进行全面的计划、组织和协调，需将适合的人放在适合的岗位，目标为构建统一协调、灵活管控的人事系统。

（8）营销管理：对产品进行合理定价，制订相应的促销方案，也可采用分销的销售模式。

（9）团队管理：在企业的各项活动中，团队发挥的作用尤为关键。团队合作需重视成员不同的工作类别和个人能力，良好的团队配合能同时提高企业处理问题的效率及解决问题的能力。

（10）企业文化管理：对企业的文化进行梳理并从中提炼、升华，让员工在良好的企业文化引领下实现个人发展，同时匹配企业的发展战略需求，促使员工更好地融入企业生产经营的管理条线和管理模块。

三、管理的职能

管理职能的确定对组织机构的发展尤为关键，然而"职能"的具体内容至今仍未在学术界形成一致观点。法约尔最早系统地提出了管理的职能结构，具体包含计划、指挥、协调、组织、控制五项职能，其中计划是这些职能中的关键因素。在他的论述里，组织一个企业的目的是为正常的生产经营活动提供必要的原料、资本、人员和设备，而指挥的目的是企业将任务顺利地分配至各个层级或部门，使各相应的领导人承担各自的责任，并开展下一级的分配与分工。协调主要指的是企业人员在各项活动中相互配合，确保企业正常地运转与良好地协调，这也有利于企业的效益最大化。控制的目标为证实各项工作都与既定计划相符合，且与下达的指令及基本原则相符合。法约尔提出的理论得到了学术界的广泛认同，大量学者也以此为基础来进行拓展研究，并形成了许多新的理论与认知。虽然管理学领域的专家、学者会针对不同企业管理模式下的职能结构进行不同的分类，但是大体上没有超越法约尔的范畴。

（一）计划

计划有广义和狭义之分。广义的计划包括制订计划、执行计划和检查计划三个阶段的工作过程。狭义的计划是指制订计划，即根据组织内外部的实际情况，权衡客观的需要和主观的可能,通过科学的调查预测,提出在未来一定时期内组织所需达到的具体目标以及实现目标的方法。

(二)组织

在管理学中,组织的内涵可以从静态和动态两个方面来理解。静态是指组织结构,它能够直观地反映出人、职位、任务及相互之间的关系,形成一个分工明确的体系网络,而该网络包括分工的范围、程度等内容,网络中各部门之间的层次结构清晰明了,以此形成科学合理的框架体系。动态是指通过组织结构的维持与变化来完成既定的组织目标。基于组织机构的构建、发展及变革,对日常生产经营的各要素与各环节从时间、空间上进行动态组合,确保系统中的每位成员都会受到上一级的管理与协调。为使个人和集体的职能变得更加清晰,动态调整也可能会形成全新的、大于个人和小集体功能简单加总的整体职能。

(三)领导

领导是指企业的管理者,管理者有权指挥下属和组织员工为共同的既定目标而努力,也能通过激励的方式来鼓励员工,其职能主要包括指挥、激励以及协调。

(四)控制

控制指的是促使企业内部的各个部门都能依据相关的规定进行正常运作,由此实现共同目标,具体的控制内容为拟订标准、寻找偏差、下达纠偏指令。

四、管理的学派

管理理论的发展历程中涌现出许多学派,目前各学派并存,从不同的视角对管理的理论进行了阐述,这些学派都对企业管理理论发展作出了贡献,人们常用"管理理论丛林"来描述管理理论的现状。

(一)管理过程学派

管理过程学派也被称为经营管理学派,该学派是自西方的古典管理学派之后对学界影响最大的一个学派,对后续的学术研究产生了深远的影响,也是目前全球历史最为悠久的学派之一。古典管理理论最具代表性的人物就是该学派的创始人法约尔,法约尔提出的理论也受到一些后来学者的推崇,如美国学者哈罗德·孔茨等人将古典管理理论发扬光大,使之成为全球的主流管理理论之一。

管理过程学派以管理职能及其所发挥的功能作为研究对象,该学派强调利用管理来组织和协调他人共同完成既定目标。管理过程和管理职能是密不可分的,管理过程指的是管理职能在日常生产经营中发挥作用的整个过程。基于此,管理过程学派针对管理过程和管理职能的相互关系进行了研究,并重新定义了管理的概念,阐述了相应的原则,形成了一种"一般性"的管理理论。就研究方法而言,该学派往往会以管理人员的工作内容为依据来进行各岗位职能的划分,通过管理实践来分析管理职能,进而探索管理的基本原则和规律。管理过程学派也运用上述的研究方法对管理工作的具体内容进行了总结与归纳,完善了可运用于指导管理实践的相关理论。

哈罗德·孔茨和西里尔·奥唐奈(Cyril O'Donnell)是管理过程学派的代表人物,他们对管理的过程进行分析时将管理定义为"通过其他人来完成工作的职能",同时强调了管理原则和方法的重要性。此外,他们还认为管理是一门艺术,管理学的理论和方法都具有普遍适用性。他们在《管理学原理》一书中将管理的职能分解为计划、人事、指挥、控制和组织五项。该书也指出在管理的过程中这五项职能应按一定的顺序执行,然而在实际企业经营过程中,这些职能往往是同时执行的。职能中的每项任务都会对组织的发展与创新作出贡献,但其中的"协调"并非独立的职能,而是更有效地运用了其他职能。以上两位学者对五项职能及相关原则进行了如下的详细说明。

(1)计划:五项管理职能中最基本的一项职能,计划需对未来各类行为过程作出预判和抉择。除此以外,其余四项职能都必须体现出计划职能的具体要求。

(2)人事:该项职能包括对员工的选用、考评、储备,以及员工个人能力的开发与利用等。就雇用的选择而言,孔茨和奥唐奈给出了四种常用的方式,包括智力检测、职业检测、性格检测以及个人适应性测试。

(3)指挥:该职能主要是指上级领导通过对下级员工的管控,促使下级员工向企业的发展目标持续努力,从而实现企业的既定目标。为了明确领导和指挥的本质,必须对企业目标和人的特性分别进行分析,其中企业目标为产品或服务。然而为了实现企业发展的既定目标,需将内部的各类因素进行有效的整合,包括尤为关键的人为因素。孔茨和奥唐奈指出,基于人的本质,需将激励作为领导职能中的重要甚至主要手段,应重视员工的实际需求,使员工有获得感和满足感,进而引发一系列的良性连锁反应。此外,有关激励的理论研究和实际应用表明,激励还需从系统和权变的角度来施行,因涉及的人为主观因素较多,领导在指挥过程中的沟通能力尤为重要,不仅要确保信息交流的完整性,也要利用非正式的沟通途径对正式渠道的信息交流进行补充,使信息的交流顺畅无阻碍。

(4)控制:该项职能是指根据既定计划来管控、执行并完成整个计划的过程,还包括通过及时纠正计划执行过程中的偏差来确保既定目标的实现。控制职能涉及的问题较多,下文中也将详细阐述实现控制职能的一些重要原则。

(5)组织:组织职能的目的是设计和维持一种职务结构,由此驱使组织内的人员为共同的目标开展有效的工作。孔茨指出,为了让组织职能发挥真正的功能,工作中必须克服一些常见的错误和遗漏:首先,在制订相应计划时要明确不同层级的职权关系,确保权职的界限清晰;其次,不应无节制地授权,要做到权职相称,杜绝滥用职权;最后,避免组织机构的重叠或多头领导,合理运用参谋机构。

(二)经验主义学派

经验主义学派(又称经理主义学派或"案例"主义学派)是研究实际管理工作者的管理经验教训和企业管理的实际经验,强调用比较的方法来研究和概括管理经验的管理学派。该学派创始人为彼得·德鲁克,代表人物有欧内斯特·戴尔、艾尔弗雷德·斯隆等,他们指出古典管理理论与行为科学都无法适应现代化企业发展的实际需求,应从企业管理的实际角度出发,将大企业的管理模式作为主要研究对象,以便总结先进管理经验并形成理论。经验主义学派强调从实践中提炼价值,其显著特点在于对实践经验的高度总结。

1. 主要观点

1) 关于管理的性质

管理只同生产商品和提供各种经济服务的工商企业有密切联系,而管理学涉及的内容较为广泛,包含了工商企业的相关理论以及实际管理操作的各项原则,且管理的技术、能力、经验并不能直接移植或应用到其他机构中去。所有管理工作都应以工商管理作为基础,工商企业是一种现代化的组织机构,这类企业的管理工作都具有连续性和普遍性等重要特征。

管理学是一门独立学科,同时也属于常识,它不仅是长期以来的经验总结,还具有一个非常完善的知识体系。管理学也是一门科学,有自身的基本研究问题,有对待特殊问题的处理方法、专门的技能和专攻的领域。此外,也有学者如德鲁克还认为管理学是一门实用性较强的学科,与医学、工程学等学科相比,管理学更加注重适用性和应用性。

2) 关于管理的任务

(1) 取得成就。德鲁克认为,一个机构是为了某种特殊目的和使命,为了某种特殊的社会职能而存在的。工商企业的经济效益是其生存与发展的基础保障,企业内部的经理人员在开展各项决策和行动时,都必须将经济效益放在首位来做综合考量。假如企业在经济上不能取得成功,则无法以合理的价格为消费者提供产品或服务;假如企业在日常生产管理经营过程中无法提高或维持社会支持给予的经济资源的生产能力,则说明企业在市场竞争的环境下失败了,或将面临淘汰。这体现了无论企业隶属于何种社会经济体制和意识形态,都是一种以盈利为目的的机构,需要不断地创造利润和价值,而这也是工商企业管理人员的首要责任。

(2) 使工作富有活力并使职工有成就感。德鲁克提出工商企业和社会组织具有许多相同点,最大的相同点为真正的资源都是"人",需通过对人力资源的不断整合来驱动各项工作的开展和完成,保障企业的正常生产经营和可持续发展。当今社会的部分组织机构已然成为个人在社会上生存、发展,或者获取一定社会地位及实现个人成就的渠道,现代社会的工作环境也开始变得更加有活力与竞争力。德鲁克强调,对人和事务的管理应区别对待,如何在管理中提升职工的个人成就感和满足感在现代企业管理中尤为关键。

(3) 妥善处理企业对社会的影响和责任。德鲁克认为,每一个机构都是社会的一个器官,是为社会而不是它自己存在的,工商企业也不例外。企业在生产经营的过程中对个人和社会都会产生一定的影响,因此对某一个企业进行评判时,不能只从企业本身的角度来评价,还应综合考量企业社会责任等影响因素,更要对其社会功能进行评估。

3) 关于管理的技能

德鲁克认为,管理是一项特殊的工作,因而要求一些特殊的技能。管理者虽然无法掌握所有的技能,但是,首先管理者必须对大多数技能有最基本的认知甚至熟悉度,利用这些技能来作出更合适的抉择,才能保障上下级之间的有效沟通;其次管理者需通过使用数据工具进行核查、分析和控制,即管理科学。

　　4）关于管理的组织结构

　　德鲁克认为,任何一种组织结构,都必须满足一些以其本身的性质为基础的必要条件。

　　(1)明确性。组织中的每一个人,特别是每一位管理人员,需要了解他属于哪个部门,处于什么地位,应该到哪里去取得所需要的信息、协作或决定,以及如何才能取得。

　　(2)经济性。应鼓励人们自我控制、自我激励,使控制、监督、引导人们取得成绩的力量保持在最低限度。

　　(3)远景方向。组织结构应该把个人和各管理部门的远景指引向取得成绩而不是指引向作出努力。

　　(4)理解本身的任务和共同的任务。一个组织应该使每个管理单位、每个人,特别是每个管理人员和每个专业人员,理解本身的任务和共同的任务。

　　(5)决策。一个组织设计必须在它是阻碍还是加强决策过程方面进行检验。

　　(6)稳定性和适应性。一个组织需要有充分程度的稳定性,但不能僵硬,还要有高度的适应性,才能继续存在。

　　(7)永存性和自我更新。一个组织必须从内部、每一个层次上培养和产生未来的领导者。另外,组织结构为了永存和自我更新,还必须接受新思想,愿意并能够做新事情。

　　2. 评价

　　经验主义学派对传统管理学派不假思索地采取偏重于狭窄的归纳法和观点进行了纠正,其基于管理者的角度,结合行动主义的理论和实践,在复杂的企业关系中不断形成和再造管理的未来。其对人在企业中发挥的作用予以了高度的重视,也将个人与企业的发展目标相融合列为管理的共同目标。该学派过于强调个人经验的重要性,因此并未形成有效的原理和原则,也未形成统一的管理理论,管理者需根据自身的经验在实践中不断总结,这使得无经验者在企业管理中无所适从。

　　另外,过去的经验也不一定能直接应用到未来的管理工作中。孔茨在他的书中指出:"没有人能否认对过去的管理经验或过去的管理工作'是怎样做的'进行分析的重要性。未来的状况和过去可能完全不同,因此过多地依赖于经验,注定会在一定的条件下触发企业的管理危机,理由尤为简单,过去正确的方法可能并不适用于未来。进一步,由于组织机构和企业环境长期处于变化状态,过分地依赖未经提炼的实践经验和历史来解决管理问题是无法满足需要的。"

　　(三)行为科学学派

　　行为科学学派是在梅奥(George Elton Mayo,1880—1949)开创的人际关系学说的基础上发展起来的,以人的行为及其产生的原因作为研究对象的学派,其后发展形成了亚伯拉罕·马斯洛(Abraham H. Maslow,1908—1970)的需求层次理论和弗雷德里克·赫茨伯格(Frederick Herzberg)的双因素理论(Two Factors Theory)等著名学术思想。该学派根据心理学和社会学来研究个体的需求和行为、团体行为和组织行为,并针对激励和领导方式进行了阐述。人并不只是"经济人",同时也是"社会人"。行为科学学派将人的特性提升至管理对象中最重要的地位,引导了"人本主义"的管理潮流,并在后续研究中逐渐形成了许多全新的管理理念和管理方式,在这之后也开始出现一些"以人为本"的现代管理理论和学派。"以人为本"的学术研究在一定程度上能缓和当今市场经济体制下的企业内部矛盾,为未来可持续发展领域的研究奠定了理论基础。

1. 主要理论

1) 需求层次理论

亚伯拉罕·马斯洛于 20 世纪 40 年代初提出了需求层次理论,他对人的需求机制进行了探索和总结,他指出人的需求取决于他已经获得了什么、尚缺少什么、只有尚未满足的需求能影响行为等。他指出人的需求可按层次区分,当上一个层次的需求得到满足后,才会触发下一个层次的需求。该理论将人的需求划分为五个层次,依次为生理需求、安全需求、社交需求、尊重需求、自我实现需求,详见图 1-1。

图 1-1　需求层次理论

2) 双因素理论

双因素理论又称激励保健理论(Motivator-Hygiene Theory),是美国的行为科学家弗雷德里克·赫茨伯格提出来的一种激励模式理论。双因素理论认为引起人们工作动机的因素主要有两个:一是保健因素,二是激励因素。只有激励因素才能够给人们带来满意感,而保健因素只能消除人们的不满,但不会带来满意感。

3) X 理论、Y 理论、超 Y 理论和 Z 理论

在资本主义管理理论中,还有根据对人的行为看法不同划分的四种理论,即 X 理论、Y 理论、超 Y 理论和 Z 理论(Theory Z)。

X 理论和 Y 理论是由道格拉斯·麦格雷戈(Douglas M. McGregor,1906—1964)在他所著的《企业的人性面》一书中首次提出来的,X 理论指人本性是坏的,一般人都有好逸恶劳、尽可能逃避工作的特性;而 Y 理论与 X 理论相反,指人一般不懒惰,他们对工作的喜爱和憎恶取决于这份工作对于他们是一种惩罚还是奖励,在正常情况下,人们愿意承担

责任,热衷于发挥自己的才能和创造力。

超Y理论是1970年由美国管理心理学家约翰·莫尔斯(J. J. Morse)和杰伊·洛希(J. W. Lorsch)根据X、Y理论所做的实验结果提出的一种新的管理理论,主要观点是不同人对管理方式的要求不一样,必须根据组织内外环境自变量和管理思想及管理技术等因变量之间的函数关系,灵活地采取相应的管理措施。

Z理论由日裔美国学者威廉·大内(William Ouchi)研究分析了日本的企业管理经验后,在1981年出版的《Z理论》一书中提出,该理论认为企业管理当局与职工的利益是一致的,两者的积极性可融合为一体。

2. 代表人物

乔治·埃尔顿·梅奥,社会理论家和工业心理学家,早期的行为科学——人际关系学说的创始人,美国艺术与科学院院士。他出生在澳大利亚的阿德莱德,20岁时在澳大利亚阿德莱德大学取得逻辑学和哲学硕士学位,应聘至昆士兰大学讲授逻辑学、伦理学和哲学,后赴苏格兰爱丁堡研究精神病理学,对精神上的不正常现象进行分析,从而成为澳大利亚心理疗法的创始人。其主要著作有《工业文明的社会问题》。

亚伯拉罕·马斯洛,美国社会心理学家,人格理论家,人本主义心理学的主要发起者。马斯洛对人的动机持整体的看法,1968年当选为美国心理学会主席。马斯洛的著名论文《人类动机论》(*A Theory of Human Motivation*)最早发表于1943年的《心理学评论》。他的其他主要著作有《动机和人格》(1954)、《存在心理学探索》(1962)、《科学心理学》(1967)、《人性能达到的境界》(1970)等。

3. 评价

1) 管理对象重心转变

传统的古典管理理论的重点在于事与物的管理,强调对企业生产作业流程的管理,由此来构建合理的组织结构,组织内部分工明确,但是忽略了个人的需求和发展目标,几乎将人视为企业发展的工具,忽视了人的创造性和主动性,这与行为科学理论的观点截然相反。行为科学理论强调人为因素,并认为人的主观能动性在企业的发展过程中起到核心作用,企业所有的事情包括生产和经营都需要人的协调、配合来完成,所有的组织目标都需要人来推动,所以应将管理的重心放在人和人的行为上。进一步,管理者应能对员工的行为进行预测,利用激励和引导机制来实现对员工的行为管控,通过对人的行为管控来保障事和物的有效管理机制。

2) 管理方法转变

随着人类社会文明的不断进步,有关人性的认知也出现了一些重大改变,管理对象的变化促使管理方法与时俱进地做调整,从早期的监督管理模式逐渐过渡到更人性化的现代企业管理模式。传统的古典管理理论强调的是"自上而下"的权力型规章制度,将人当成了企业运作过程中的机器或工具,其观点为应在管理活动中通过向人施加各种压力,包括委派工头来实施严格的监督管理,但未关注由此可能产生的心理上的抵触情绪,忽视了人的社会关系和情感,更忽略了人的主观能动性和创造能力。行为科学理论强调的是人的欲望、情感以及动机的影响效应,认为管理方法应尽量满足个人的需求,尊重人的个性,利用激励和引导的形式来管理员工,从而调动人的积极性和主动性,发挥人的创造力和潜力,通过实现个人的发展目标来达到企业管理的目的。基于此,企业界也开始提出以职工为核心、弹性管理机制等全新的管理模式。

(四) 社会系统学派

早在 20 世纪 30 年代末期,组织管理学者巴纳德就在《经理人员的职能》一书中对组织管理的基本问题进行了叙述,其观点与传统组织和管理的理论大相径庭。巴纳德认为一个组织也能构成庞大的社会系统,应站在社会学的角度来分析组织管理的问题,并将组织视为协作的社会系统来开展研究,他提出的管理理论体系也被学术界称为社会系统学派。

20 世纪 30 年代末是行为科学学派的启蒙发展时期,该时期人际关系学说逐渐兴起,管理学科领域的学者也开始将社会学和心理学的方法论运用于管理问题的研究,注重协调各类组织中人际关系的作用。梅奥等人的人际关系学说重点在人与人之间的联系,这种联系强调的是行为个体之间的相互关系,但未对个体和组织的关系展开论证。如若把组织当作一个社会系统,由于该社会系统的复杂程度过高,要确保系统的正常运转,更需同时对个人和组织进行协调管理。例如需对个人目标和组织目标进行协调,这点与系统论的观点相吻合,即在进行系统之间的协调时,不仅需要对子系统之间的关系进行协调,还需对子系统和母系统的关系进行协调。当时在管理实践过程中也暴露出了一些缺陷,如以单纯的人际关系理论学说作为理论指导无法解释很多实际管理过程中出现的问题。在此背景下,以巴纳德的组织理论为代表的社会系统学派开始崭露头角,该学派以组织和个人之间的协调关系作为研究的主导方向。社会系统学派的各种新观点也为现代组织理论奠定了坚实的基础,推动了管理思想和组织行为学的进一步发展。

1. 主要理论

社会系统学派的主要理论可以归纳为以下几个方面。

(1) 组织是一个由个人组成的协作系统,个人只有在一定的相互作用的社会关系下,同他人协作才能发挥作用。

(2) 巴纳德认为组织作为一个协作系统包含三个基本要素:能够互相进行信息交流的人;这些人愿意作出贡献;实现一个共同目的。因此,一个组织的要素是:信息交流;做贡献的意愿;共同的目的。

(3) 组织指的是两个及其以上的人组成的协作系统,管理者在系统中是相互联系和相互作用的中心节点。管理者要促进各方的有效协调,以此来达到相互协作的目的,经理需要招募并选择能为组织目标作出理想贡献的员工,同时协调员工共同完成工作计划。基于成员贡献和有效协调的管理目标,巴纳德提出了"维持"的方式,具体包括诱因方案的维持和威慑方案的维持。其中诱因方案的维持指的是利用额外报酬来对组织成员进行激励,由此鼓励员工为组织的共同目标作出更多有效贡献;而威慑方案的维持指的是企业利用监管、控制、检验、教育和训练的方式来促使员工配合完成组织目标。

(4) 组织中的经理人将作为组织的中心来对系统的运转及员工的活动进行协调,通过指挥和协调等行为来实现共同的目标。基于此,巴纳德又对经理人的职能作出了如下的总结与分类:①提供信息交流的体系;②促成必要的个人努力;③提出和制定目标。

2. 评价

巴纳德的管理职能理论和古典管理理论大相径庭。古典管理理论对于管理职能的划分是从管理过程的分析中提炼而来的。而巴纳德在对职能进行总结与分类时是基于自己的组织理论,将管理者的职能归纳为信息交流的体系、促使员工付出努力以及规定组织的目标,并由此将管理职能与组织要素进行关联来实现管理者与组织发展的紧密契合。巴纳德站在组织要素的角度对管理的职能展开论证,这是其他学派忽视的内容。该组织理论是现代管理理论的重要基础,在传统的管理理论的基础上提出了新的论点,包括将组织重新定义为由"两个及其以上的人组成的协作系统",而非传统组织理论中组织就是"人的集合"。

(五)决策理论学派

决策理论学派(Decision Theory School)是在第二次世界大战之后,以社会系统论为基础,吸收了行为科学理论和系统论的观点,运用电子计算机技术和统筹学的方法而发展起来的一门新兴管理学派。第二次世界大战以后,许多运筹学家、统计学家、计算机学家和行为科学家都力图在管理领域寻找一套科学的决策方式,以便对复杂的多方案问题进行明确合理的选择。随着这方面研究的发展,决策理论得到了迅速的发展。决策理论学派以系统学、统计学和行为科学为基础并结合了现代的计算机技术。

1. 主要理论

(1)管理就是决策。组织中经理人员的重要职能就是做决策。任何作业开始之前都要先做决策,制订计划就是决策,组织、领导和控制也都离不开决策。

(2)系统阐述了决策原理。决策包括四个阶段:收集情况阶段、拟订计划阶段、选定计划阶段、评价计划阶段。这四个阶段中的每一个阶段本身就是一个复杂的决策过程。

(3)在决策标准上,用"令人满意"的准则代替"最优化"准则。以往的管理学家往往把人看成以"绝对的理性"为指导、按最优化准则行动的"理性人"。"管理人"假设代替"理性人"假设,"管理人"不考虑一切可能的复杂情况,只考虑与问题有关的情况,采用"令人满意"的决策准则,从而可以作出令人满意的决策。

(4)一个组织的决策根据其活动是否反复出现可分为程序化决策和非程序化决策。经常性的活动的决策应程序化,以降低决策过程的成本,只有非经常性的活动,才需要进行非程序化的决策。

2. 代表人物

赫伯特·西蒙,美国著名的经济组织决策管理大师,于1978年获得诺贝尔经济学奖,研究工作涉及经济学、政治学、管理学、社会学、心理学、运筹学、计算机科学、认知科学、人工智能等广大领域。他不仅是加利福尼亚大学等名校的计算机和心理学教授,也是中国科学院管理学院、北京大学的名誉教授。1985年,中国科学院心理研究所授予西蒙名誉研究员的称号。1994年,西蒙当选中国科学院外籍院士;2000年,他当选第三世界科学院院士。西蒙对管理学科的发展作出了杰出贡献,他提出管理决策这项职能并由此构建系统的决策理论沿用至今,有效地解决了现代企业遇到的一些实际决策问题。其著作主要有《管理行为》《公共管理》《人的模型》《组织》《经济学和行为科学中的决策理论》《管理决策的新科学》《自动化的形成》《人工的科学》《发现模型》《思维模型》等。

詹姆斯·马奇(James G. March,1928—2018),1953 年在美国耶鲁大学获得博士学位,以后在卡耐基工艺学院任教。1964 年,他成为加利福尼亚大学社会科学学院的首任院长;1970 年,他成为斯坦福大学管理学教授。同时他还是政治学、社会学、教育学教授,是名副其实的跨界大师。马奇被公认为过去 50 年来在组织决策研究领域最有贡献的学者之一,他在组织、决策和领导力等领域都颇有建树。他和赫伯特·西蒙一起发展完善决策理论学派,主要著作除《决策是如何产生的》之外,还有与西蒙合著的《组织》、与赛尔特合著的《公司行为理论》。

3. 评价

对于管理层而言,决策理论引出了一项全新的管理职能。基于管理过程理论,西蒙提出决策也是管理的职能之一,因为在企业开展各项组织活动的过程中都会涉及决策问题,还由此提出了"管理的核心是决策"的假说。虽然传统的管理学派将决策职能简单地归入计划职能,但决策在实践中非常实用,且适用于各类组织的管理,具有普遍性和适用性,因此目前学界普遍将决策也作为管理的重要职能之一。

此外,决策理论学派的管理行为分析首次强调了在执行管理行为前进行分析的必要性和重要性。在决策理论形成之前,管理学学者的重点研究对象为管理行为本身,忽视了管理行为和决策的形成机制。西蒙将管理行为划分为决策的制定过程和执行过程两类,并将研究的重心放在决策的制定过程。事实上,所有的决策活动也都包含了决策的制定过程和执行过程,西蒙认为在任何行动或决策之前都应更重视决定要做的事情本身,即明确行动的目标比执行的方法和过程都重要。为此,决策理论学派认为不仅需对决策的制定过程和执行过程进行分析,更需重视决策的目的。但这一观点并未在学术界达成共识,其中的理论缺陷或不足之处主要有以下两方面。

(1)管理是复杂的社会问题,仅仅依据决策理论无法为企业的管理者在实际管理活动中提供有效指导。孔茨认为决策的制定过程在实际管理中更为重要,且在管理学理论的形成过程中,因决策理论的适用范围过于宽广,若对决策的具体内容和含义加以扩展,很容易使其成为过于宽泛的重点。

(2)决策学派并没有将管理决策和其他类型的决策进行有效的区分,决策不仅仅存在于管理的行为过程中,非管理者或普通人群在日常生活中也需对各项事务进行决策。这些角色的决策不属于管理行为,但是决策学派没有对其进行严格的区分,根本原因还是在于目前尚未对管理的本质达成一致的清晰认知。

(六)数量学派

数量学派也被称为管理科学学派,是目前主流的管理理论学派,该学派将数学统计的方法论引入管理学科,通过电子计算器等手段将科学的原理和方法运用到管理的各项活动中,将管理的问题从定性分析转化为定量分析。此类方法一般需构建相应的数学模型,通过最优化求解来减少管理环境中的不确定因素,提高资源利用效率及经济效益。

"管理科学"在 20 世纪初期由泰勒提出,学派正式成立于 20 世纪 30 年代末英国学者布莱克教授团队的运筹学小组,该小组同时也针对英国雷达系统的分布问题开展了大量量化研究。第二次世界大战结束后,出于战后恢复和经济建设需要,英、美对管理科学(运筹学)的研究逐步从军事转入民用企业的应用。美国麻省理工学院首先于1948年开设了运筹学的非军事应用学科,接着许多工商学院、工程学院也设置了这类专业。这期间,出现了一种所谓的"管理科学家",并组成自己的学术团体。英国率先于1948年成立了运筹学会,并于1950年出版了这门学科的世界上第一份刊物——《运筹学季刊》。20世纪50年代初期,美国也开始陆续创办运筹学的相关学会和期刊,此后在英国召开的全球首届运筹学会议创办了国际运筹学联合会。

1. 主要理论

(1) 关于组织的基本看法。其认为组织是由"经济人"组成的一个追求经济利益的系统,同时又是由物质技术和决策网络组成的系统。

(2) 关于科学管理的目的、应用范围、解决问题的步骤。其目的就是将科学原理、方法和工具应用于管理的各种活动之中。应用范围着重在管理程序中的计划和控制这两项职能。解决问题的步骤如下:

① 提出问题;

② 建立数学模型;

③ 得出解决方案;

④ 对方案进行验证;

⑤ 建立对解决方案的控制;

⑥ 把解决的方案付诸实施。

(3) 关于管理科学应用的科学方法。在管理中,应用比较广泛有效的数学模型有决策理论模型、盈亏平衡模型、库存模型、资源配置模型(线性规划模型)、网络模型、排队论、投入产出模型等。它们有的是描述性的,如盈亏平衡模型、排队论;有的是规范性的,如决策理论模型、库存模型、线性规划模型、网络模型等;有的含有多种确定性变量,如盈亏平衡模型、库存模型、线性规划模型;有的含有各种随机的变量,如决策理论模型、网络模型和排队论等。

(4) 管理科学通过计算机等科学研究工具,借助数学模型和计算方法对管理的问题进行量化分析,其研究偏重于方法论及量化的方式。随着当代管理学科向着数字科学更高层次的不断发展,这种更科学的量化研究手段将成为未来管理学研究新的发展趋势。但是量化研究在面对复杂社会情境中的现实问题时往往也会面临很多困境,如对生产管理过程进行分析时只注重工具和设备等物质因素,忽视了人在组织中的主观能动性和创造力,这也是其较为突出的缺点。

2. 评价

管理科学有如下几个方面的优点。

(1) 能将复杂的问题简单化,将宽泛的研究问题分解为不同的组成因素,进而实现快速的诊断与处理。

(2) 能构建相应的分析方法和模型来做系统的逻辑分析,辅助管理人员对细节问题进行量化处理。

（3）能帮助决策者对各种可能的结果和风险进行预测,基于可行性分析作出更为科学、合理的抉择。

管理科学有如下局限性或不足之处。

（1）无法将各种复杂的环境因素全部导入量化分析中,尤其是要利用定量的方式对复杂人际关系等问题进行计算,在实际操作过程中仍然存在许多困难。

（2）对物质工具的依赖程度较高,忽视了人的主观能动性,尤其是管理人员在组织中起到的决定性作用。

（3）管理问题的研究与实践,不可能也不应该完全只依靠定量的分析,而忽视定性的分析。

各学派各持己见,并依据自己理论框架,创造出花样繁多的管理工具,但是就管理学而言,没有系统理论框架。各学派都没能将管理纳入统一框架加以研究,形成管理学自有的研究框架,这样的研究结果自然会有局限性和片面性。因此,只有当管理学统一框架建立之后,就此基本框架形成的管理理论才能真正为管理实践提供依据,管理者才能系统地利用管理工具而不会出现管理工具组合间的自相矛盾,此时管理学才能真正称为管理学。

第二节　数字化内涵

一、数字化的含义

随着互联网科技的飞速发展,信息化时代已悄然来临,数字应用遍及各个领域。20世纪 40 年代,美国数学家香农证明了采样定理,他指出在具备一定条件时,离散序列可完全代表一个连续的函数。就本质而言,该定理为数学化技术的发展奠定了基础。

数字化是将复杂的信息转换为量化的数字信息,基于数字化的度量方式来构建数字模型,进而将数字或数据转变为二进制的代码导入计算机进行运算及分析,这也是实现数字化的标准流程。[①] 北京大学陈刚教授在其《创意传播管理》一书中提出数字化的概念包含两个层面:一是技术逻辑,即数字技术把人与物的各种信息变成数字信号或数字编码,通过各种程序进行处理,并推动互联网、物联网等的发展,逐渐进入智能化等更高的阶段;二是数字技术带来的社会影响和产业变革,其中最重要的是生活方式和生产方式的变革。

二、数字化的特征

近年来,在大数据技术高速发展背景下,人类也开始迈向人工智能和智慧社会的信息化时代,数字技术在新兴社会体系中扮演的角色尤为重要,数字化的应用对传统社会体系产生了巨大的冲击,尤其是互联网企业的迅速崛起也造成了许多传统企业的生产和经营模式逐渐被淘汰或取代。自从欧洲首次工业大革命以来,历史上每一次工业革新都会出现新的劳动生产工具替代人力进而引发新的社会变革。在后工业 4.0(industrial internet of thing,IIoT)时代,"机器工人"、无人驾驶、3D(三维)打印、5G 等新技术的逐渐成熟、推广及应用,必将在导致大量失业的同时产生很多新的就业机会,也会推动更多传统企业的

---

① 庄绪策.信息化时代我国国家文化安全问题研究[D].武汉:华中师范大学,2008.

数字化转型进程。基于此背景,分析数字化企业的基本特征,能帮助传统企业梳理在数字化转型道路中容易出现的问题,指明数字化发展的误区和方向,最终使传统企业的数字化转型更加顺畅。[①]

与传统企业相比,数字化企业在业务流程和组织机构等方面都具有较大差异,详见图 1-2。数字化企业发展的目标是"以客户为中心",并由此构建了新的组织机构和创新模式。我们也将从以下几个方面对理想型数字化企业的基本特征进行描述,同时分析传统企业在数字化转型过程中容易产生的问题或误区。

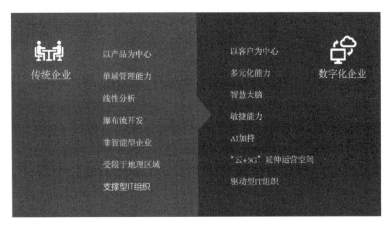

图 1-2　数字化企业与传统企业的主要不同特征

(一) 以客户为中心

特征说明:数字化的目标是以客户为中心的发展模式来引导多层次体系的构建,进一步提高以客户为中心的组织结构和创新能力。要满足客户的切实需求,需提升企业的服务理念,积极调整与客户的互动方式。此外,在数据、IT(信息技术)以及考核机制等各种制度的制定过程中,也都要体现"以客户为中心"的核心理念。

实践误区:在转型的过程中太过注重局部环节,如客户服务,大局观不足或未从整个组织机构的角度来做综合考量。其具体表现为:创新方式缺失、组织结构不协调、激励机制不合理、客户数据洞察不足等。以下将从组织结构调整、业务创新和客户互动三个方面来对"以客户为中心"的组织体系的构建展开分析与论证。

1. 组织结构调整

传统的企业经营模式大多会以产品为中心,由此容易形成各自独立的营销服务体系。而数字经济背景下以客户为中心的发展模式需对相应的客户群体进行分类,基于统一平台中的渠道触点来分析、挖掘客户数据,为客户提供更有针对性的服务方案以及推荐最适合的产品。从"以产品为中心"向"以客户为中心"转变的组织机构设计理念不仅能通过客户数据的洞察来提升客户体验,还能提高企业对各类"资源"的利用效率。在企业前端的组织结构向以客户为中心转变的过程中,随着企业整体数字化程度的日益加深,企业整体

---

①　财资一家:《数字化企业的七大特征是什么?》。

组织机构也会向着"前台＋中台"的敏捷型架构靠拢。其中的前台是与客户互动的部门，中台则是整合企业资源和负责业务管理的部门。

需要强调的是，企业转型过程中的组织结构调整较为敏感，以客户为中心来调整组织结构的行为不宜过激。基于此，数字化转型也应以数据和流程作为出发点，对组织中的断点进行梳理，确保在组织结构变化不大的前提下实现企业数字化的过渡。

2. 业务创新

传统的业务创新往往以"流程驱动"的方式为主，只注重单个流程的效率，企业发展战略和业务流程间缺少衔接，忽视了客户的整体需求。而数字化企业基于场景驱动的创新模式需站在客户特定需求的情景下对客户数据进行分析，进一步挖掘客户的真实需求，通过整体性更强的设计方案给客户带来更佳的用户体验。在以客户需求为核心的前提下，企业数字化转型还需结合多流程、多功能的资源整合平台来推动企业的可持续发展与创新。

实践误区：仅从流程的角度出发来对局部的运营效率进行优化，虽然能提升部分客户的体验感和满意度，但无法对特定场景下的客户需求予以满足。

3. 客户互动

传统的客户互动模式更注重产品功能的体验，数字化客户体验可在线上及线下为客户提供更为舒适的全互动旅程。线上通过 UI/UX（用户界面/用户体验）设计，线下通过特定场景/店面的全流程互动设计，打造无缝综合客户体验。随着企业数字化转型的深入，"以客户为中心"的思维向着有更广泛含义的"以用户为中心"的思维演进。不单是购买产品的客户，还包括供应商、合作伙伴、内部员工、管理者等，在不同场景下互为客户，统称为用户。对每一类用户，运用服务于客户的方法思路，围绕用户场景，设计实现服务创新。

实践误区：一方面是对客户体验的重视程度不足。虽然从"互联网＋"时代就提出客户体验的重要性，但在实际执行中，没有充分挖掘客户体验的价值。另一方面将客户体验泛化到"以客户为中心"的层面，显得无所指。

（二）多元化能力

特征说明：面对内外部日益复杂多变的运营管理环境，企业需要具备四种能力，即敏捷、精益、智慧、柔性。支撑这四种能力的是先进的 IT 架构以及相应的组织能力体系。

实践误区：没有清晰地意识到数字化企业需要打造多元化能力，依据既有 IT 架构扩展，导致不能同时满足业务灵活多变的要求，以及精益/柔性的需求。

数字企业的四种能力建立在 IT 架构以及一系列组织流程和人员技能之上。从 IT 架构入手进行能力打造，确保各域之间既能互联互通，又能各自灵活发展，是相对快捷的方式。数字时代企业的多元化能力，每个域的能力特点各异，对应以下不同的业务需求。

客户互动：以客户为中心，全渠道、全价值链，强调敏捷、用户体验；

资源管理：以流程为中心，围绕传统 ERP（企业资源计划）系统，强调稳定、精益、高效；

智慧洞察：以数据为中心，全域、全形式，强调智慧洞察；

智能生产：以机器为中心，围绕 IoT 和企业生产制造系统，强调成本、效率、质量、柔性。

（三）智慧大脑

特征说明：以数据价值为基础、人工智能分析为引领，搭建企业全局数据平台和智能分析系统，为企业运营管理的所有环节提供分析洞察，并从分析运营结果向预测未来发展转化（图 1-3）。

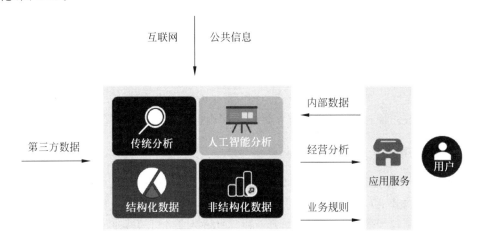

图 1-3　智慧大脑的概念架构示意

实践误区：未能搭建一个集合全企业数据的平台，原因：一是技术先进性不足，二是部门墙导致数据难以共享。目前，后者对传统企业是更大的障碍。

智慧大脑需要满足以下四点要求。

数据类型：传统企业以结构化数据为主，数字化企业需要处理大量的非结构化数据，包括语音、图像、视频、文本等各种形式。

数据来源：传统企业数据主要来自运营管理，数字化企业还将从公共网络和第三方获取大量数据。比如，在海量互联网信息中分析提取对企业有益的洞察；在符合数据使用权利的情况下从第三方获取客户标签信息，丰富企业的客户画像。

分析能力：传统企业以面向运营为主（事后分析），利用线性算法，分析少量数据。智慧大脑采用分析加预测的架构，通过智能算法，处理海量数据。

数据即服务（DaaS）：形成独立的企业数据整合/分析平台，以数据即服务的形式向企业各应用提供服务。

在企业的业务数字化和运营数字化能力初步建成后，将进入数字化运营和持续优化升级的阶段。数字化运营中，依靠智慧大脑产生洞察、发现运营问题、形成商业决策、跟踪优化效果，将是企业持续推进数字化转型、获得业务价值的关键抓手。

（四）敏捷能力

特征说明：数字化时代企业需要具备敏捷的反应能力，对外把握客户和市场的迅速变化,对内满足企业管理要求。敏捷能力的建设需要业务模式、IT架构、产品开发方式同时实现敏捷。

实践误区:仅考虑把敏捷和IT开发联系在一起,忽略了业务模式和开发方法的敏捷性。

实现敏捷能力的业务模式、示例和IT开发方式说明如下。

(1)业务模式可以采用"一线尖兵+后方资源平台"的方式。一线服务团队将客户需求传递回平台,通过信息共享和决策分析,让客户变化需求直达企业内部各资源部门和决策部门,实现敏捷应对。

(2)IT架构上,通过微服务结构,快速开发环境,以及通过云端资源,快速上线新的IT服务。IT微服务结构将传统打包在一起满足特定客户需求的服务组合,拆分为服务能力子项。有新需求时,仅需要通过对不同服务子项的重新组合,便可提供新的服务。

(3)产品开发采用设计思维和敏捷迭代方式。传统用户产品需求,需要系统化分析论证、形成产品定义后再上线部署。在设计思维和敏捷迭代方式下,通过用户角色模拟、聚焦小组分析、最小原型产品设计,可在最短时间内上线产品,迭代优化。

(五)AI加持

特征说明:许多数字化企业已开始将AI技术应用于内部管理、决策、生产、控制等诸多环节,以此来构建AI服务中台,如图1-4所示。企业的AI技术应用场景会出现两种状况:在AI应用比较少的情况下,AI作为一种工具嵌入某个子信息系统,形成较为常见的互动型AI应用,包括语音识别、机器人客服等;在AI应用较多的情况下,需综合考量数据模型、开发环境等因素来构建企业的AI中台,使不同的AI能力能更好地整合于一体,提供更全面的AI技术支持。

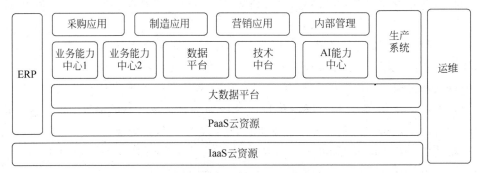

图1-4　AI赋能的IT架构

实践误区:分散应用AI技术于各子分类的业务场景中,未提炼AI的通用特质,无法整合不同应用场景下的AI技术。

(六)"云+5G"延伸运营空间

数字化企业的重要特征还体现在以5G技术为基础的综合诊断方案:采用云、边、端的构架范式,企业的运营管理空间不仅能基于有限网络的环境构建,还能够延伸至更加广阔的外部物理区域,详见图1-5。其中,"云"可对业务中台进行赋能;"边"能增强控制的实时性,也能减少数据的处理量;"端"则能实现机器设备与物理环境的交互及控制。此类架构已在各个行业得到广泛应用,也为未来构建工业互联网及智慧社会奠定了基础。

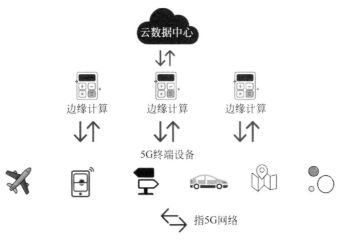

图 1-5　企业应用的"云+5G"架构

(七)驱动型 IT 组织

特征说明:传统的 IT 部门的组织目标大多为交付项目,而数字化的 IT 部门作为企业数字化转型的主要推手,其工作目标的变化范围将涉及交付模式、IT 治理以及人员技能等诸多方面,如图 1-6 所示。其中,IT 系统的交付目标将从传统的项目制向产品制转

图 1-6　IT 组织能力与运营模式的变化

化,并要求有能力打造符合特定需求的产品,这也能提升 IT 部门的产品能力。在人员技能方面,不仅需从外部引进高端技术人员,同时也要培养内部员工的产品和业务知识,从而实现 IT 与业务的深度结合。在 IT 治理方面,需打破传统的被动响应模式,IT 部门更应主动与各业务部门沟通,分析可能存在的问题及创新点,对后续的 IT 建设工作开展更全面的探讨与协商。

实践误区:只注重引进高端 IT 人才,未对 IT 组织的定位和架构进行优化。尤其是对于大型的企业或集团而言,IT 资源广泛分布于企业的各个层级,数字化转型过程中更需对自身的 IT 资源进行充分整合,通过不断优化 IT 资源及组织机构来推动企业的数字化转型。

三、数字化技术

(一)移动互联网

1. 含义

移动互联网是移动通信终端与互联网的结合体:用户在非静止状态下(地铁、公交车等),借助手机等各类无线终端设备及移动网络,随时随地可通过访问互联网来获取信息或享受娱乐、商务等多样化的网络服务。

通过移动互联网,人们可以使用手机、平板电脑等移动终端设备浏览新闻,还可以使用各种移动互联网应用,如在线搜索、在线聊天、移动网游、手机电视、在线阅读、网络社区、收听及下载音乐等。其中移动环境下的网页浏览、文件下载、位置服务、在线游戏、视频浏览和下载等是其主流应用。同时,绝大多数的市场咨询机构和专家都认为,移动互联网是未来 10 年内最有创新活力和最具市场潜力的新领域之一,这一产业已获得全球资金包括各类天使投资的强烈关注。

目前,移动互联网正逐渐渗透到人们生活、工作的各个领域,微信、支付宝、位置服务等丰富多彩的移动互联网应用迅猛发展,正在深刻改变信息时代的社会生活,近几年,更是实现了 3G 经 4G 到 5G 的跨越式发展。全球覆盖的网络信号,使得身处大洋和沙漠的用户,仍可随时随地保持与世界的联系。[①]

2. 发展历程

随着移动通信网络的全面覆盖,我国移动互联网伴随着移动网络通信基础设施的升级换代快速发展,尤其是在 2009 年国家开始大规模部署 3G 移动通信网络,2014 年又开始大规模部署 4G 移动通信网络。两次移动通信基础设施的升级换代,有力地促进了中国移动互联网的快速发展,服务模式和商业模式也随之大规模创新与发展,4G 移动电话用户扩张带来用户结构不断优化,支付、视频广播等各种移动互联网应用普及,带动数据流量呈爆炸式增长。

整个移动互联网发展历史可以归纳为四个阶段:萌芽阶段、培育成长阶段、高速发展阶段和全面发展阶段。

---

① 梁晓涛,汪文斌.移动互联网[M].武汉:武汉大学出版社,2013.

1）萌芽阶段(2000—2007年)

萌芽阶段的移动应用终端主要是基于WAP(无线应用协议)的应用模式。在此阶段,由于2G网络的网速及手机的智能化程度都较落后,中国的移动互联网处于WAP应用的起步阶段。该时期的WAP软件可将互联网HTML(超文本标记语言)的数据转换为WML(无线标记语言)信息,并将这些信息显示于移动电话的屏幕中。由于WAP只要求移动电话和WAP代理服务器的支持,并不需要对现有的移动网络协议进行改动,因此WAP应用也在GSM(全球移动通信系统)、CDMA(码分多址)等各种网络中得到了大规模推广。在这个时期,用户通过手机内自带的支持WAP的浏览器来访问WAP网站,这也是当时移动互联网发展的主要形式。

2000年底,中国移动推出了移动梦网服务,其堪比一个大型超市,涉及的服务内容包含手机上网、短信、游戏和彩信等多种信息服务。在这些信息技术的支持下,开始涌现出一大批新兴移动服务供应商(SP),国内用户开始通过手机上网、彩信等方式享受到更多的移动互联网服务。当时移动梦网服务的业务流程不够规范,引发了很多乱收费的现象。2006年,国家对移动梦网服务进行了专项整治,并强制实行扣费前需用户确认等收费制度,导致大批服务商由于违规运营或自身实力不足等在激烈竞争下逐渐退出了移动服务市场。

2）培育成长阶段(2008—2011年)

2009年初,工业和信息化部为移动、电信和联通三家国有企业颁发了3G牌照,标志着我国正式步入3G互联网时代。3G移动网络促使我国移动互联网建设进一步规划与升级,3G移动互联网的相关产业也从这个时期开始快速发展,尤其是移动网速的提升有效地突破了原有手机网络带宽的瓶颈,导致移动终端和应用开始迅速增长,使移动上网的娱乐性和便捷性大幅度提升。同时,我国在3G移动通信协议中制定的TD-SCDMA(时分同步码分多址)协议也得到了国际的认可和推广。

在此阶段,互联网公司都是在摸索中前进,许多相关企业的主要发展目标偏重于抢占移动互联网的入口资源,进而期望在下一个互联网浪潮来临前不被淘汰。尤其是互联网巨头企业更是相继推出了各自的手机浏览器来抢占移动互联网入口,或者与智能手机生产商合作在出厂阶段就内置了包含企业服务功能的应用软件。

3）高速发展阶段(2012—2013年)

这一阶段的手机操作系统进一步商业化普及,安卓智能手机的操作系统丰富了手机上网功能,相关应用开始了爆发式的增长。尤其在2012年以后,随着人们移动上网需求量的提升,安卓操作系统得以快速普及。智能手机的大范围推广也加速了移动互联网产业的发展,触屏智能手机能解决键盘手机上网操作上的诸多不便,智能手机的相关应用也更为丰富,因此得到了市场的广泛青睐。传统手机开始进入一个全面升级换代期,手机制造厂商也纷纷效仿苹果手机的商城模式,推出了各自品牌的智能手机及应用商城。各个厂商之间的市场激烈竞争导致智能手机的价格迅速降低,普及程度逐步提升,智能手机和应用在此阶段迅速在我国中低收入家庭普及。

4）全面发展阶段(2014年至今)

移动互联网发展的核心是网络通信技术,4G网络建设为我国移动互联网的高速发展提供了基础保障。2013 年,三大移动运营商分别获得了 TD-LTE 4G 运营牌照,标志着我国 4G 网络开始大规模地普及,4G 网络技术使手机上网速度进一步提升,相关的移动应用程序也越来越丰富。截至目前,各类手机应用在网速方面的限制和瓶颈问题基本已经得到有效解决,移动互联网时代的数据共享与智慧社会发展也取得了长足进步,进而引导了更多关联业务的产生与发展。由于 4G 网速飞速提升,尤其是对网速要求较高、流量用量较大的大型应用得以普及,许多应用已经囊括移动视频等服务内容。

李克强总理在《2020 年政府工作报告》中强调:"加强新型基础设施建设,发展新一代信息网络,拓展 5G 应用……激发新消费需求、助力产业升级。"当前 5G 网络技术及应用已开始全面推广,基于后工业 4.0 的发展情景,全球经济一体化的时代即将来临,数据共享的网络安全、信任与隐私机制的构建将是数字化管理需要攻关的一项重大课题。

(二) 人工智能

1. 含义

人工智能,是研究、开发用于模拟、延伸和扩展人的智能的理论、方法、技术及应用系统的一门新的技术科学。斯坦福大学的尼尔逊教授对人工智能的定义为:人工智能是怎样表示知识以及怎样获得知识并使用知识的科学。麻省理工学院的温斯顿教授也提出:人工智能就是研究如何使计算机去做过去只有人才能做的智能工作。以上观点同时也是目前针对人工智能学科核心思想和基本内容的权威总结,即人工智能的研究领域为人类智能的活动规律,人工智能通过构造一个相似的系统,来分析如何使机器具备人一样的智力去完成特定工作。换而言之,人工智能也是通过计算机语言来模拟人类智能行为、意识、思维的一项新兴技术。

人工智能是计算机科学的重要分支,期望对智能的本质进行模拟,从而制造出一种新的能以与人类智能相似的方式作出反应的智能机器,这个领域的研究内容包含了机器人、语言识别、图像识别、专家系统等技术。从人工智能诞生至今,相关理论和实践技术已取得长足的进步,其应用的范畴也在不断扩大,未来人工智能的产品将是人类智慧的"容器"。由于人工智能可以有效模拟人类的意识或思维,它不仅可以像人那样去思考,甚至可以通过计算机的运算能力来超越人的智力空间。1970 年后,人工智能就已开始被称为世界三大尖端技术之一,同时也是 21 世纪科学研究的热点学科。在最近几十年的迅速发展中,人工智能技术在许多行业都有广泛的应用,目前该学科已逐渐发展成为一个独立的分支,不管是在理论还是在实践方面都已经形成完善的体系。具体来说,人工智能可分为两方面,分别为人工和智能。人工方面比较好理解,这部分无太大争议,人工指的是人类能够制造的,或者人类智力范围内力所能及的,也可归纳为常规意义下的人工系统。但是在智能方面当前还存在较多分歧,主要围绕思维、意识等概念问题展开,"智能是人本身的智能"是目前较为认同的一个观点,但由于人们对自身智能及构成智能的必要元素的了解都非常有限,所以很难对"人工制造"的智能进行明确定义。人工智能技术在计算机领域的应用受到高度的重视,机器人及仿真系统在经济、政治、决策控制等多方面都具有广泛的应用前景。此外,当前人工智能研究往往局限于对人的本身开展分析,有关动物及人造系统的智能领域也很可能是人工智能的重大研究方向。

人工智能运用计算机技术对人的思维和智能行为进行模拟,其主要包括实现智能的原理及制造类似于人脑智能的计算机,使计算机能够达到更高层次的应用。人工智能是一门研究非常宽泛的交叉学科,几乎可以说是包含了自然和社会科学的所有学科,尤为关键的是它还涉及语言学、哲学、心理学等学科,远超计算机科学目前的研究范畴,因而该学科的研究具有较大挑战性,从事该项研究需要对计算机科学、心理学甚至哲学的各种问题都有深入的理解。人工智能的核心目标是让机器也能具有类似人类的思维能力来处理复杂的问题,但在不同的时代背景下,对于"复杂工作"的理解存在较大差异。站在思维科学的角度来看,人工智能不仅局限于逻辑思维,同时还要对灵感、抽象的思维等予以考量,因此人工智能科学属于思维科学的技术应用层次,与思维科学形成了实践与理论的对应关系。数学是人工智能学科发展的基础,也是语言、思维分析的必要辅助工具。过去的数字量化分析手段已在标准逻辑和模糊数学等研究领域都发挥了巨大作用,高等数学和数值计算融入人工智能学科后将会发挥更重要的实际作用,并促进学科进一步发展。

2. 发展历程

1956 年,明斯基、麦卡赛、罗切斯特和申农等一批卓越的青年科学家共同商讨了有关机器模拟智能的可能性,首次将"人工智能"这一术语提出,也标志着人工智能这门学科的正式诞生。总体而言,人工智能技术的目的为使计算机能够像人一样思考问题,因此想要制作一台能够思考的机器,则首先需要对与思考相关的内容和内涵进行定义。科学家已经发明了火车、飞机等交通工具,这些工具在一定程度上也可视作对人体的身体器官功能的模仿,然而对人类大脑的功能进行模仿的方式仍然是一个待解开的"黑匣子"。当前人类科学对人的大脑的了解为:它是由数十亿个神经细胞组成的器官,对于大脑的开发和利用都存在很大的局限性,所以想要模仿人类大脑仍然是一件极其复杂和困难的事情。

计算机的发明使人类社会真正意义上出现了一种会模拟思维的工具,未来会有更多科学研究向着模拟思维的方向不断努力,且当前人工智能已经不再是科学家的专利,全世界大多数大学都已开始针对这门学科进行全面的探讨和研究,这也是计算机专业在校大学生的必修课程。经过不断的演化、升级,当前计算机已经实现高度智能化,早在 1997 年,IBM(International Business Machines Corporation,国际商业机器公司)开发的深蓝计算机就已能将人类世界的国际象棋冠军击败,这也是人工智能技术在世界舞台上的首次闪耀展示。未来的计算机技术还会被应用于更多的领域,计算机最大的优势就是处理速度快、准确性高,而人工智能长期以来一直都是计算机科学的前沿学科,如计算机语言等软件应用都是人工智能技术发展的基础。

(三)物联网

1. 含义

物联网可理解为万物连接的互联网,它是在互联网基础上进一步延伸和扩展形成的网络,能够将各类传感器、信息工具与互联网融合于一体从而构建形成庞大的虚拟与实体相结合的网络系统,随时随地都可实现人、物、设备的互联互通。物联网在 IT 行业中也被称为"物物相连",其有两层内涵:第一层为物联网的核心依旧是互联网,只是在互联网的基础之上的扩展和延伸;第二层从互联网的用户端拓展到了任意实体与实体之间,使信息进一步地通信与交换。总结来说,物联网的定义为:通过射频识别(radio frequency identification,RFID)、红外感应器、全球定位系统(GPS)、激光扫描器等信息传感设备,按约定的协议,把任何物品与互联网相连接,进行信息交换和通信,以实现对物品的智能化识别、定位、跟踪、监控和管理的一种网络。

最早提出"物联网"概念的是比尔·盖茨,他于 1995 年出版的《未来之路》一书中对相关的概念进行了阐述,但是受到当时软件系统和硬件设备的限制,他的构想并未引起人们足够的重视。直到 1998 年,美国麻省理工学院创造性地提出了电子产品编码(electronic product code,EPC)系统的"物联网"理念。其后的 1999 年,美国自动识别中心(Auto-ID Center)提出物联网应是在物品编码、互联网以及射频识别技术这三项技术基础之上构建而成。中国最初将物联网称作传感网,美国在 1999 年的网络国际会议中也提出了人类的下一个重要机遇为"传感网",当年中国科学院也已开始对传感网的相关研究,取得了一定的科研成果的同时也促进了中国传感网络的基础建设。在 2005 年的信息社会世界峰会上,国际电信联盟(ITU)发布了《ITU 互联网报告 2005:物联网》,并对物联网的相关概念作出界定,重点强调了物联网将使各个实体的信息都可以通过互联网进行交换。基于RFID 传感、智能嵌入、纳米技术等新兴技术的应用与推广,物联网的发展前景也更为广阔。

2. 特征

基于通信的对象以及过程来分析互联网的基本特征,其中包括物和物、人和物之间的信息交互,这也是物联网的核心所在。进一步,物联网的基本特征包括整体感知、可靠传输和智能处理三个方面。

(1) 整体感知:通过二维码、射频识别、传感器等技术,获取物体的相关信息。

(2) 可靠传输:通过对互联网、无线网络的融合,将物体的信息实时、准确地传送,以便信息交流、分享。

(3) 智能处理:对传感器获取的数据进行分析与处理,最终实现智能化的监测及控制。

基于以上几点物联网的基本特征,对物联网有关信息处理的功能描述如下:①获取信息:包括信息的感知与识别,信息的感知是指对事物属性状态及其变化方式的知觉和敏感,信息的识别指能把所感受到的事物状态用一定方式表示出来。②传送信息:包括信息的发送、传送、接收等环节,事物的状态信息从上一节点传递到下一节点的过程,一般也可理解为传统意义上的通信过程。③处理信息:信息的加工环节,需对已获取的各类信息予以充分整合,并在处理、加工后得到新的信息及状态。从本质上来看,这个环节与决策的过程非常相似。④信息施效:信息发挥效能的过程,具体的操作方法较多,主要手段为对事物的状态进行调节,使事物始终处于预先设定或规划中的状态。

3. 应用领域

物联网已深入渗透到人们生活的各个方面,在许多行业都有广阔的应用空间,不仅能有效推动各自领域的智能化发展,也能提高资源的利用效率,并促使生产管理效率进一步提升。例如在家居行业中,可以通过智能物流等方式来提升服务水平和用户体验,智能摄像头、窗户传感器、智能门铃、烟雾探测器、智能报警器等都是家庭不可少的安全监控设备。在国防军事领域方面,虽然还处在研究探索阶段,但物联网应用带来的影响也不可小觑,大到卫星、导弹、飞机、潜艇等装备系统,小到单兵作战装备,物联网技术的嵌入有效促进了军事智能化、信息化、精准化,极大地提升了军事战斗力,是未来军事变革的关键。

1）智能交通

物联网技术在道路交通方面的应用比较成熟。随着社会车辆越来越普及,交通拥堵甚至瘫痪已成为城市的一大问题。对道路交通状况进行实时监控并将信息及时传递给驾驶人,让驾驶人及时作出出行调整,可有效缓解交通压力;高速路口设置电子不停车收费系统(ETC),免去进出口取卡、还卡的时间,可提升车辆的通行效率;公交车上安装定位系统,能及时了解公交车行驶路线及到站时间,乘客可以根据搭乘路线确定出行,免去不必要的时间浪费。社会车辆增多,除了会带来交通压力外,停车难也日益成为一个突出问题,不少城市推出了智慧路边停车管理系统,该系统基于云计算平台,结合物联网技术与移动支付技术,共享车位资源,提高车位利用率和用户的方便程度。该系统可以兼容手机模式和射频识别模式,通过手机端 App 软件可以实现及时了解车位信息,提前做好预订并交费等操作,很大程度上解决了"停车难、难停车"的问题。

2）智能家居

智能家居就是物联网在家庭中的基础应用,随着宽带业务的普及,智能家居产品涉及方方面面。家中无人,手机等智能家居系统可在客户端远程操作智能空调,调节室温,甚至还可以学习用户的使用习惯,从而实现全自动的温控操作,使用户在炎炎夏季回家就能享受到冰爽带来的惬意;通过客户端实现智能灯泡的开关、调控灯泡的亮度和颜色等;插座内置 Wi-Fi,可实现遥控插座定时通断电流,甚至可以监测设备用电情况,生成用电图表让你对用电情况一目了然,安排资源使用及开支预算;智能体重秤,监测运动效果,内置可以监测血压、脂肪量的先进传感器,内定程序根据身体状态提出健康建议;智能牙刷与客户端相连,提醒刷牙时间、刷牙位置,可根据刷牙的数据产生图表,使用户了解口腔的健康状况。

3）公共安全

近年来全球气候异常情况频发,灾害的突发性和危害性进一步加大,互联网可以实时监测环境的不安全性情况,提前预防、实时预警、及时采取应对措施,减少灾害对人类生命财产的威胁。美国布法罗大学早在 2013 年就已开始深海互联网项目的探索及研究,项目团队在深海中放置特殊处理的感应装置,该装置可通过分析水下状况来探索海底资源以及海洋污染状况,甚至还能准确地预测海啸的时间。基于物联网技术的应用能更好地使人类感知土壤、水资源、大气等相关指标及数据,通过优化我们身边的生活环境和生态资源结构来实现绿色环保经济与可持续发展。

（四）大数据

1. 含义

IT 研究与顾问咨询公司高德纳(Gartner)对"大数据"(big data)的认知为:大数据是一种运用新的数据处理方式来提升人或组织的决策能力、流程优化能力以及洞悉能力的技术,该技术能更好地适应海量、多样化且增长较快的信息资产配置。另一家研究机构麦肯锡(McKinsey)也提供了"大数据"的具体定义：大数据是规模大到在获取、存储、管理、分析等多方面都远超传统软件处理能力范围的数据集合,因此其核心特征将体现于数据规模、数据流转、数据类型和价值密度四个方面。大数据技术的重要价值并不仅在于对海量数据的获取与收集,更为重要的是基于海量信息数据的算法与分析,从而体现数据的内在价值。换而言之,若将大数据比作一个新兴产业,衡量该产业盈利水平的关键指标为数据的加工和处理能力,在深加工过后还要能实现数据价值的增值。从技术层面来看,大数据和云计算就好比硬币的正反面那样密切关联。大数据的深度挖掘很难仅用一台计算机完成,基于分布式架构的特征,大数据技术还需结合云计算、虚拟化等手段。随着物联网科技的发展,有关大数据处理能力的研究备受人们关注,有分析团队特别指出,若仅针对一家公司中的大量的非结构化和半结构化的数据展开分析,会耗费大量时间及资源,且没必要。因此,大数据通常会结合 Map Reduce 等框架的大型数据集分析工具将云计算运用到数据处理过程中。此外,大数据技术还需要运用一些特殊手段来保证海量数据信息在经过处理后能得到有效的转换,当前大数据处理的主流技术包括并行处理数据库、数据挖掘技术、分布式技术等。

2. 特征

容量(volume)：数据的大小决定所考虑的数据的价值和潜在的信息。

种类(variety)：数据类型的多样性。

速度(velocity)：获得数据的速度。

可变性(variability)：妨碍了处理和有效地管理数据的过程。

真实性(veracity)：数据的质量。

复杂性(complexity)：数据量巨大,来源多渠道。

价值(value)：合理运用大数据,以低成本创造高价值。

3. 应用价值

当今社会的信息化发展已越来越快,信息爆炸不仅增进了人们的日常交流与沟通,也极大地提高了生活的便捷程度,大数据在此情境下的应用前景非常广阔。有企业家在演讲中曾经提出,未来的发展趋势并非 IT 本身,未来将是 Data Technology(DT)的时代,即数据科技时代,由此可见大数据对互联网企业发展的重大意义。之前有很多人将数据比喻为蕴藏巨大能量的煤矿,且不同类型煤炭的挖掘方式和过程都有很大区别,主要取决于成本与收益。与之相呼应的观点认为,大数据的特点并不在于其庞大的体量和外在数值,更应注重隐藏在数字背后的潜在价值,相比挖掘成本而言,如何体现海量数据的内在价值更为关键,因此在大数据技术的应用过程中更应通过深入挖掘来探寻数据的核心价值。大数据的价值主要体现在如下三个方面：①大型企业可通过用户大数据分析手段来实现客户定位和精准营销；②中小企业借助大数据工具更好地完成数字化转型；③传统企业在承受互联网相关产业产生的巨大压力之下,企业的创新与可持续发展更需要充分运用大数据技术。

在实际应用层面,大数据发展的基本硬件条件已经比较成熟,开发人员也须在确保成本、传输功率、覆盖范围中找到一个良好的平衡点。对于以盈利为目的的企业而言,不仅要充分运用大数据,也要兼顾各类成本的考量,成本的不断降低也能促使企业的效益逐步提升,这些都会影响到企业的实际决策流程。大数据工具的应用会触发以下几种对企业有益的状况:第一,可及时解决企业内部存在的各类故障或缺陷,基于大数据分析来探寻问题的根源,为企业节省非必要的支出;第二,在生产物流领域可协助管理人员进行各类车辆的路线规划,从而避免拥堵状况;第三,通过大数据商品营销分析以最大利润为目标来执行更合理的商品定价和规划,进一步优化商品库存和订单的管理机制;第四,通过客户购买历史记录的大数据分析,为意向客户推送类似产品的优惠信息,达到更好的广告效果;第五,在庞大的客户群中筛选最优质客户,实现精准的客户定位;第六,通过大数据流量分析来发现并规避欺诈行为。

大数据应用并不能取代经济活动中一切社会问题的理性思考,科学发展的逻辑也不能被淹没在海量的数据中。经济学者路德维希曾指出,"就今日言,有很多人忙碌于资料之无益累积,以致对问题之说明与解决,丧失了其对特殊的经济意义的了解",因此在大数据工具的实际运用过程中也需警惕经济发展的自然规律等必要前提。

(五)云计算

1. 含义

"云"本质上是一个网络,在一定程度上可将云端的资源视为可无限扩展的资源,只需要付费即可取用。此时的"云"也好比自来水厂,用户只需要根据实际的使用量付费就不会受到用量的限制。云计算的扩展性也引发了其发展方向及定义方式的多样性,云计算以互联网为中心来提供安全快捷的计算及存储服务,使每个互联网用户都可方便地取用网络上庞大的计算资源及数据。云计算整合了各类计算机资源,使用户可以便利地获取线上资源,而不受到时间和空间的限制。云计算技术能够为使用者提供全新的用户体验,是信息化时代新的发展趋势。从狭义角度来说,云计算提供的是"资源网络",使用者可随时从云端取用资源。从广义角度来看,云计算又与软件、信息和互联网等技术密切关联,此时的计算资源共享池都可被称为"云"。云计算能够充分整合各类数据和资源,经过软件的自动化处理后,只需较少人员参与即可提供有价值的信息,因此此类与云计算相关的计算能力也被当作一种新的商品在网络上流通,用户能以较低廉的价格购买和使用。换而言之,云计算是计算机与互联网相结合的一项新兴网络资源整合服务,也是一种全新的网络应用模式,但云计算技术并非革命性的网络技术。

2. 特征

与传统的网络应用模式相比,云计算具有如下优势与特点。

1)虚拟化技术

虚拟化突破了时间和空间上的限制,这也是虚拟化技术的核心特征所在。虚拟化技术分为资源虚拟和应用虚拟,数据通过虚拟化平台在各个终端之间进行迁移、备份和扩展等。

2)动态可扩展

云计算能够在原有服务器基础上加入云计算功能来提升计算速度、增强计算能力,还能够对应用的虚拟化层次进行延伸,实现动态扩展。

3）按需部署

当前的网络应用资源非常丰富,不同应用软件的数据库也存在较大差异,为此用户需部署更先进的计算能力来全面整合各类资源,云计算恰好满足了这一需求,基于用户需求来对计算能力和资源进行快速匹配。

4）灵活性高

当前市面上大部分的网络资源在软件、硬件上都已经开始全面支持虚拟化平台,包括存储介质、操作系统等,虚拟化的数据将被导入云端进行整合,云计算具有较强的兼容性,不仅能够对各种配置的设备予以兼容,不同厂商的硬件产品也可相互兼容,因此云计算还能提供比单点服务器更强的运算能力。

5）可靠性高

由于可以通过虚拟化技术将分布在不同物理服务器上的应用进行恢复或利用动态扩展功能部署新的服务器进行计算,因而即使单点服务器出现故障也不会对云计算造成很大影响。

6）性价比高

对虚拟化资源进行统一管理在很大程度上也能够优化物理资源结构,用户不必支付昂贵的设备费用就可使用云服务,享受高性能服务的同时付出较小的代价。

7）可扩展性

用户可以通过软件的快捷部署来对各项新业务进行扩展。例如在云计算系统内,即使系统中有设备出现故障也不会影响用户的使用,因为系统的云计算功能可扩展其他服务器来执行运算操作,由此能有效确保计算任务的执行过程不受故障的干扰。此外,动态扩展和虚拟化资源相结合的应用模式将提高云计算的可扩展性,运算能力也得以进一步提升。

3．应用

较为简单的云计算技术已经普遍应用于现如今的互联网服务中,最为常见的就是搜索引擎和电子邮箱。搜索引擎包括谷歌、百度等,在任意时间和地点,只要通过移动终端就可以在搜索引擎上搜索任何自己想要的资源,通过云端共享数据资源。而电子邮箱也是如此,在过去,写一封邮件是一件比较麻烦的事情,同时也是很慢的过程,而在云计算技术和网络技术的推动下,电子邮箱成为社会生活中的一部分,只要在网络环境下,就可以实现实时的邮件寄发。其实,云计算技术已经融入现今的社会生活。

1）存储云

存储云也可称为云储存,是在云计算技术基础上发展形成的一项新兴数据储存与管理技术。这项新技术使用户可以在网络中上传本地资源,也可以很方便地获取云端资源。目前百度、谷歌、微软等IT巨头公司都已经推出了成熟的云储存服务,极大提升了普通用户在资源获取与管理方面的效率。

2）医疗云

医疗云整合了云计算、大数据、物联网、5G通信等多项新兴技术与应用。基于医学科技,以云计算为核心的医疗健康服务云平台能够实现医疗行业的资源共享,使医疗资源的服务范围进一步扩大。医疗云具有全国布局、信息共享等优势,云平台中的预约挂号、电子病历等服务功能极大地提升医疗机构的工作效率,也让居民的就医更为便利。

3)金融云

金融云基于云计算模型将信息、金融和服务等功能分散到庞大分支机构构成的互联网"云"中,通过共享、整合后的互联网资源来处理各类金融问题,为银行、保险等金融机构提供运营服务的同时也大大降低了其运营成本。2013 年以后,阿里巴巴对旗下的金融资源进行了全面整合,并推出阿里金融云服务,从本质上来看,这种金融云就是目前已经普及的手机快捷支付几乎取代了之前的现金支付。可以预见,未来的各类金融服务与云计算平台将进一步融合,用户可以更为便捷地完成手机支付,包括买卖股票、基金等操作,国内的腾讯、苏宁等多家大型企业也已于近年相继推出了类似的金融云服务。

4)教育云

教育云的目的为实现教育资源的信息化发展。理论上来讲,教育云可虚拟化所有的教育资源,资源也可随时上传到互联网中并对所有师生开放。线上授课是近几年较为流行的上课方式,很多平台也提供了类似的开放式在线课程,如清华大学的"学堂在线"慕课(MOOC)平台等,国内许多高校与培训机构都已开始重视发展在线教育课程。

(六)区块链

1. 含义

区块链是一门涉及密码学、数学、互联网等多项高端科技的交叉学科,在应用层面,区块链可理解为一个分布式的共享账本或数据库。区块链的应用场景有很多种,包含点对点传输、加密算法、共识机制等多项新型计算机技术的应用模式,其基本特征为去中心化、可追溯性和公开透明等,这些特征也为区块链的安全、隐私和信任体系的构建创造了良好的条件。区块链技术可有效解决信息不对称的问题,以此来保障各个实体之间的良好协作机制,也拓展和延伸了区块链技术的应用范畴。区块链也被定义为一个去中心化的数据库,底层逻辑为运用密码学产生关联化的数据模块,每一个数据模块都包含一个批次的交易信息。

2. 分类

1)公有区块链

在公有区块链(public block chains)中,每个个体或团体都能够进行交易的发起与确认,且交易可在该区块内达成共识。公有区块链模式下,任何人都能参与到区块链的交易过程中,是目前较为成熟的一类区块链技术,其应用也最为广泛。世界范围内的各种虚拟货币,都具有公有区块链的基本特征,即货币信息只能对应此类货币的一条区块链信息。

2)联合(行业)区块链

在联合(行业)区块链(consortium block chains)中,在某个群体内部指定多个预设节点作为记账人,各区块的生成由所有预选节点共同决定(预选节点参与共识过程),其他接入节点可以参与交易,但不会参与记账过程(本质上还是托管记账,只是变成分布式记账,预选节点的多少,如何决定每个块的记账者成为该区块链的主要风险点),所有人都可通过区块链的应用程序接口(application programming interface,API)来做限定查询。

3）私有区块链

在私有区块链（private block chains）中，只通过区块链总账技术来完成记账，包括公司记账和个人记账两种模式。私有区块链具备独立的写入权限，本链的存储方案与分布式方案一致。在传统金融领域，私有区块链的应用较为普及，但随着一批新兴公链产品的影响力逐渐扩大，私有区块链的未来发展方向更难把握，目前仍处于尝试和探索的阶段。

3. 特征

1）去中心化

区块链技术不依赖于第三方的硬件设施或管理机构，分布式核算与储存的特点突破了"中心"的管控，能够在相应节点独立完成信息的验证、传递和管理，因此区块链技术最本质的特征为"去中心化"。

2）开放性

区块链技术具有开源特性，虽然在交易过程各方的个人信息等隐私会被有效加密，但区块链内的数据需对外开放，所有人都能通过公开的接口查找区块链数据及开发相关应用，所以信息透明程度非常高。

3）独立性

区块链技术采用自行协商的规范和协议，不依赖任何第三方，各个节点能够自行完成校验并进行数据交换，极大减少了数据传递过程中的干扰因素。

4）安全性

除非能掌控全部节点 51% 及以上，否则无法修改各个区块的数据，因此整个区块链的安全性较高，还能够有效避免人为因素造成的数据变更。

5）匿名性

仅从技术层面来看，除非有特定的法律对某类区块链作出强制公示要求，否则，各个区块节点的身份验证信息都可不公开，且信息的传递也可匿名进行。

4. 应用

1）金融领域

区块链技术在证券交易、股权登记、国际汇兑等金融领域有着巨大的应用前景，基于点对点的对接模式，不仅能节省第三方的成本支出，也可以加快支付速度。传统的跨境支付过程所需耗费的时间大约在 3 天，交易费用往往相对较高，如 Visa 推出的 "B2B Connect"功能可为机构提供成本更低的跨境安全支付，大大缩短了交易时间，这也迎合了目前全球经济一体化的发展趋势。

2）物联网和物流领域

基于工业 4.0 和物联网的发展势头，区块链已与物流领域形成非常自然的联合发展模式。区块链技术可有效降低物流成本，也可实现产品的全程追踪，促使整个供应链的管理效率逐步上升，在此领域的应用前景一片光明。

另外，区块链通过各节点连接的散状网络分层结构，也为未来的物联网的发展提供了便利。这一特征可以确保整个网络系统中的信息得到有效传递，同时对信息的准确度予以检验。区块链的各个节点都具备较自由的进出能力，可以更好地融入区块链体系，而不对体系的其他部分产生干扰。进一步，区块链和大数据相结合的物联网方案能充分发挥大数据的自动筛选过滤功能,通过在区块链内构建完善信用体系来提升交易过程的安全性。区块链和大数据相结合还能更有效地体现出大数据技术的整合能力,为用户提供更大的扩展空间和潜力,从而促使智能物流系统在分散的用户之间不断地扩展与延伸。

3）公共服务领域

区块链技术在公共服务领域发挥的作用与人们的日常生活息息相关,由于区块链技术具有去中心化的特征,公共服务领域中存在的明显的"中心化"管控问题就可运用区块链技术来消除或减少。区块链提供的去中心化的完全分布式 DNS（域名系统）服务通过网络中各个节点之间的点对点数据传输服务就能实现域名的查询和解析,基于对公共服务设施运行状态的实时监控,来保护物联网系统的软件应用与硬件设施,还能确保数据传输过程中的数据信息不会被篡改。

4）数字版权领域

区块链技术通过验证有效音频、视频、文字等信息来保障作品权属的真实性和独创性,还能实时更新交易记录。基于区块链技术的作品"鉴权"不仅能对作品的版权和生命周期进行更全面的管理,还可为司法机构的取证提供技术支持,如美国 Mine Labs 开发的区块链元数据系统可通过数据协议来保护图片和照片的版权。

5）保险理赔领域

在保险理赔领域,保险机构需要开展资金的归集、投资、理赔等各项业务流程,但传统运营流程的成本较大,在运用智能合约等新兴技术后可不再需要投保人提交申请,甚至不需要保险公司的批准,一旦达到理赔条件即可触发自动化的理赔程序。这一技术在国际上已有较成功的实际应用案例,如保险产品"LenderBot"能提供各类保险产品的定制投保选项,尤其是对高价值物品的投保,区块链技术更是在其贷款流程中扮演了第三方的角色。

6）公益领域

在区块链中储存的数据和信息稳定性非常高,几乎无法被篡改,这一特质使得区块链技术在社会公益场景中迅速推广,包括捐赠项目明细、资金流向等历史记录信息都会在区块链中存档,信息透明能促使公益事业更加公平与公正,同时受到社会各界的广泛监督。

第三节　数字化管理

一、数字化管理的概念与特征

（一）数字化管理的概念

数字化管理与数据和数据思维都密切相关,数据思维也被认为是未来企业管理的第一思维,企业管理应以数据思维来对数据进行深入挖掘、分析。数字化管理的核心内涵包含以下三层:首先,要实现管理活动的数字化,需先确保企业管理对象包括财力、人力、物力和知识等各类资源的数字化,在此基础上构建数字化的资源配置和管理模式;其次,企业各项经营管理活动应以数字化的神经网络系统为基础来开展,即企业内部各部门之间,企业与企业、市场、顾客之间的交易活动通过数字神经网络系统实现;最后,需实行量化的标准管理流程,将管理手段、管理对象等要素都进行具体量化,管理人员可通过管理过程的量化分析对企业的资源配置结构进行及时的调整与优化。以上三层内涵旨在提升企业核心竞争力,通过优化企业的管理结构和效率来控制企业的各项经营成本,进而增强企业产品与服务的市场竞争力。总体而言,企业的数字化管理是指充分利用计算机和网络技术来提升企业的生产、研发、营销等所有环节的运作效率,以数字化手段为基础来推动先进管理方法及理念的具体实施。

(二)数字化管理的特征

工业物联网时代即将来临,组织管理的逻辑也开始出现重大转变,传统工业时代的逻辑已无法满足数字化时代的实际管理需求。同样地,以往的管理理论也是基于工业时代的逻辑演化形成,在数字化发展阶段的适用性还有待检验。数字化管理包含以下六个基本特征。

(1)一切互联(人与人、机器与机器、机器与人)不是简单地把数据沉淀下来,而是从本质上逐渐改变社会、企业以及人的生活方式,这些改变对企业提出了新的要求和挑战。

(2)数据是数字经济的核心资源和驱动力,同时也是数字经济的特征表象,在过去几十年的信息化浪潮中,许多企业的管理和业务流程已实现数字化的转变,企业长期运营过程中留存下来的历史数据是可持续发展的驱动力,企业通过追溯历史数据和过程文件也能总结过去的经验与教训。此外,将这些历史数据导入业务平台系统中的"数据共享"机制能提升企业管理的效率,结合人工智能等新型数据挖掘技术的发展模式正在不断颠覆原有的商业模式,全新的商业模式将为企业管理的发展与创新提供更多的路径选择。

(3)客户的需求已呈现出多元化及个性化发展趋势,企业在发展过程中应密切关注客户需求的变化,尤其要提高对新需求的敏感度,认真分析和研究变化的范围及程度,在发挥企业自身优势的前提下持续挖掘潜在客户群体,并聚焦于为客户创造更多价值。

(4)如今的科技创新日新月异,除了大型企业、龙头企业,许多"独角兽"企业和创业型企业也时常会出现颠覆性创新,颠覆性创新往往具有重要的颠覆功能,甚至有可能改变以往的商业运作模式。新的竞争环境留给企业思考和调整的时间越来越少,对数字化时代的管理也提出了新的挑战。

(5)过去企业将产品或服务出售给客户,如今许多大型企业更为注重客户满意度,以及如何提升客户与企业分享价值的意愿,这些都将直接影响客户忠诚度和品牌价值。产品及服务的持续创新尤为关键,此时需要企业生产的产品或提供的服务能为客户带来超过预期的价值或体验。

(6)数字化管理要能实现"普惠共享"模式。共享经济的发展激发了数字经济时代的共享价值观,如今的金融领域也涌现出普惠贸易、金融科技、普惠金融等新兴商业模式,共享模式下的大数据信用评分系统使得更多的个体和机构有机会参与到金融服务领域。在科技力量的推动下,许多新的业务形态已经取得一定进展,包括在不需要购买昂贵设备的情况下共享优质网络资源、云计算服务等。此外,外贸领域的数据共享使得更多的经济体有机会参与其中,价格更为公开透明的同时,贸易相比以往而言也更加有序,进一步推动了全球经济一体化的发展进程。

（三）数字化推动管理创新

数字化管理以生产实践为基础,以往经验主义的管理方式将转变为确切的数字和量化标准。技术与管理的内容可通过数字化手段来构建数学模型并进行量化分析,使产品生产过程中的各种要素都可通过准确的数字来衡量与控制,从而实现生产过程的动态管控、反馈与调整。此外,随着互联网产业和信息共享的进一步发展,过去少数管理人员掌握的通用技术目前已有很大一部分能够通过网络渠道来获取,因而新的管理体系将在数字化新时代扮演更重要的角色。

二、数字化和数据驱动

数据驱动是以数据作为基础,企业需全面梳理数据资源,深入挖掘数据的价值,通过分析可能存在的问题和风险来驱动技术创新。数据驱动是最为直观的数字化管理范式,不仅能够使业务流程更为清晰,还能化繁为简、优化资源结构,通过分析业务的本质来为决策提供更有效的支撑。

（一）数字化推动商业模式创新

在企业的数字化转型过程中,商业模式的创新一直是重大突破点。参考国际软件集团金蝶的研究结果,目前我国企业的数字化商业模式创新的九大趋势尤为显著,或将成为我国企业的国际竞争优势,具体为:产品与服务个性化、全价值链网络化、全价值链社交化、消费模式共享化、客户体验智能化、生产制造智能化、客户需求感知和响应实时化、产业链协作生态化、供应链全程绿色化。

（二）数字化和大数据分析

在数字经济时代,互联网、智能设备以及其他形式的信息技术呈现爆发式增长,使数据以同样令人惊叹的速度增长。众所周知,客户的消费行为和网上行为都会被记录下来,其实企业经营的每个阶段、产品销售的每个环节也被记录着,数据已经成为一个重要的生产要素。通过对数据的收集、存储、再组织和分析建模,隐藏在数据中的重要价值及规律才会逐渐展现出来,从而成为企业数字化转型升级以及可持续发展的重要推动力量。

对于想要进行数字化转型的企业,应该对大数据分析建模的步骤重视起来。首先需要开展业务调研和数据调研工作,明确分析需求;其次应开展数据的准备工作,即选择数据源、进行数据抽样选择、数据类型选择、数据标准化、数据簇分类、异常值检测和处理、变量选择等;随后应对数据进行处理,即进行数据采集、数据清洗、数据转换等工作;最后开展数据分析建模及展现工作。

（三）数字化推动人性化技术和设计思维创新

数字化转型的主要目标是提供数字化的用户体验,新时代的消费者对于数字化体验感的期望不断被激发,反观企业方面也希望通过数字化手段来更好地开发用户和市场,以互联网技术为基础的客户大数据分析工具更能帮助企业不断地改进自身的产品和服务。另外,用户直连制造(customer-to-manufacturer,C2M)的生产制造模式可以更好地迎合用户的个性化需求,使企业更了解用户的实际需求,此类数字化手段也将是未来企业产品和服务升级的主要推手。

随着近几十年互联网科技的快速发展,各行业都已具备一定的数字化普及程度。数字化技术的进一步推广不仅能帮助企业实现从生产到售后的全价值链升级和换代,还可使其适应目前物联网、大数据产业链发展的市场需求。以上都强调了数字化产品与服务,需加强用户体验,人性化技术和设计是数字化创新焦点。

三、数字化管理基础理论

数字化管理的对象是数据,数据是信息的载体,所以说,信息与数据是不可分离的。数据中所包含的意义就是信息。信息能够有效解释数据,同时还能提升数据的实用价值,数据需经过处理或解算后才能体现出自身价值,进而转化为有价值的信息。从本质上来看,数据是对客观对象的量化,而数据的核心价值是能够形成有效信息,即数据只有在影响到实体对象的行为时才能发挥其价值和功能。互联网时代下的数据化管理面临着数据共享机制与大数据科学处理方法这两大亟须攻克的难题,对数据进行从头至尾的全面管理以及实现数据价值的最大化,必然需要理论和技术的支撑。本小节以信息资源管理理论、大数据理论、数据科学和企业战略管理理论为基础,结合数据资源的特征、科学技术的发展现状,科学合理地展开数字化企业管理的阐述。

(一)信息资源管理理论

1. 含义

在管理理论发展的进程中,人类优先考虑的是对具体资源(如物资、资金、人员等)的管理,对信息资源的管理始终没有凸显出来,信息资源管理(information resources management,IRM)一直处于从属地位。直到 20 世纪 80 年代,社会环境发生了巨大的变化,信息资源才作为一种独立的组织资源从其他物资资源中逐渐游离出来。信息资源同其他资源相似,也有其共同的规律——必须对其进行管理。

在不同的社会阶段,信息所包含的内容不同,对于"信息资源管理"的理解,也存在着"对象说"和"方法说"。前者主张从管理对象角度来探讨"信息资源管理",即认为"信息资源"是组织机构管理活动的重要对象;后者突出了"信息资源管理"是一种资源管理方法,也即如何进行管理的问题。其实,"对象说"和"方法说"所呈现的只是一种表象,两者并无实质区别。总体而言,信息资源管理是在组织资源思想的基础上形成的一套管理系统,其目的为通过充分整合各类信息资源来构建一整套组织规划、指挥、控制的系统化方案。基于当前数字化时代的发展情境,信息资源管理已从纸质文档阶段过渡到电子化办公的新阶段,发展的目标应更偏重于数字化流程中的资源配置与监控。

2. 目标和任务

信息资源管理的主要目标是充分整合企业的各类信息,逐步提升信息资源的利用水平,通过企业各部门间的数据共享机制来提升整体的管理水平。其具体任务包含六个方面。

（1）以企业发展目标为依据对企业中信息资源的开发和利用提出建议，进行总体规划。

（2）建立信息资源管理机构，配置信息资源管理设备，对设备进行维护，对人员进行培训。

（3）开展企业信息系统的开发、运行、维护等数字化管理工作，使企业的信息化水平逐步提升。

（4）建立和维护整个组织中的数据标准规范与管理制度。对数据信息的标准化和规范化有利于工作的延续，良好的管理制度更能保证信息的一致性、完整性。

（5）通过跨部门合作来对信息资源创新的可能性进行探讨、规划与追踪，并应用于管理过程中的各个环节，促使企业对信息资源的利用效率逐步提升。

（6）做好向组织中的所有部门提供信息资源咨询、服务和维护服务等工作，让企业的员工参与到信息资源管理的工作中去。

（二）大数据理论

最早提出大数据概念的是全球知名管理咨询公司麦肯锡，早期麦肯锡对大数据的解释为：在各行业或领域中渗透的海量数据已经开始帮助生产人员提高工作效率，提供支持，新的生产率上升和消费者盈利的大潮即将到来。随后其在《大数据：创新、竞争和生产力的下一个前沿》中给出了具体定义：大数据是规模超过现有数据库工具储存、分析、管理能力的数据集。同时指出并不是数据规模超过某个特定数量级的数据集才是大数据。大数据本质是"基石数据"，而大数据有其最具代表性的特征。纵观大数据及大数据技术的发展与应用，不得不说大数据的出现推动了数据技术的发展和人们对数据认知的思维变革。

在企业，大数据被科技企业看作一个巨大的商机，国外的一大批知名企业包括 IBM、微软、谷歌、沃尔玛等早已通过大数据获得了丰厚的回报。我国的大数据发展相对发达国家来说起步较晚，但已有许多互联网科技企业在这方面实现了爆发式的成长，如百度、腾讯、阿里巴巴等，这些公司典型的特征为自身数据库的体量庞大。巨大的商机促使近年来一批又一批的创业型企业投身于大数据产业的发展与创新，由此形成的激励竞争环境也必将推动整个产业的发展进程。

（三）数据科学

1. 定义

数据是一种商品，但是，如果无法处理数据，数据的价值就值得怀疑。数据科学是大数据技术的基础所在，旨在通过科学的手段从所有形式的数据中提取有价值的信息，提高数据的有效性和实用性。数据科学同时也被称为"资料科学"，这门学科基于数据本身并充分融合了统计学、模式识别、数据可视化等先进技术来帮助非专业人士识别和理解数字信息。数据科学技术可以帮助我们正确地处理数据并协助我们在生物学、社会科学、人类学等领域进行调研。此外，数据科学也对商业竞争有极大的帮助。总的来说，数据科学为应对大数据带来的处理和使用难题提供了理论基础与技术支撑,大数据可以看作数据科学的一个分支。

2. 理论内容

数据科学主要包括两个方面:用数据的方法研究科学和用科学的方法研究数据。前者是指基于数据内容,通过剖析数据来揭示科学规律,进而促进科学发展,如生物信息学、天体信息学、数字地球等领域;而后者是将数学、统计学、机器学习、数据挖掘、计算机科学等方法用于广泛的数据研究中,如数据的获取、处理、存储、挖掘及安全等方面。数据资源管理的重点在于用科学的方法,管理好数据的每个阶段,挖掘数据的价值,促进数据在企业各个环节的应用。

(四)企业战略管理理论

在数字经济高速发展的背景下,企业面临各种新的挑战与机遇,进而引发管理思想上的迅速变革。管理学学科的管理思想变革主要体现于以下几点:①从过程管理逐步转变为战略管理;②从内向管理转变为外向管理;③从市场管理逐渐过渡到价值管理;④从行为管理转变为以文化管理的理念和手段来沉淀企业文化。其中尤为关键的是战略管理,未来会有更多新的企业发展契机在不同的时间节点陆续涌现,良好的战略管理与规划可以让企业在市场长期竞争环境中始终掌握着主动权。利用战略管理的思想来预见企业的发展趋势是管理思想上的一次重大变革,为了更好地发现与把控新动向,企业需全面梳理战略管理理论的发展进程,掌握其内在的演化规律。实际操作中,企业的战略管理规划应始终站在可持续发展的角度去思考企业所面临的竞争、生存与发展等一系列问题,这也是现代化企业领导的核心职能所在。换而言之,战略管理是衡量现代化企业经营水平的关键指标。

企业战略管理是一个层次化的体系,理论上可将公司的战略分为公司战略(corporate strategy)、经营战略(management strategy)、职能战略(function strategy)三个层次,每个层次针对企业不同层次的战略制定、实施和评价、控制行为进行管理。虽然企业战略管理理论分为三个层次,但对于实际操作而言,职能战略是较容易控制的,且是公司战略与经营战略的基础所在,因而企业的数字化管理更需充分利用内部的生产、研发、营销等战略资源,通过跨部门协作来推动更为顺畅的数字化管理及转型。

本章小结

本章回顾了管理的基本概念、内容以及职能,阐述了数字化的含义、特征及所涉及的数字化技术,同时对数字化及数字化管理的相关概念进行了阐述。

管理是指一定组织中的管理者,通过实施计划、组织、领导、协调、控制等职能来协调他人的行为,使他人与自己共同实现既定目标的过程,是人类各种组织活动中最普通和最重要的一种活动。

数字化是将复杂的信息转换为量化的数字信息,基于数字化的度量方式来构建数字模型,进而将数字或数据转变为二进制的代码导入计算机进行运算及分析。数字化管理的核心内涵包含以下三层：首先，要实现管理活动的数字化，需先确保企业管理对象包括财力、人力、物力和知识等各类资源的数字化，在此基础上构建数字化的资源配置和管理模式；其次，企业各项经营管理活动应以数字化的神经网络系统为基础来开展，即企业内部各部门之间，企业与企业、市场、顾客之间的交易活动通过数字神经网络系统实现；最后，需实行量化的标准管理流程，将管理手段、管理对象等要素都进行具体量化，管理人员可通过管理过程的量化分析对企业的资源配置结构进行及时的调整与优化。

 章尾案例

特步：加速数字化转型，打造竞争壁垒

过去几年，运动品牌特步一直在进行战略转型。据特步发布的 2018 财年业绩单，其全年营收 63.83 亿元，同比增长 25%，全年净利增幅达到 61%，门店数 6 230 家，稳居行业前三位。在竞争激烈的品牌零售行业，这样的成绩单非常耀眼，也标志着特步的数字化转型已经初见成效。特步是如何一步步地完成转型、建立自己的竞争壁垒的呢？

第一步：从批发到品牌零售，实现消费者触达

2014 年，特步敏锐地意识到，消费升级意味着消费者的需求日益细分、多变，品牌必须对最终用户的行为有深入了解，并且将消费者的需求直接、快速地输入产品设计中，产品的设计才会紧随用户需求，保持理念领先，从而获得市场认可。

但是在传统的商业模式下，特步是以批发方式、通过经销商进行产品销售，对于市场变化、消费者洞察存在认知断层。在过去几年的时间里，特步通过投资、建立直营店、吸引联营伙伴等销售方式上的转变，努力完成了从"批发"到"品牌零售"的商业模式转型。

具体来讲，特步在线上部分，不仅依托天猫等电商平台，也通过运营自建夜跑社区形成了具备相当忠诚度的品牌粉丝群，实现了对消费者的线上触达；线下部分则开拓全国连锁店，在门店放置标准化的测量设施，对顾客的脚型、体型、运动偏好等进行标准化的数字沉淀；所有的消费者信息、销售信息都会被同步到特步中台，利用大数据建模分析形成市场预测结果，一方面输出到市场部门作为促销计划输入，另一方面即时同步到产品设计和研发部门进行产品类别与特性调整，市场反应可以立即体现到下季产品中。

截至 2020 年 4 月 27 日，特步拥有全国连锁店 6 500 余家，所有零售终端全部接入特步中台，为消费者触达和信息反哺提供了非常高质量的线下基础设施。数字化赋能下，品牌方也能够更清楚地掌握商品的销售情况和消费者的购买情况，监控商品、价格，从而寻求最好的销售组合。

第二步：整合内部资源，提升运营效能

在加深对消费者深入了解的同时，特步也开始瞄准内部资源的整合提效。

以往特步在开展线上和线下营销活动时的资源配置较为分散，各门店的库存也是独立管理的，未做到统一的促销规划和物流管理，这不利于控制成本。特步找来了阿里云，基于阿里云的技术能力，其通过业务中台实现了内部资源的有效整合，同时在数字支持和消费者洞察的基础上，极大限度地提高了运营和管理的精细化。

在中台系统上线后，各门店的库存、物流、结算管理等环节都实现了全面连通，且线下

门店在收到订单之后,系统会优先进行配送,中台系统的智能算法让订单得以派送到距离最近的门店,同步通知物流公司进行统一派送。在"双11"期间,特步超过22万个订单都是以这种方式来进行配送的,不仅确保在下单后第二天6点之前准时发货,也大大提升了同城或同省发货的占比,相比于传统的"中心仓库"式发货,新的中台系统显著减少了整体的物流费用,同时有效降低了库存量。

除此之外,特步在商品选择、顾客管理、店面选址等方面都运用了智能化工具或手段来替代传统的人工决策过程。例如基于门店销售记录、气候条件、顾客喜好等数据,可进行未来一周时间内的商品需求量预测。从生产制造部门的角度来看,以预测及提前预备的方案来替代传统的订单发货模式可以及时进行物料准备和物流规划;站在门店的角度,电商的SKU(stock keeping unit,库存量单位)补货订单的运营模式大大缩短了出货周期,也改善着门店的缺货状况。在这一前提下,加盟商也会更愿意参与到平台的整合中,充分享受数字共享带来的效益。

新零售每一个小的变革,对企业内部来讲都是一个"大手术"。但就是基于消费者需求的一点一滴的提升和改进,带来了企业运营能力的一步步升级。

第三步:品牌生产与产业供应链协同

通过有效的市场触达手段,特步已经基本做到了市场信息及时反哺供给侧并且形成智能决策闭环。在供应链侧,特步也希望进一步将基于互联网架构的中台能力输出给上游的材料、印染、制鞋等厂家,形成产业级的平台,将智能决策的效应放大到整个产业链,形成真正的产业协同。

在此基础上,品牌自身的数字化能力得以输出,形成富有产业特色的解决方案,以能力获得利润。特步的路线图印证了,在价值链上,数字化转型走在前面的企业会利用先发优势产生平台级的输出,结合阿里云等合作伙伴的先进技术,促进整个产业的资源优化配置和网络协同。

通过对零售渠道的整合和一系列数字化措施,特步在过去一年以出色的业务和财务表现宣告自身已经完成了品牌、产品以及零售渠道的战略变革,并以毛利率连续5年实现攀升(总毛利率至43.7%)、高达103.8%的派息比率等亮眼表现为投资者交上了满意的答卷。随着数字化转型的继续深入,我们也期待着特步引领整个产业的数字化变革,成为中国体育用品"数字化产业链"上的领跑者。

资料来源:https://www.sohu.com/a/316070417_384789.

讨论题

通过以上"特步"的数字化转型案例,我们能得到哪些企业数字化管理方面新的启示?

【本章思考题】

1. 简述管理的含义及特征。

2. 数字化的内涵是什么?有哪些特征和应用领域?请举例说明。

3. 数字化管理的内涵是什么?数字化如何推动管理创新?

4. 信息资源管理的任务和目标是什么?

【即测即练】

第二章

数字化人力资源管理

学习目标

1. 掌握人力资源管理的含义、基本职能、作用等，了解新时代对人力资源管理的要求。

2. 理解数字化人力资源管理的内涵、特征，以及科技发展对人力资源管理数字化转型的推动作用。

3. 掌握数字化人力资源管理的具体实践，能够结合实际案例熟练掌握数字化人力资源管理中用到的方法、软件等。

引导案例

融信集团人力资源管理数字化转型

随着"房住不炒"的基调不断推进，房地产行业也迎来高质量发展的新阶段，作为头部房企，融信集团(以下简称"融信")开始着力在管理手段上进行调整与变革创新，从而推动在组织机制、业务流程、人才发展等方面的新一轮建设。融信关注"人的投资付出与价值回报"的互促互补，不断挖掘组织效能，力求在竞争激烈的同业市场中赢得持久且稳定的发展。在管理方面，融信通过引进 SAP 系统，对传统 HR(人力资源)业务进行了数字化改造，构建起全新的人事/员工/管理者自助平台。同时，全程无纸化的操作模式，解决了HR 业务流程烦琐、数据收集低效、信息获取不便、员工满意度低等问题，改变了 HR 业务在员工脑海中的固有印象。在后规模时代，融信运用精细化的管理思维，挖掘组织效能，逐步实现"提质增效"。

1. 一站式入职，新员工入职流程全打通

通过将入职环节的 OA(办公自动化)、招聘系统、电子签、SAP HCM(人力资本管理)系统连接起来，全面打通业务"信息孤岛"，避免信息的丢失及重复收集，提升 HR 业务效率和员工体验。

2. 流程全自助无纸化办公

员工可通过 PC(个人计算机)端/App 端自助查询考勤、工资、社保、公积金、绩效等信息，个人履历亦可自行修改。员工还可以实时开具收入证明/在职证明，省心省力。

3. 薪酬全智能系统即时查看薪酬报告

系统每日自动评估当月考勤数据并将考勤结果推送至员工自助平台及薪酬系统。同时入转调离产生的信息变更,也将同步至薪酬系统,直接进行薪酬核算,生成考勤及薪酬相关报表,员工可即时查看工资明细。

全新 eHR 上线后,所有人事数据都将沉淀在同一平台上,所有业务流程统一标准管理,关键业务指标都可通过系统进行横向和纵向的多维度分析,为管理层决策提供准确的数据支持。

在行业高质量发展的阶段下,精细化、体系化的管理,是未来实现健康稳定发展的重要前提,也是提质增效的核心。此次 eHR 系统的上线,是融信人力资源数字化的转型实践初探,旨在让 HR 与员工的沟通更便捷、高效,同时对企业管理规范提升起到一定助力作用。

未来,融信将持续提升组织管理效能、文化管理、薪酬与绩效管理机制,关注"人力资本"价值这一企业"软实力",从而全面提升企业发展的内部驱动力。

资料来源:融信集团。

第一节　人力资源管理概述

一、人力资源管理的相关概念

(一)资源

人类社会的生产以资源供给为基础,经济要不断增长,必须有充足的资源作为保障。经济学家认为,资源是指为了创造物质财富而投入生产活动中的一切要素。自人类出现以来,财富的来源无外乎两类:一类是来自自然界的物质,可称之为自然资源,如森林、矿藏、河流、草地等;另一类是来自人类自身的知识和体力,可称之为人力资源。在相当长的一段时间里,自然资源一直是财富形成的主要来源,但随着科学技术的突飞猛进,人力资源对财富形成的贡献越来越大,并逐渐占据主导地位。

(二)人力资源

"人力资源"这个词曾经先后于 1919 年和 1921 年出现在美国经济学家约翰·R. 康芒斯(John R. Commons)的两本著作《产业荣誉》和《产业政府》中。康芒斯也被认为是第一个使用"人力资源"一词的人,但他当时所指的人力资源与 21 世纪我们所理解的人力资源在含义上相差甚远,只不过使用了同一个词语而已。当前探讨"人力资源"最精彩的论述是在美国管理学家彼得·德鲁克 1954 年出版的《管理的实践》中:"人力资源是所有资源中最富有生产力,最多才多艺,也是最丰富的资源,它最大的优势在于具有协调整合、判断和想象的能力。"自此,"人力资源"一词开始受到关注而逐渐被广泛使用。人力资源,是指一定范围内人口中具有智力和体力劳动能力的人的总和,它是包含在人体内的生产能力,并以劳动者的数量和质量来表示的资源。

(三)人力资源管理

人力资源管理(human resource management,HRM)这一概念,是在德鲁克 1954 年提出人力资源的概念之后出现的。1958 年,怀特·巴克(Wight Bake)出版了《人力资源职能》一书,首次将人力资源管理作为管理的普通职能加以论述。此后,随着人力资源管理理论和实践的不断发展,国内外产生了人力资源管理的各种流派,它们从不同侧面对人力资源管理的概念进行了阐释。综合众多观点,总体来看:人力资源管理是依据组织发展需要,对人力资源获取(选人)、整合(留人)、开发(育人)、利用(用人)等方面所进行的计划、组织、领导和控制活动,以充分发挥人的潜力和积极性,提高工作效率,进而实现组织目标和个人发展的管理活动。

人力资源管理与传统的人事管理之间是一种继承和发展的关系:一方面,人力资源管理是对人事管理的继承,它是从人事管理演变来的,依然要履行人事管理的很多职能;另一方面,人力资源管理是对人事管理的发展,是一种全新视角下的人事管理。人力资源管理和人事管理的区别见表 2-1。

表 2-1　人力资源管理和人事管理的区别

比 较 项 目	人力资源管理	人 事 管 理
管理理念	以人为中心	以事为中心
管理视角	视员工为第一资源	视员工为负担、成本
管理目标	组织和员工目标的共同实现	组织短期目标的实现
管理内容	将人作为资源进行开发、利用和管理	档案管理、人员调配、职务职称变动、工资调整等具体的事务管理
管理活动	重视培训与开发	重使用、轻开发
管理方式	强调民主、参与	命令式、控制式
管理策略	战略性、整体性	战术式、分散性
管理部门地位	战略层	执行层
管理部门性质	生产效益部门	单纯的成本中心

二、人力资源管理的基本职能及其关系

人力资源管理全过程由一系列的工作环节构成,其中每一环节的工作内容和工作要求构成了人力资源管理的职能活动,而这些职能活动之间的关系又十分紧密。

(一)人力资源管理的基本职能

对于人力资源管理的职能活动,国内外学者存在各种不同的观点,归纳起来,主要涉及以下八个方面。

1. 人力资源规划

人力资源规划是实施人力资源管理战略的重要步骤,它可将人力资源管理战略转化为中长期目标、计划和政策措施,包括:对组织在一定时期内的人力资源需求和供给作出预测,根据预测结果制订出平衡供需的计划等。

2. 职位分析和胜任素质模型

职位分析是人力资源管理的基础性和支持性工作环节。职位分析包括两项活动:一是对组织内各职位所要从事的工作内容和承担的工作职责进行界定;二是确定各职位所要求的任职资格,如学历、专业、年龄、技能、工作经验、工作能力及工作态度等。除了采用

职位分析来确定职位规范,在现代人力资源管理中,越来越多的用人单位开始采用胜任素质模型来分析完成工作所需具备的深层次特征。胜任素质模型是指为完成某项工作和达成某一目标所需要的一系列不同胜任素质的组合,是对职位分析所确定的职位规范的补充,弥补职位分析的不足。

3. 员工招聘与甄选

员工招聘是用人单位获取人力资源的重要途径,是用人单位人力资源管理的基本职能之一。根据人力资源规划和职位分析的要求,采用科学的方法,为组织招聘选拔所需要的人力资源,并将其安排到合适的工作岗位上。招聘是用人单位采取多种措施吸引候选人来申报用人单位空缺职位的过程;甄选是用人单位采用特定的方法对候选人进行评价,以挑选最合适人选的过程。

4. 绩效管理

绩效管理是对员工实施培训、晋升、薪酬分配等人事决策的重要依据,也是用人单位调控员工的重要手段。具体而言,绩效管理是根据既定的目标,运用不同的考核办法,对员工的工作结果作出评价,发现其工作中存在的问题,促进员工绩效改进,包括制订绩效计划、进行绩效考核,以及实施绩效反馈沟通等活动。

5. 薪酬与福利管理

根据组织目标的需要,设计对内具有公平性、对外具有竞争力的薪酬体系,是人力资源管理的重要工作。合理的薪酬政策不仅能有效调动员工的积极性,而且能在激烈的市场竞争中吸引和留住高素质的人力资源。这一职能所要进行的活动有:确定薪酬的结构和水平,实施职位评价,制定福利和其他待遇的标准,以及进行薪酬的测算和发放等。

6. 员工培训与开发

员工培训与开发是组织提升员工素质和技能进而实现组织发展的重要手段。组织应当有计划、有目标、有步骤地对新员工和在职员工进行培训与开发,提升其智力,激发其活力,增强用人单位的竞争优势。这一职能包括:建立培训体系,确定培训需求和计划,组织实施培训过程,对培训效果进行反馈总结等。

7. 职业生涯规划和管理

作为现代用人单位管理者,熟悉并掌握职业生涯管理的相关知识是人力资源管理的重要内容。关心员工的个人发展,帮助员工制订职业发展规划,帮助员工建立职业发展通道,不断开发员工的潜能,促进员工的成长。

8. 员工关系管理

用人单位与员工在生产劳动过程中产生的员工关系是否融洽、健康,直接关系到用人单位经营活动能否正常进行、员工是否能忠实于用人单位、是否能正常发挥人力资源的作用。这一职能要求协调劳动关系,进行用人单位文化建设,营造融洽的人际关系和良好的工作氛围。

(二)人力资源管理基本职能之间的关系

人力资源管理的各项基本职能之间并不是彼此割裂、孤立存在的,而是相互联系、相互影响,共同形成了一个有机的系统(图 2-1)。

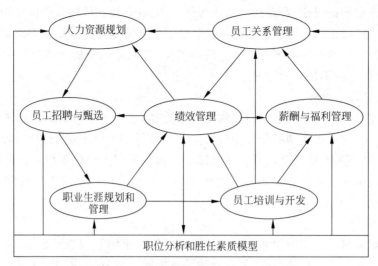

图 2-1　人力资源管理基本职能之间的关系

　　职位分析和胜任素质模型是整个系统的基础,其他各项职能的实施基本上都要以此为依据。人力资源规划中,预测组织所需的人力资源数量和质量时,基本的依据就是职位的工作职责、工作量、任职资格与胜任素质模型,而这些正是职位分析和胜任素质模型的结果。预测组织内部的人力资源供给时,要用到各职位可调动或可晋升的信息,这也是职位说明书的内容。进行招聘时,发布的招聘信息就是一个简单的职位说明书,而甄选的标准则主要来自职位说明书中的任职资格要求与胜任素质模型。绩效管理和薪酬与福利管理跟职位分析的关系更加直接,在绩效管理过程中,员工的绩效考核指标完全根据职位的工作职责来确定。薪酬管理中,员工工资等级的确定,依据的信息主要就是职位说明书的内容。在培训与开发过程中,培训需求的确定也要以职位说明书中的任职资格和胜任素质模型为依据,简单地说,将员工的现实情况与这些要求进行比较,两者的差距就是要培训的内容。

　　再以绩效管理职能为例来看一下各职能之间的联系情况。绩效管理职能在整个系统中居于核心地位,其他职能或多或少都要与它发生关系。预测组织内部的人力资源供给时,需要对现有员工的工作业绩、工作能力进行评价,而这些都属于绩效考核的内容。员工招聘也与绩效考核有关,通过对来自不同渠道员工的绩效进行比较,从中获得经验性的结论,从而实现招聘渠道的优化。甄选和绩效管理之间则存在一种互动关系:一方面,可依据绩效考核结果来增进甄选过程的有效性;另一方面,甄选结果也会影响到员工的绩效,有效的甄选结果将有助于员工实现良好的绩效。如前所述,员工的现实情况与职位说明书的要求两相比较后可确定培训的内容,那员工的现实情况该如何获悉?这就需借助绩效考核了,即培训与开发有赖于绩效考核。反过来,培训与开发对员工提高绩效也是有帮助的。目前,大部分用人单位在设计薪酬体系时,都将员工的工资分为固定工资和浮动工资两部分,浮动工资的发放与员工的绩效水平相联系,故绩效考核的结果对员工的工资产生重要影响,这就在绩效管理和薪酬管理之间建立了一种直接的联系。通过员工关系管理,建立起一种融洽的氛围,将有助于员工努力工作,进而有助于绩效的提升。

三、人力资源管理的作用

人力资源管理的作用集中在以下几个方面。

（一）协助组织提升绩效实现目标

人力资源管理要按照组织总体目标去设计和规划工作,按照组织的战略和经营需要有条不紊地开展工作,在人力资源管理职能正常发挥的前提下,它将有助于实现和提升组织的绩效,最终实现组织目标,这是人力资源管理最为重要的作用。

（二）充分发挥组织中全体员工的技术和能力

人力资源管理将使组织中人的能力得到有效的利用,使人力资源的潜能得到最大限度的发挥。组织可通过培训,也可通过绩效考核和奖励方式,给员工灌输组织的战略意图,增强员工的思想意识,把员工的行为统一到战略目标上来。只有员工把组织的战略目标内化为个人目标和行为准则,组织战略的实现才真正具有内在动力。

（三）为组织招聘和培训合格的人力资源

能否将合适的人在合适的时间安排到合适的岗位上,是人力资源管理有效性的重要衡量指标之一。根据组织的战略目标,借助人力资源规划对未来的人力资源需求作出预测,然后根据这种预测通过招聘录用和培训开发来进行人力资源的储备,从而为战略的实现奠定坚实的人力资源基础。

（四）提高员工的工作满意度和自我实现感

有效的人力资源管理必须将人力资源管理方案、政策等及时告知员工,这既是有效管理的需要,也是员工激励的需要。不断改善员工工作和生活的质量,使员工在实现组织目标的同时,也得到个人的发展,实现组织和个人的双赢。

四、新时代对人力资源管理的要求

（一）更灵活的员工管理

诸多因素导致在新时代下需要更灵活的员工管理。一方面,零工经济的兴起将改变劳动关系管理。"零工经济"这个概念大约是 2009 年出现的,最早被应用在音乐工作者中,现在被用来指各种灵活就业。支持零工经济逐渐繁荣的是在线人才平台,据麦肯锡全球研究估计,到 2025 年,像 Monster Jobs、Uber 一样的在线人才平台有望贡献 2% 的全球 GDP(国内生产总值),超过 5 亿人将从在线人才平台上获益。另一方面,互联网时代虚拟团队(指在不同地域、空间的个人通过各种各样的信息技术来进行合作)的广泛应用导致员工在世界各地不同的场所办公,这也对员工管理提出了更灵活的要求。

（二）更多样的绩效考核

未来的人力资源管理会对业绩管理进行新的尝试。很多企业都在调整其绩效管理的方式,GE(通用电气公司)、微软、德勤、Netflix(美国奈飞公司)等都逐步取消了用排名和打分管理员工绩效的方法,代之以管理者和员工之间更为频繁的沟通与反馈。与此同时,"组织的边界"变得更加模糊,平台性的组织和虚拟团队变得更加普遍,这也对考核方式的多样化提出了相应的要求。

(三)更人性化的员工关怀

未来的人力资源管理更关注人文洞察。简单地说,就是用真正关注"人"的方式来关注员工,更加充分地理解到人在其不同的生命周期与企业之间的关系会发生何种变化。从宏观环境看,老龄化社会已经到来。截至 2019 年底,我国 60 岁以上老年人口已达到 2.54 亿人,占总人口的 18.1%,加强对于老龄化人才价值的汲取和挖掘会是 HR 工作的一个重要趋势。很多欧美企业已经开始通过调整 HR 政策和实践,有效汲取老龄员工的丰富经验,为组织发展创造价值。同样的逻辑也适用于处在不同生命周期的女性员工和其他多元背景与多元需求的员工。

(四)更智能的招聘和甄选

新时代人力资源招聘会更加智能化。员工招聘一直是企业人力资源管理的重要一环,单纯运用人工手段难以应对复杂情形下的员工招聘与筛选,尤其是在校招等大规模招聘中,企业需要投入大量的人力、物力,效率较为低下,质量也难以保证。人工智能等新技术正逐步应用到企业招聘中。《福布斯》2019 年 2 月的一篇文章报道称,自 2010 年以来,人工智能专利申请超过 15 万项,领英的所有者微软(Microsoft)位列榜首。类似地,用来模拟与人对话的聊天机器人也是人工智能的一种形式,并在招聘过程中投入使用。据安永(Ernst & Young)在《华尔街日报》上的报道,"约 23%的组织使用了一些人工智能,称它们是在人力资源和招聘领域这么做的。"

(五)更多新技术的应用

未来将有更多的新技术应用到人力资源管理中来。新技术和新的商业模式会催生新的组织管理方式。移动互联和社交媒体等技术的广泛应用为组织管理的各个场景提供了新的沟通媒介。新技术能帮助企业灵活地整合与配置人力资源,突破组织内外部的各种边界。员工可以用更灵活的方式参与更加个性化的培训。当前很多企业在运用新技术管理人力资源方面刚刚起步,亟须提升人才管理的技术融合力,把新技术融入人才运营的实践中。

第二节 数字化人力资源管理概述

一、数字化人力资源管理的内涵

数字技术正在改变着人力资源管理的方方面面。本书认为,数字化人力资源管理是指借助互联网、云计算、人工智能等技术,对人力资源管理中的员工招聘与甄选、绩效管理、薪酬与福利管理、员工培训与开发等职能进行数字化转型升级,提高人力资源管理的效率和质量,从而为企业战略的实施提供更好的支撑。

数字化人力资源管理包括两个层面。

一是员工信息的数字化,这并不是像纸质档案转换为电子档案那么简单,员工信息的数字化是为了更好地预测其工作行为和绩效。例如,IBM员工信息系统中的档案,不是以人为单位,而且以人的技能为单位。系统里不只是员工的学历、出生年月、工作履历等常见信息,还有员工的角色以及与每个角色相关的技能。另外,对层级较高的核心人才,系统还存储如大五人格等几十个特质类指标。借用现在比较流行的"数字孪生组织"的说法,数字化人力资源管理第一个层面的工作就是要在企业建立"数字孪生员工"。有了"数字孪生员工",企业就可以利用大数据技术监测和分析员工的日常行为表现,预测员工的绩效与离职倾向。

二是人力资源管理的招聘、培训、考核、薪酬以及员工的职业发展等工作流程的数字化。例如,IBM的培训有82%是线上培训。在很多人的印象中,线上培训是成本低、效果差的代名词,但是IBM的线上培训效果却比线下好,究其原因有三点:第一,线上培训讲师都是重量级大师,保证了线上培训内容的质量和价值;第二,大师的课程结束后,并不是原封不动地发布到培训平台,而是经过后期精心剪辑做成多个小课程单元使在线学员可以碎片化学习;第三,每一个小课程单元都经过再设计,制作成内容好、形式佳、互动性好的线上课程,大大提升了在线学习者的体验与效果。

二、数字化人力资源管理的特点

(一)系统化

人力资源实现数字化转型的第一步就是建立企业内部人力资源系统。然后,按照云计算IaaS(基础设施即服务)、PaaS(平台即服务)、SaaS(软件即服务)三层逻辑,重新改造人力资源信息系统,或购买云计算服务商的云服务。这种新的架构,除底层硬件部分的整合外,还要建设内部数据库,使底层基础数据实现打通共享,彻底消除"信息孤岛"。这一过程就是人力资源管理系统云化的过程。企业把日常人力资源管理业务和工作内容迁移到该平台上,实现实时数据分析和业务流程系统化,以提高人力资源管理的工作效率,使HR有更多的时间和精力来思考企业发展方面的问题。同时,人力资源管理系统能够充分发挥其灵活、弹性、免费迭代的优势。

(二)移动化

随着弹性工作和居家办公等工作方式的日益普及,移动技术对企业加强与员工之间的密切沟通和联系具有非常重要的意义。移动技术真正实现了企业与员工之间"随时随地"的信息沟通与分享。随着移动技术的不断普及,移动技术已经不再局限于企业与员工之间简单地"保持联系",还可以广泛应用于人力资源管理的各个方面。在员工学习与发展领域,移动技术可以有效地支持员工学习,让员工与专家进行有效互动,从而促进员工顺利完成培训课程。在人才招聘方面,移动技术可以有效促进招聘团队成员之间的合作,加快招聘流程。在绩效管理方面,移动技术有利于简化绩效信息的收集工作,从而可以更方便和更频繁地向员工提供绩效反馈信息。此外,利用移动技术还可以向员工推送与人力资源相关、涉及个人发展机遇和目标进展情况的个性化信息。

(三)云端化

基于云平台的人力资源管理系统可以综合大量人力资源业务场景,一站式解决人力资源管理的众多问题。在 SaaS 平台,每位员工都有对应的组织架构及职位概述,员工可以通过人力资源管理系统,将职务、人、事对应起来,这样做,专业性更强,工作效率更高,企业管理也更加规范。正因为互联网技术的融入,员工通过手机就可以自助完成考勤、申请休假等工作,这些工作在过去是员工通过线下与人力资源服务人员的互动来完成的。这种自下而上的管理模式不仅增强了员工的主动性,而且优化并减轻了 HR 的工作量。

(四)社交化

人力资源部可以利用社交媒体技术加强与员工的沟通和互动,及时把握员工的心理动态,为员工提供更好的人力资源服务。此外,一些人力资源管理系统还可以提供基于社交媒体的入职培训工具,迅速将新员工与相关员工联系起来,并提供其所需信息。同时,一些系统还能支持协作式绩效管理,促进员工共建、共享绩效目标。因此,社交媒体将大力促进人力资源管理的民主化、透明化和公平化。

(五)智能化

基于员工的行为分析,大数据和人工智能可以对员工群体和个体行为作出非主观的科学判断与预测,进而为企业决策和制定相关政策服务。企业可以利用人工智能技术创建相关评估指标,监测人力资源管理工作的效力及其对企业的影响。同时,企业还可以利用分析工具获取相关的洞察力,深化对员工群体及个体能力的了解,确定企业的技能需求和人才所处岗位,甚至预测企业和员工的需求,强化人力资源管理流程。可见,人工智能和分析工具将成为数字化人力资源的关键要素,同时将促进营销式人力资源模式的形成,不仅能够使人力资源团队了解企业历史发展的趋势,而且能够通过更具前瞻性的方法将企业的人才战略与业务需求科学地匹配起来。

三、科技发展推动人力资源管理数字化转型

(一)大数据在人力资源管理中的应用与影响

近年来,大数据已成为企业管理的重要手段,它不仅能够帮助企业提升业务管理水平,而且对企业的人力资源管理工作起着重要的作用,人力资源管理工作不再浮于表面,而是要进入深层次的业务当中。

具体来说,数据信息革命正在给人力资源管理工作带来全方位的变化。

第一,大数据将为人力资源规划提供更为科学、全面的信息与数据基础。借鉴大数据的理念,人力资源管理系统可以有效挖掘和利用信息资源,提高管理工作的准确性和客观性。通过挖掘员工基本信息、考勤记录、工资记录、奖金信息、变动信息、培训经历、培训考

核情况、销售数据和生产数据等相关数据,可以获得人力资本生产率指标,如人均销售额、关键员工效率比例、关键员工主动流失率、出勤率、解决问题的效率和业绩提升率等,进而通过对这些数据信息的科学分析,实现人力资源管理的科学决策。

第二,基于人才数据库的招聘工作将在招聘信息发布、简历收集筛选、人才测评、人岗匹配等方面大大提升工作效率和效果。利用大数据能够很好地了解应聘者的信息。相比传统的人工查阅简历的方式,采取人工智能的方式开展大数据分析能够帮助企业管理者科学地找到合适的人才。通过长期努力建立起人才数据库后,人才数据将成为人才招聘的一个前提,计算机可以帮助企业建立模型、选择人才。

第三,大数据能够很好地帮助企业实现人才与岗位的有效匹配,真正实现"为岗择人"和"为人择岗"。人才安置是企业发展的关键,不同的人才适合不同的岗位。每个人都有各自擅长的方面,而人才安置,不只是从知识的层面进行匹配,而是从兴趣、爱好、知识和性格等不同维度对人才进行测评,综合了解人才的各方面能力和特点。只有这样,企业管理才能对人才作出最终的评价。只有利用大数据技术,将数据分析和人才测评有机结合在一起,才能对人才进行全方位测评,最终实现人力资源优化配置。

第四,通过大数据建立起来的绩效数据库,可以使绩效数据统计分析更加客观和便捷,从而使绩效管理从烦琐的数据分析中解脱出来。现在,越来越多的企业开始建立自己的人才数据库,如人才的基本信息、流动数据、培训情况及受教育情况等。将人才数据有机地结合到一起,能够帮助企业实现薪酬绩效体系的优化。薪酬绩效体系是企业留住人才的关键,因此,完善薪酬绩效体系是企业人力资源管理者面对的挑战。通过大数据分析,管理者就能够分析出哪些因素是提高员工业绩的关键、业绩较好的员工的特征、哪类员工容易出现错误、哪些环节容易导致公司出现损失。相比传统人工操作,大数据将更加详细和高效地帮助企业进行薪酬与绩效管理。

第五,员工信息数据库可以使劳动关系管理变得更加科学和规范,更有利于防范用工风险。

总之,管理者利用好大数据,能够更好地实现人力资源管理,提高人力资源管理效率,帮助企业在未来发展中提高竞争力。

(二)云计算技术在人力资源管理中的应用与影响

云计算技术作为新一代的资源共享利用模式,具有需求服务自助化、服务可计量化的特点。一旦将云计算技术引入人力资源管理系统,可对人才招聘、绩效管理和薪酬管理等方面产生重大影响,人力资源管理工作将更加流程化、标准化和透明化。

基于云计算技术的人力资源管理系统具有独特的优越性,对人力资源管理工作产生深刻的影响。

第一,从总体上看,基于云计算技术的人力资源管理系统,可以根据不同企业的不同需求,进行定制化的服务,做到随时更新、信息共享。这样,供应商在后台进行统一管理后,企业无须维护人力资源管理系统。企业购买的是服务,只需按照租赁和使用功能付费,使得效率达到最高,而且系统操作难度低,管理者只需花费极少的时间即可掌握。一般来说,云计算技术的 SaaS 系统通常依托于 OA 架构和 Web service(网络服务)技术。

SOA为面向服务的结构,在SOA的基础上可以建立若干与人力资源管理相关联的网络服务技术,这些应用模块和它们所基于的数据库处理、网络传输、界面平台等元素构成了"人力资源管理云"。传统上以B/S(浏览器/服务器)、C/S(客户端/服务器)系统为主的人力资源管理系统,企业所需支付的承载运行的硬件设备费用庞大,且软件维护成本庞大。SaaS架构的人力资源管理系统的使用成本较低,价格、服务标准清晰明了,企业易于与供应商进行沟通和核算。

第二,基于云计算技术的招聘系统采用冗余存储的方式确保了招聘数据的准确性。从不同渠道广泛收集简历,同时将收集到的简历形成标准格式,并实现智能识别,避免数据重复输入,保证了每条人才数据的有效性。随时更新,方便查找,有利于企业及时搜寻简历,与应聘者沟通互动。基于云计算技术的招聘系统还可以与企业内部管理人才系统进行对接,发布招聘信息,方便内部员工上传简历,通过调岗或竞聘的方式填补岗位空缺。此外,基于云计算技术的招聘系统支持企业通过由SNS(社交网络服务)、BBS(网络论坛)等多种行业和地区网站形成的"招聘大渠道"发布招聘信息,并整合企业网站、电子邮箱或外部招聘网站等各个渠道的简历,进行标准化处理。通过自定义所需人才的任职资格条件,招聘系统对简历进行初步筛选,淘汰不符合要求的候选人。

第三,基于云计算技术的绩效管理系统可以将员工特性与绩效考核工具的特点进行自动匹配,根据被考评对象的职位特点,灵活选择恰当的考评工具。此外,人力资源管理系统引入云计算技术后将更多地关注流程的标准化。在云端对组织内部流程的输入端、输出端的关键绩效参数进行设置、取样、计算、分析,把企业的战略目标分解为可操作的工作目标,将绩效标准分解到每个员工身上,明确个人的各项指标。在实施绩效考核时,将员工的绩效结果与KPI(关键绩效指标)进行比对并自动匹配,得出最终的考评结果。

第四,基于云计算技术的人力资源管理系统具有薪酬统计与计算的功能。云计算技术同构化设计中编制的数据字典和模型字典,可以确保员工薪酬数据的核算更加方便、有效。员工也可以通过自助服务平台查询工资,促进了无纸化办公。更为重要的是,基于云计算技术的人力资源管理系统拥有强大的数据挖掘和数据分析功能,其分布式存储方式确保人力资源管理系统可以高效地管理大数据,从而可以在规模巨大的数据集中快速找到特定的数据进行对应分析,使结果更加准确和有效。

（三）人工智能在人力资源管理中的应用与影响

人工智能在科技领域的发展和完善,改变了现代社会的生产生活方式,也影响着人力资源管理工作。鉴于人工智能在信息采集和数据分析方面具有成本低、零失误、效率高等特点,人工智能在人力资源日常管理工作的协助方面具有极其广泛的应用前景。因此,人力资源管理者必须站在未来发展的高度,适应各种环境变化,积极应对人工智能的挑战,适应信息化发展,掌握人工智能等相关技术的前沿动态,这样才能更好、更快地实现人力资源管理工作的真正价值。

德勤公司于2018年的一项调研结果表明,人工智能技术在人力资源管理工作中具有较强的应用潜力。数据显示,约75%的受访者认为自己的工作将在5年内需要得到人工智能的协助,约90%的受访者认为人工智能在人力资源管理过程中提供数据分析与信息采集类的支持,约 46% 的受访者认为人工智能可替代文件编写工作。随着企业规模的扩大和管理年限的增长,信息处理的数量和难度都呈量级增长,人力资源管理的难度也在与日俱增,人们对人工智能的需求迫切性也相应提高了。

具体来说,人工智能对人力资源管理模式的颠覆主要体现在如下几点。

第一,针对传统人力资源管理中耗时耗力的工作,如考勤、搜索简历等,人工智能技术可将人力资源管理者从琐碎的事务中解放出来,极大地提升人力资源管理效率。随着移动互联网的发展,数据量呈指数级增长,数据处理和分析的精确程度有了大幅度的提升,数据更加丰富,计算机作用于人力资源方面的算法也有了一定的突破,使得信息处理的效率和速度都有了极大的提升。

第二,人工智能可以通过构建情境模拟等方式协助处理复杂问题,从而为人力资源管理的科学决策提供更加切实的依据。此外,人工智能可以根据以往案例的记录,积极创造多种备选方案,帮助决策者制定出更加科学合理的决策。需要指出的是,人工智能技术始终是人力资源管理者制定决策的辅助手段,只是为科学决策提供参考意见。决策者的洞察力、对企业发展历史文化的了解、基于经验对事情的判断、对员工的情感,以及对社会的责任等目前很难通过数据获得,还是需要由决策者进行权衡并作出决策。

第三,人工智能对人力资源管理各个模块产生深刻的影响。人力资源管理主要涉及"人的问题",在人力资源管理实践的各个模块中,那些程式化、具有重复性、依靠反复操作实现的熟练工种将会被人工智能所取代,这样就能够减少人为失误、提高工作效率、节约人力成本。人工智能将影响数据信息处理、决策制定和人力资源的各个模块。具体来说,人工智能构建了良好的数字化基础结构,在人力资源规划需要作出供需预测、制订平衡供需计划时,根据模型及算法可以提高计划制订的精确度。在招聘模块,招聘者更容易了解应聘者具备的基础知识、基本技能等"冰山"以上的部分,而那些"冰山"以下包括社会角色、自我特质和动机等内在部分则不易在面试的短时间内被测量,而且应聘者也会存在伪装的可能。有了人工智能后,招聘者可以结合应聘者过往的数据分析和行为表现,更注重内在的评判,以便使其与岗位更加匹配、招聘工作更加成功。同样,在培训中,管理者利用人工智能有效分析员工的不足和优势,不仅可以发挥培训的作用,而且能够增强培训的效果。对于绩效考评工作,人工智能可以减少人力的投入,使考评更加精准。需要指出的是,对于那些富有创新性和无法单纯依靠日常事务进行绩效管理的工作,还是需要由人来判定其工作价值。

第三节 数字化人力资源管理的应用

一、人力资源管理系统

人力资源管理系统的出现和应用为人力资源管理的变革与发展开启了新篇章。企业通过人力资源管理系统的数字化应用实现了管理创新、提高了工作效率、提升了员工的满意度。在新时代,随着科技的迅猛发展和人力资源管理系统应用的日益成熟,特别是云计算技术和人工智能与人力资源管理系统的结合,人力资源管理系统更加标准化、自动化和智能化。

　　如图 2-2 所示,数字化人力资源管理系统主要由四部分组成:一是数据仓库,主要用于存储关于企业组织架构、职位分布以及员工职位和个人基本信息等数据;二是人力资源管理系统平台,主要用于设置各种人力资源管理的功能和权限、流程控制等;三是人力资源服务平台,主要通过各平台的交互处理,提供从员工到经理再到人力资源部的各类自助服务以及包括员工入职、调转和离职的整个雇佣旅程的服务;四是人力资源数据统计分析平台,主要根据企业需求用于各种数据的整合、统计、分析和报表处理,为企业决策提供数据支持。

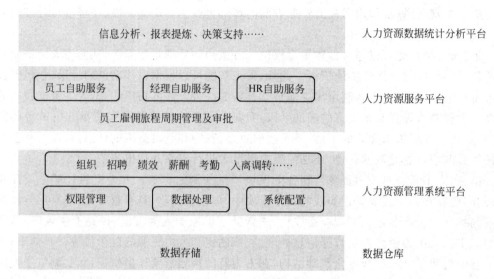

图 2-2　数字化人力资源管理系统

　　目前市面上可供选择的人力资源管理系统供应商非常多,既有国际知名供应商Oracle、SAP、Workday 等,也有国内知名软件公司金蝶、用友等。从系统功能上看,既有在强大的技术背景支持下紧跟技术发展潮流而推出的服务于人力资源服务各项流程的系统产品(它们基本覆盖了员工整个雇佣旅程周期,包括员工从入职、在职到离职各环节的服务平台),也有专注于细分模块只开发某一类功能和场景的系统

扩展阅读 2-1　人力资源管理系统的安全隐患

产品,如绩效管理系统、招聘系统等。随着云计算技术的发展,以互联网思维运营为代表的 SaaS 产品发展也极为迅速,甚至有的供应商可以为企业提供人力资源管理基础服务的免费软件。

二、数字化招聘

　　招聘是人力资源管理中的重要职能。招错人会对企业造成工资成本、培训成本、时间成本、机会成本、绩效成本等各个层面的损失,所以招对人对企业尤为重要。传统的招聘场景下,能否招对人基本上取决于面试官的经验与能力,而数字化时代,数据分析、AI 等新技术在招聘场景中的创新应用,为企业提供从招到人到招对人的全面保障。

　　想要招对人,首先得真正了解候选人。仅凭一份简历和几次面试,其实并不能挖掘候选人"冰山"下的特质——他是哪种性格?具有怎样的素质?工作的动机与价值观是什么？是否能够适应公司文化？是否能够推动公司战略成功？因此企业需要一份关于人才的全方位、深度的综合报告，能够全面展现候选人的知识技能、性格、素质、动机、价值观、成长潜力等特质，这就是人才画像。人才画像不仅可以在招聘环节提升人岗匹配准确率，还能赋能人才战略各大场景，如人才盘点、定岗定薪、绩效预测、培训发展等，通过持续采集员工绩效、薪酬、培训、考勤等数据，基于专家评估模型和 AI 技术，生成动态的内部员工画像，应用在选、融、育、激各大场景，帮助企业更全面、更科学地识别人才、激发人才。

招聘涉及大量的沟通工作，如面试通知、回答候选人关于公司和职位的咨询、确认候选人意向等，这些劳动重复性高、耗时长，成为招聘效率的桎梏。在数字化时代，Bot（人工智能机器人）可以成为新的劳动力。目前，市场上已经有相关的系统和 Bot，可以替代 HR 完成职位咨询、面试、安排面试、意向确认及员工服务全场景的沟通，基于 AI 对话系统，搭建 HR、面试官和候选人沟通的平台，保证 7×24 小时全天候响应，同时支持上千轮对话，解放 HR 的劳动力。除此之外，智能化的招聘系统还可以自流转，HR 可以在招聘活动开始前设定好简历筛选及淘汰的规则，只要 AI 判断出简历的内容或者面试官的反馈满足其中的规则条件，就可以自动判断是进入下一环节还是直接淘汰。未来，数字化技术将进一步提高企业人员招聘的效率和质量。

知识拓展 2-1

数字技术提升企业洞察力

1. 在招聘方面的应用

在招聘方面，企业可以充分利用候选人和员工数据，精确实现为人择业和为业择人的目标。例如，Evolv 公司的一些针对招聘的在线测试，从候选人面试到新员工录用、培训、考核，再到员工晋升，将员工的绩效和其个人背景相结合，精确定位具有哪些特质的人能够胜任某一个职位。例如，通过数据分析发现，并不是所有毕业于名校的学生都更胜任工作，员工的经验也不是高绩效的必要因素，员工家与公司的距离是留住员工和维持员工敬业度的重要因素之一等。

2. 在人才画像方面的应用

企业可以将员工的简历要素、人才测评结果（如性格、能力、价值观等）、试用期通过率、淘汰原因、在职的绩效、离职原因等数据进行统计分析，反过来用于制定人才招聘标准，有效地促进和改善组织的人才战略发展。例如百度公司在数据分析方面如人才管理、运营管理、组织效能、文化活力、舆情分析等，做了相应的指标体系建设和建模，在此基础上完成了很多的人力资源场景应用。BIEE、个人全景、用户画像等能够为企业管理层的人才决策提供重要的参考与建议。

3. 在员工离职风险管理方面的应用

企业可以将多年积累的员工离职等数据进行统计分析，确定员工离职的关键影响因素，为人才保留提供依据。例如，IBM 利用其专利技术预测关键岗位的员工离职风险。每年 IBM 都会从公司所在地、薪酬、员工留恋度等方面，分别开展岗位分析，计算出关键岗位人员"跳槽"的可能性，并采取干预措施避免他们主动离职。

4. 在员工心理健康方面的应用

企业可以充分利用员工数据分析和预测员工的心理健康状况，采取适当的措施缓解员工的工作压力。例如，微软公司宣布其开发出一种方法可以识别推特（Twitter）用户是否有患上抑郁症的风险，这种对非结构化数据的分析方法，可以协助负责员工福利的人力资源团队及时了解员工的身心健康水平。

总之，为了更好地进行统计分析与预测，企业需要做好数据的表达和呈现，真正站在用户的角度做好数据全面的、结构化的呈现。数据驱动的人力资源管理就是要将数据转化成为企业带来价值的洞察力。数据沟通虽然有很多方式，但是数据的可视化使数据更加具有吸引力，并被人理解与接受。因此，数据的可视化工具就变得尤其重要，可以凸显最重要的数据与结果并解释数据背后的含义、趋势等。现在市场上有很多优秀的数据可视化工具，如微软公司的 Power BI，它是微软最新的商业智能（business intelligence，BI）概念，Power BI 是一种业务分析服务，将数据转换为令人赞叹的视觉对象，并在任何设备上与同事共享。在一个视图中直观浏览和分析本地数据及云端数据，协作并共享自定义仪表板和交互式报表。类似的数据分析软件还有 Tableau、Qlik、Analytics 360 等。

资料来源：刘凤瑜，等.人力资源服务与数字化转型［M］.北京：人民邮电出版社，2020.

三、数字化培训学习

随着移动互联网以及 AR/VR（增强现实/虚拟现实）等技术的日益成熟，数字化培训学习正成为新的途径。数字化培训学习主要包含四个方面的内容：一是在线学习系统，解决学习空间问题；二是教学资源在线化，解决学习内容问题；三是数据驱动企业学习，解决个性化问题；四是 AR/VR 等技术在培训中的应用，解决培训方式的多样性问题。

扩展阅读 2-2 企业培训的数字化转型要点

（一）在线学习系统

在线学习系统分为两种：一是购买市场上第三方成熟的学习系统，但这种系统适合普适性的知识培训，难以针对某个企业提供个性化的培训；二是企业自己构建在线学习系统，这种方式能够根据企业自身的培训需求进行个性化的系统定制，但成本较高。

企业在线学习系统是一项系统工程，包括学习平台、内容和运营管理等。构建在线学习系统，需要进行系统的规划和建设，既要从企业的战略与人力资源开发策略出发，让在线学习系统的定位和内容更符合企业与员工的需求，同时，也需要制订相关配套措施，如积分政策、岗位认证、干部管理与绩效管理的结合等，以便培训管理人员借助科学的运营手段激活员工的学习动力，促进培训效果转化。

（二）教学资源在线化

在线学习系统上线后，企业内部需要将教学资源在线化，包括课程、案例、文档、测试题等，可以为员工提供知识或内容资源的指导。在线教学资源是企业培训实现数字化转型的基础，没有足够的在线教学资源，在线学习系统也无法发挥作用。

（三）数据驱动企业学习

企业培训实现数字化转型,关键在于利用数据驱动企业学习。所谓数据驱动企业学习,就是指使用现代技术收集多维员工数据和海量内容数据,并集成和提取这些数据信息,以形成针对每个员工的自动学习决策模型。具体来说,利用数据驱动企业学习,最大特点是从数据收集、整理和报告到转换为学习分析和决策建议的完整过程中,可以根据员工个人及行业、市场等内外条件的变化,为员工提供满足当下和未来需求的学习内容,同时也为企业相关人员进行学习战略的部署提供决策支持。

（四）AR/VR 等技术在培训中的应用

利用 AR/VR 技术,组织可以为员工提供更安全、更有效的工作培训,而成本只是建立实验室和真实环境的一小部分。一些在真实世界中培训成本较高或较危险的场景中,AR/VR 培训能够体现很大的优势。许多《财富》500 强公司利用虚拟现实技术来节省培训员工的费用并降低风险。与此同时,采用 AR/VR 技术培训还能够摆脱培训地点的限制,甚至企业可以提供一种虚拟现实设备,员工在家中就可以进行基本培训。

 **知识拓展 2-2**

数字化学习内容的来源

随着数字化学习的普及,内容成为企业重点关注的模块。在企业建设数字化学习资源时,内部自主开发已经成为主流方式,高达 66% 的企业选择了此方式。外部引入课程也是企业构建内容体系的重要方式,57% 的企业选择从外部直接采购通用课程,其中有41% 的企业会根据自身情况对外采课程进行加工内化。通过外部采购通用课程,企业可以在搭建课程体系时实现降本增效。

1. 内容自主开发越来越受到企业重视

目前,大部分企业仍处于数字化学习发展的初期阶段,对内容的投入程度还远远不够。为了节约成本和提高效率,绝大多数企业优先选择采购外部供应商提供的通用技能课程(如管理、领导力、素质、办公软件等)和行业通用课程(如餐饮服务业、医药业、物流业等),企业对员工的学习要求仍停留在对基本职业素质和行业基本常识的认知上。随着数字化学习在企业内部渗透加强,会有越来越多的企业根据自身业务发展,内部开发与本企业战略、业务紧密相关的数字化学习内容。

2. 业务部门在学习资源的开发中参与度提高

作为开发数字化学习资源最主要的方式,企业在内部自主开发的途径选择上还是以培训部门为主导进行学习资源的开发,排名前三的企业内部自主开发数字化学习资源的形式是:录制面授培训视频、专职人员开发和邀请专家开发。与 2018 年相比,安排专职人员开发的企业培训部门增加,发生变化的主要原因是受制于培训部门有限的开发能力,专职人员开发的方式能够应对少量核心学习资源的开发需求。

值得一提的是,49% 的参调企业选择业务部门根据需要自主开发学习资源的形式。

越来越多的企业对于学习资源与业务的贴合度更加关注,业务部门也开始意识到根据部门的需要自主开发学习资源比借助学习部门的帮助对于开发学习资源更加有效且更加贴合实际的需求,同时也会更受员工的欢迎。

3. 内容提供商需进一步提升数字化学习项目的新颖性

在已经实施数字化学习的企业中,近七成的企业采购过通用在线课程内容。对通用课程内容建设是否达到预期的调研数据显示,学习内容的适用性和学员的认可满意程度最符合企业对通用课程内容的预期。此外,学习项目的新颖性最不符合企业对通用课程内容的预期,经常达到预期的比例仅 38%。学习项目是否新颖是影响数字化学习通用课程内容设计能否吸引学员学习的新维度。未来,通用在线课程内容供应商应该加强学习项目内容新颖性设计,进一步提升客户的满意度,抢占市场先机。

资料来源:组织与人才发展研究院.2020企业数字化学习趋势洞察蓝皮书[R].2020.

四、数字化员工管理

员工管理是人力资源管理的重要组成部分,如请假、人员安排和调动等。在员工管理和组织发展方面,利用大数据以及人工智能等数字化技术,可以大大提高员工管理的效率。以员工休假为例,目前常用的服务流程为员工在系统中提出休假请求,经理批准并经人力资源部审核通过后生效。对于一些特殊的休假或时间较长的休假,如产假、长期病假等,如果经理对相关人力资源政策不了解或未进行深入研究,其随意的批复就可能产生一定的问题。此外,由于假期持续时间的不同,人力资源部审核时还需要通过手工计算来核算实际假期天数,确定休假是否会对其薪酬福利产生影响,并根据计算结果判断是否需要通知相关部门采取相应措施。未来,智能化的人力资源管理系统可以通过人工智能的学习功能了解人力资源管理相关的法律法规,根据员工的休假类型以及相关支持材料通过自动检索和查询相关法律政策与员工的情况进行对比,快速为员工提供建议和提醒,从而确保员工休假申请的有效性和合规性。在保证正确提交休假申请后,系统会将包括休假类型、相关法律政策的依据、具体休假天数和相应薪酬福利等信息发送给员工、经理和人力资源部,在审核全部资料并确认无误后,系统会自动发送数据进入相关系统模块进行处理,并在休假结束前提醒员工和经理做好恢复工作的准备。如果经理有需要,系统还可以根据员工休假前的工作情况出具报告,以帮助经理对员工休假期间的工作进行必要安排。通过大数据查询,部门可以快速找到与休假员工相匹配的人员,在该员工休假期间能够暂时接替其工作。由此可见,数字化人力资源转型的核心驱动力是人力资源部内部通过对运营的深刻理解,运用数字化工具和人工智能技术对流程化、规范化的工作进行深入分析,不断尝试创新,以提供自动化的解决方案来提高工作效率和员工满意度。

五、数字化员工服务

员工是人力资源部重要的服务对象。人力资源部作为连接员工与企业的媒介,往往能够先体察到不同时代员工的特点。当"90后""95后"等成为劳动者的主力大军时,为了满足新时代员工的特点以及企业未来发展的需求与挑战,快速适应社会化、虚拟化的环境,实现组织的智慧协同,越来越多的企业不仅要构建面向未来的组织构架,打造更加敏捷的团队,还要赋能员工、激活组织。要实现上述目标,人力资源数字化转型必将成为企业的不二选择。

毫无疑问,未来劳动力市场的主力军更倾向于通过网络了解信息、进行沟通并开展工作。因此,打造数字化的工作环境不仅能够激发他们的工作积极性和创造性,而且能够降低团队成员的沟通成本、提升团队的协作效率。很明显,通过网络载体弘扬企业文化更易被新时代员工接受。近年来,为了传播企业理念,很多企业都制作了故事性强的小视频来吸引员工的关注,通过动画、游戏闯关等形式帮助员工了解公司的企业文化和规章制度。

由于新时代员工普遍具有很强的自我意识,他们的工作目标不会仅局限于追求金钱,而更注重于自我价值的实现。由于他们在成长过程中很少经历挫折与磨难,为了帮助他们快速成长,尽快适应社会和企业工作,企业福利的设计不仅要考虑为员工提供法律规定的医疗、保险等,还必须关注员工的心理建设,为他们提供必要的心理辅导课程和心理援助渠道。随着互联网"飞入寻常百姓家",互联网及社交平台等技术已经在日益模糊人们工作与生活的界限。对于实行不定时工时制的员工来说,随时随地的工作会增加他们的压力,长此以往会使员工产生倦怠的情绪。从长远来看,企业的福利设计不仅要满足员工饮食、健身等物质方面的需求,更应注重员工的心理健康,鼓励员工适时休息休假。事实上,积极的心理学引导以及健康理念的普及能帮助员工提升幸福指数,实现努力工作、积极生活的人生目标,进而为企业创造更多的价值。因此,将新技术与健康计划相结合,对员工职业、心理等各项指标进行预测分析是对未来人力资源管理系统功能的必然要求。未来,通过对员工职业、心理数据的收集、分析,并根据数据分析结果预测和确定员工职业与心理状况和发展需求,以便及时给予员工帮助,可以为员工创造更加公平、积极的工作环境。相信这些新想法和创新为人力资源管理系统的开发工作开辟了广泛的发展前景,这些新功能的实现一定会为企业带来良好的口碑和强大的人才吸引力。

总之,随着数字化人力资源的不断成熟和深化,注重员工体验的人力资源服务模式会逐渐成为企业争夺并保留人才的核心竞争力。因此,应真正实现以员工为中心,从员工的视角看问题,从员工的角度设计人力资源服务流程,预测和了解员工在职业发展旅程中遇到的各种问题并做到未雨绸缪。只有这样,才能让员工有一个高质量的人力资源服务体验,才能有效保障员工在企业中有一个愉悦而顺畅的职业生涯,从而帮助企业吸引和留住创新人才,为企业赢得竞争优势奠定坚实的基础。未来企业的人力资源一定是将用户思维和数字化有机结合起来的人力资源,它给予员工的一定是多元化的服务,以追求卓越服务和卓越体验为目标,通过人工智能驱动更加人性化的服务和高质量的员工体验,从而成就人力资源服务的光明未来。

本章小结

本章对人力资源管理的相关概念、基本职能和作用等进行了回顾,对数字化人力资源管理的内涵、特点等进行了阐述,并讲解了数字化人力资源管理的应用。人力资源管理是依据组织发展需要,对人力资源获取(选人)、整合(留人)、开发(育人)、利用(用人)等方面所进行的计划、组织、领导和控制活动,以充分发挥人的潜力和积极性,提高工作效率,进而实现组织目标和个人发展的管理活动。人力资源管理包含人力资源规划、职位分析和胜任素质模型、员工招聘与甄选、绩效管理、薪酬与福利管理、员工培训与开发、职业生涯规划和管理、员工关系管理八大职能。新时代下，人力资源管理面临更高的要求，如更灵活的员工管理、更多样的绩效考核、更个性化的员工关怀、更智能的招聘和甄选、更多新技术的应用等。

本书认为，数字化人力资源管理是指借助互联网、云计算、人工智能等技术，对人力资源管理中的员工招聘与甄选、绩效管理、薪酬与福利管理、员工培训与开发等职能进行数字化转型升级，提高人力资源管理的效率和质量，从而为企业战略的实施提供更好的支撑。具体地，数字化人力资源管理包含两个维度：一个是员工信息的数字化，另一个是招聘、考核、培训等工作流程的数字化。数字化人力资源管理主要具有系统化、移动化、云端化、社交化以及智能化的特点。随着科技的不断发展，大数据、云计算、人工智能等技术对人力资源管理的影响会越来越大，不断推动人力资源管理的数字化转型。

数字化人力资源管理在实践中有很多应用场景，如企业的数字化人力资源管理系统、数字化招聘、数字化培训学习、数字化员工管理以及数字化员工服务等。

 **章尾案例**

IBM 的人力资源管理数字化转型

业务背景

IBM 是全球最大的信息技术与业务解决方案公司。IBM 近年来从业务转型期进入加速期，这意味着人力资源管理所能提供的解决方案都将加速演绎和发展。IBM 的整体战略正往 Cloud Base（云平台）、提供认知型解决方案的方向发展，因此建立 Cognitive HR（认知 HR）体系，更好地利用数据、分析数据也与公司战略息息相关。

> 扩展阅读 2-3　京东人力资源管理数字化转型

人力资源数字化转型战略及发展重点——建立 Cognitive HR

经过长期的演绎与发展，以提升员工敬业度和体验为出发点与聚焦点，IBM 致力于建立 Cognitive HR，即当技术和数据融入人力资源各个模块后，很多工作已经实现可视化，此时就能增强组织的认知能力，让组织更有效率、快速反应，更好地进行决策。目前，在人力资源的选用育留及员工的整个生命周期中，均在融入、达成 Cognitive HR 的理念，并不断演绎和改进，使其在整个 IBM 中做到最好。

Cognitive HR 在人力资源各个领域的应用

Cognitive HR 在 IBM 人力资源的各个领域中均已有所结合，其中包括人才吸引、员工参与、培训学习、人才保留、职业发展、技能管理。某一领域下也有多种融合与应用方式，可以说技术已经无处不在。

以个性化员工学习平台和员工入职这两项为例。

个性化员工学习平台：IBM 给员工提供个性化的培训平台和更多的学习资源，让员工掌握新的技能和未来的技能。企业通过数字化分析能够更好地了解哪些知识或技能更适用于内部某些岗位，IBM 可以根据各个员工的学习情况，清晰掌握整个公司的学习进程。同时企业也可以通过对大数据的分析明确了解每个员工在学习上的偏好和兴趣，这能帮助员工有方向地去成长。在让员工更了解自己的同时，企业也更加了解员工。

员工入职：在员工正式入职前，IBM 会让新员工更早进入企业的学习系统，提前学习 IBM 的文化、历史和产品知识等。另外，在网上社区中，新老员工也可以通过社交媒体有一定的交流。

数字化之下的人才战略与能力要求

在业务环境快速变化的当下，数字化带来的是越来越高的敏捷性和可变性，因此人才战略、人员的能力和要求也会出现相应的调整。IBM 目前已经不再强调传统的胜任力模型，而是在人员的心智模式、技能和领导力上提出了自己的主张。

成长型思维（growth mindset）：IBM 希望员工拥抱变化，有不断学习的能力，不仅要学习已有的知识，还要更多地接受新事物，拥有更多的创造力。

心理韧性（resilience）：员工可以很好地管理自身，包括职业生涯、健康状况等。IBM 希望每个员工都是"Best People"，都要做最好的自己，从而可以成为"Best IBMer"。

技能便是财富（skills are wealth）：在快速变化的环境中，不仅要有当下最新的技能，员工还需要有能力去找到未来的技能来发展自己。IBM 期望员工在未来的不确定性中能有更多的思考，也能快速地去定位自身，找到自己可能从事的领域。另外，公司也提供更多的学习资源让员工具备这种意识和能力，帮助员工找到自己应学和想学的知识。

变革领导力（transformational leadership）：转型过程中，更需要领导者有战略思考能力，在不确定中给组织建立"清晰度"，同时要有快速反应的能力，并且在反应过程中还要具备决策力和执行力，勇于尝试、不怕犯错。转型中更好地让员工大胆尝试与创新，使其更加有自主权，帮助员工有一个正确的工作方向和职业生涯选择。

HR 在转型中扮演的角色

转型需要公司战略的引领，以及高管和业务部门的支持、共创，HR 需要扮演转型的推动者和倡导者。IBM HR 在 Cognitive HR 领域的探索和实践正是 IBM 基于云的解决方案，并通过提高组织的认知能力来增加更多价值。

对 Digital HR 的理解与定义

IBM 认为，Digital HR 更接近一个"金字塔"，最底层是数据库、平台、办公自动化、自助模式等。再往上便是借助这些平台的数据科学，通过数据分析，洞察数据背后的意义。增加对员工和整个人力资源架构的洞察力与预测能力，更好地设计人力资源解决方案，提升效率和快速反应。当完成这一系列工作后，企业内部各项业务和流程可见度、清晰度将有效提升，就能增强组织的认知能力。同时通过社交平台增加员工和经理的交互，多方面的交流也能提升组织的认知。在这一过程中，人力资源需要倡导、促成这一转变更好地发生，达成 Cognitive HR 的理念。

数字化转型的关键成功要素

从 IBM 的人力资源管理数字化转型中，我们可以总结以下转型成功的关键要素。

（1）具备数字化平台。

（2）拥有大数据处理能力。

（3）HR 具有很好的专业能力,可以结合大数据进行分析、预测。

（4）HR 具有解决方案设计能力。

（5）对未来的劳动力的思考。

（6）部分工作会因为数字化的发展而消失,企业需要在未来的工作中,更好地利用人工智能,将人的能力和工作效率放大,做更加有价值的工作。

资料来源：https://www.sohu.com/a/359787394_183808.

讨论题

IBM 人力资源管理数字化转型体现在哪些方面?

【本章思考题】

1. 人力资源管理包含哪些基本职能?

2. 传统人力资源管理在新时代面临哪些挑战?

3. 数字化人力资源管理的内涵是什么? 有什么特点?

4. 数字化人力资源管理包含哪些主要应用? 举例说明。

【即测即练】

第 三 章

数字化营销管理

学习目标

1. 掌握营销管理的相关概念以及主要内容，了解新时代营销管理面临的变化。
2. 掌握数字化营销管理的内涵、发展历程、要素以及发展趋势。
3. 了解数字化营销的主要模式和方法，熟悉常用的数字化营销手段。

引导案例

汽车营销的新春天

2019 年 10 月 16 日，宝沃汽车代言人雷佳音联合淘宝主播陈洁 Kiki，以及被称为"民间爱迪生"的手工耿，在宝沃汽车位于北京密云的工厂开启直播卖车活动。

最终，两个半小时直播期间，用户累计预订宝沃汽车 1 623 台，订单金额达 2.2 亿元，创 2019 年度整车厂商直播预订量新纪录。

对于汽车行业来说，品牌营销已经进入一个全新的时代，过去简单的广告投放式和活动式传播思路亟待转变。汽车作为可选消费品，如今需要真正洞察消费者的需求，打出"走心牌"才能赢得新的营销生机。借势直播以及短视频平台，有助于汽车品牌打破陈旧营销思路，成功触达"Z 世代"消费者。

资料来源：https://www.sohu.com/a/366849129_120051662.

第一节　营销管理概述

一、营销管理相关概念

（一）市场营销

作为营销人员，需要明白什么是市场营销（marketing）、它是怎么运作的、由谁来执行。最简洁的市场营销定义是"有利可图地满足需求"。当谷歌发现人们需要更快、更有效地访问互联网信息时，它创建了一个可以有效组织并优先排序查询的强大搜索引擎，把私人的或社会化的需求转变成了可盈利的商业机会。

美国市场营销协会（American Marketing Association）对市场营销的定义为：市场营销是创造、传播、传递和交换对顾客、客户、合作者和整个社会有价值的市场供应物的一种活动、制度和过程。应对这些交换过程需要大量的工作和技能。当潜在交换中至少有一方开始思考从其他方获取预期反应的手段时,营销管理就出现了。所以,我们将营销管理(marketing management)看成是选择目标市场并通过创造、传递和传播卓越顾客价值,来获取、维持和增加顾客的艺术和科学。

(二) 需要、欲望和需求

需要(need)是人类对空气、食物、水、穿着和居所的基本需求。人们会对休闲、教育和娱乐有强烈的需要。这些需要在指向可以满足需要的特定目标时就成为欲望(want)。一个美国消费者需要食物,也许想要的是一份芝加哥厚比萨和一杯精酿啤酒。而一个在阿富汗的人需要食物,也许想要的是米饭、羊肉和胡萝卜。我们的欲望是由社会决定的。

需求(demand)是可以被购买能力满足的对特定产品的欲望。公司不仅需要弄清楚有多少人想要它的产品,还需要知道有多少人愿意购买并买得起。

(三) 品牌

品牌(brand)是来自可知来源的供应物。一个品牌在消费者心目中存在很多不同的用于塑造形象的联想。如苹果公司给人的联想包括创新的、富有创造力的、便于使用的、有趣的、酷的、iPod、iPhone 和 iPad,这些都只是一部分。所有的公司都努力使自身的品牌形象具有尽可能多的、强有力的、积极的和独特的品牌联想。

(四) 营销渠道

营销人员通过三种营销渠道与目标市场接触。

传播渠道(communication channel)发布和接收来自目标客户的信息,包括报纸、杂志、广播、电视、邮件、电话、智能手机、广告牌、传单、CD(激光唱片)、录音带和互联网。除了这些,企业通过其零售店和网站以及其他媒体的形象来进行传播,在广告等独白渠道的基础之上再增加对话渠道,如电子邮件、博客、短信和网页链接。

分销渠道(distribution channel)帮助展示、出售或者传递产品和服务至买家或者用户。分销渠道可以是直接渠道,如互联网、邮件、移动电话或者座机;也可以是间接渠道,如经销商、批发商、零售商和中间商机构。

为了与潜在顾客达成交易,营销人员也需要用到服务渠道(service channel),包括仓库、运输公司、银行和保险公司。营销人员面临着为产品规划一个传播、分销和服务渠道的最佳组合的挑战。

二、营销管理主要内容

营销管理是一门知识体系庞大的学科,涉及用户需求挖掘、营销计划制订、品牌定位、渠道管理等众多环节,其中每一环节的工作内容和工作要求构成了营销管理人员的素质要求。营销管理主要包含以下内容和环节。

（一）用户需求分析

用户需求分析是实施营销管理的重要步骤。只有对用户需求有了充分的分析，才能在制订营销计划时做到有的放矢，提高营销效率和精准性。

（二）市场调研

市场调研是营销管理的基础性、支持性工作环节。市场调研包括两项活动：一是设计市场调研的计划和内容，包括调查问卷的设计、调研方式的选择以及调研人员的安排等；二是开展调研活动。

（三）品牌定位

品牌定位是营销战略的重要基础。定位是设计公司的产品和形象以在目标市场的心智中占据一个独特的位置的行动。定位的目标是将品牌留在消费者的心中，以实现公司的潜在利益的最大化。

（四）制订营销计划

营销计划是在对企业市场营销环境以及用户需求进行充分的调研和分析基础上，针对企业的营销目标和战略所制定的策略、步骤以及措施等，可以分为长期计划、中期计划以及短期计划。营销计划包含定价策略、渠道选择以及广告投放计划等。

三、新时代下营销管理的变化

（一）消费者的新能力

消费者可以将网络作为强大的信息和购买支持。消费者可以在家里、办公室或手机上比较产品价格和特点，参考评论并在线下单，绕开当地有限商品供应的同时节省大量价差。他们还可以参观"样品间"，即在实体店比较商品，然后在线下单。

消费者可以利用社交媒体分享观点和表达忠诚。人际交往与用户生成的内容在微博、朋友圈、抖音等社交媒体上蓬勃发展，这些观点会对其他潜在的消费者产生影响。

消费者可以主动与公司互动。消费者将他们最喜欢的公司看成是可以从中取得自己想要产品的车间，甚至可以参与到产品的设计当中。用智能手机，他们可以扫描条形码和二维码访问品牌的网站及其他信息。

（二）公司的新能力

企业可以将网络作为强有力的信息和销售渠道。企业可以随时利用网站、微信公众号等向消费者发布产品、服务信息、公司理念和其他消费者可能感兴趣的信息。

企业能收集到更丰富的市场、顾客、潜在顾客和竞争者信息。营销人员可以通过互联网来安排调研访谈，开展新的营销研究，分发调查问卷，并以其他方式收集主要数据。他们可以收集消费者个人购买状况、购买偏好、人口特征等方面的信息。

企业可以利用社交媒体和移动营销快速有效地触及顾客,并发送定向的广告、优惠券和信息。GPS技术可以精确定位消费者的确切位置,营销人员以此可以向他们发送店铺信息,包括心愿单提示和只有当天有用的优惠券及特价产品信息。基于地点的广告是很有吸引力的,因为它能覆盖接近销售点的消费者。

(三)渠道改变

随着时代的发展,营销渠道由单一渠道慢慢向全渠道转变。根据阿里巴巴AIPL〔认知(awareness)、兴趣(interest)、购买(purchase)和忠诚(loyalty)〕模型,用户购物旅程分为认知、兴趣、购买、忠诚四个阶段。原有用户的购物旅程围绕线下场景展开,随着移动互联网时代的到来,用户数字化趋于成熟,消费者购物旅程不断向线上场景迁移。首先,用户在线上的触点增多且呈现分散化。社交、新闻、购物、餐饮、住宿、出行、游戏娱乐等全方位的移动应用服务,彻底改变了人们获取信息、享受服务的方式。其次,用户在线上花费的时间分布发生变化。根据麦肯锡《2019中国数字消费者趋势》报告,每人日均上网时长已达到358分钟,其中2/3的上网时间花费在社交及内容应用上,包括社交、短视频、新闻等应用,纯网购时间仅占4%。消费者购物旅程呈现线上、线下融合的最新趋势。以服饰为例,85%的消费者通过全渠道进行购买决策,仅有分别8%和7%的消费者通过纯线上和纯线下的方式进行购买决策,线上、线下购买决策的界限模糊化,全渠道消费兴起。

具体而言,全渠道消费指用户完成认知—兴趣—购买—忠诚的购物旅程,融合了移动端、PC端、门店等全渠道的互动和服务体验。还是以服饰为典型用例,消费者在公众号上了解品牌发布的新款,在线下试穿体验后决定购买并在天猫上下单,在收到商品后使用商品附赠的优惠券到商城再次下单复购(图3-1)。

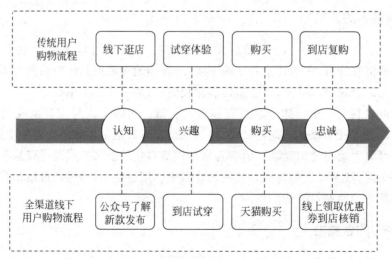

图3-1　全渠道下的用户购物流程

全渠道强调数字和实体渠道的无缝融合,为用户提供延续一致性的服务体验,实现和用户全时段、多场景的互动。

第二节 数字化营销管理概述

一、数字化营销管理的内涵

近年来,数字经济作为全球经济的重要内容,成为全球经济发展的主线,并在逐步推动产业界和全社会的数字转型。数字营销作为企业数字化转型的重要突破口,市场需求不断爆发,云计算、人工智能、大数据等新一代信息技术的发展不断推动着营销技术、架构、方式的变革,同时,以消费者为核心的数字营销也反作用于技术的发展、产品的创新与迭代,数字营销市场的魅力不断绽放,不断扩大的数字营销版图不仅是数字经济发展的新风口,也成为互联网巨头及创新型企业竞相追逐的新蓝海。无论是在强调网络化、信息化发展的数字营销 1.0 时代,还是在移动互联网、数字化技术高速发展的数字营销 2.0 时代,以及正催生的人机交互、万物互动、智能世界的数字营销 3.0 时代,营销模式在新技术演进、商业模式创新中不断迭代、升级与变革,每次时代的跨越都是对上一时代的冲击与颠覆,催生新架构、新技术、新模式、新服务,也由此产生新的行业领导者与生态阵营。全球数字化转型正在加速,时代变革已经来临,数字营销风口已然形成,谁把握先机,谁将成为行业的颠覆者、引领者。

数字技术正在改变着营销管理的方方面面。本书认为,数字化营销管理是指借助互联网、云计算、人工智能等数字技术,对营销管理中的用户需求分析、市场调研、客户关系管理、营销推广等环节进行数字化转型升级,提高营销管理的效率和质量,从而为企业战略的实施提供更好的支撑。

知识拓展 3-1

“新零售”的发展

从 2016 年“新零售”概念被提出,经历了 2017 年的热炒和全方位探索,2018 年已经回归冷静,开始谨慎而又大胆地落地。所谓新零售,其实是科技进步引发的零售业态升级。

科技进步本身会带动产业升级和消费升级。早先中国的零售业并不太发达,因此网络零售几乎是在独立于传统零售的情况下,实现了跨越式的发展。随着线上增长红利减少,融合线上线下的“新零售”形式出现,成为商品流通领域的新形态。但是“新零售”所引发的连锁反应,远不限于“零售”。从零售环节出发,它会在自身不断演变和进化中,触发及倒逼产业链上的一系列变革,而这个过程将持续很长时间。

“新零售”概念虽然从一出现便得到了广泛认同,但其具体落地形式以及发展路径却并没有标准模板,如同蒙娜丽莎的微笑,行业中家家都有各自的解读。2017 年,高热度的“新零售”试水,无人货架、无人商店方向尚未成功打开局面,但整合业态的方向却已有突破,催生出一些具有示范性的“新物种”。

比如,电商出身的阿里巴巴利用“盒马鲜生”融合网店、便利店、超市、餐饮店的多元定位,将线上线下体验合一,整合供应链降本增效,在所有环节推进数字化技术的应用,体现了以用户为中心,利用新技术重构商业内核与外在形态的落地方式。2018 年,其门店布局范围由上海逐渐拓展至北上广深等 14 个一、二线城市,门店数量快速增加至过百。

2018 年,"新零售"概念下的生态延展,也广泛触动了各个行业。积极实施"新零售"战略的服饰行业,收效就颇为显著。阿里巴巴公布的数据显示,天猫"双 11"当天成交破亿元的 237 个品牌中,服饰行业品牌就占到了 67 个之多。在汽车行业,北汽新能源 LITE 品牌试水"奇客巴士"体验店,一汽大众试水线上直销"选配定制"款,特斯拉更是着手推行前所未有的网上直购"七天无理由退车"模式。

资料来源:HDMR.2019 中国数字营销行动报告[R].2019.

二、数字营销的发展历程

在过去的 20 年里,随着数字技术的不断进步,数字营销工具和手段也在不断地更新迭代。以标志性的数字技术应用为重要节点,数字营销的发展历程可以划分为四个阶段:基于 Web 1.0 的单向营销、基于 Web 2.0 的互动营销、基于大数据的精准营销,以及基于人工智能的智慧营销。

(一) 数字营销 1.0:基于 Web 1.0 的单向营销

从技术上讲,Web 1.0 的网页信息不对外部开放编辑权限,用户只是单纯地通过浏览器获取信息,只有网站管理员才能更新站点信息,以雅虎、新浪、搜狐、网易、腾讯等门户网站为典型代表。

1994 年 10 月 27 日,AT&T 在 Hot Wired.com 上投放的一个展示类横幅广告拉开了互联网广告的序幕。AT&T 为其广告活动"你会的"(You Will)发布了世界上首个网络广告:黑色背景上用彩色文字写着"你用鼠标点过这儿吗?",一个箭头指向右边"你会的"。正是这个毫不起眼的 468×60 像素的广告,开启了一个新的广告时代。

该广告按照传统杂志的思路和逻辑来进行采买,售卖模式为合约形式(agreement-based advertising)。这个广告位前后展示了 3 个月,花费 3 万美元,投放形式是包断的 CPD(按天收费),点击率高达 44%。自此,人们逐渐意识到可以把线下广告搬到线上。

中国第一个商业性网络广告出现于 1997 年 3 月,由 Intel 和 IBM 共同出资投放于 China Byte 网站,广告表现形式同样为 468×60 像素的动画横幅,IBM 为其支付了 3 000 美元。Intel 和 IBM 因此成为国内最早在互联网上投放广告的广告主,创造了中国互联网广告业的历史。

早期的互联网广告以单向传播为特征,即用户只能被动接收广告内容,且广告表现形式较为单一,主要为展示类的横幅广告,广告理念则是以销售产品为主要目的。这一阶段从 1994 年开始,可称为数字营销 1.0 时代。

(二) 数字营销 2.0:基于 Web 2.0 的互动营销

与 Web 1.0 单向信息发布的模式不同,以 Facebook、Twitter、博客、微博等为代表的 Web 2.0 的内容通常是用户创作发布的,用户既是网站内容的浏览者,又是网站内容的制造者,这意味着 Web 2.0 站点为用户提供了更多参与和互动的机会。

Web 2.0 时代开启的一个重要标志是 SNS 热潮的兴起。2002 年，Friendster.com 的创建开启了 SNS 的第一波热潮。接着，SNS 的概念随着 MySpace、Facebook、人人网、开心网等网站的成熟而逐渐被人熟知。作为社会化媒体重要代表之一，SNS 的兴起和风靡可以看作社会化媒体的崛起。

由于社会化媒体具有互动性、社交性、即时性等特点，用户不只是被动地接收信息，还可以随心所欲地发表自己的观点，与其他用户或商家互动，社会化媒体营销因此得以大显身手。企业通过与消费者互动，拉近了与消费者之间的距离，企业与消费者在双向传播中更深入地了解对方，从而达到理想的营销效果。

这一时期的数字营销是依托于社会化媒体的兴起而形成的互动营销，企业和消费者在社会化媒体的"桥梁"上平等对话，在建立良好的品牌与消费者关系的基础上达到促进销售的目的。这一阶段从 2002 年开始，可称为数字营销 2.0 时代。

（三）数字营销 3.0：基于大数据的精准营销

随着互联网技术的不断提高，网络内容不断丰富，消费者的生活方式日益数字化，消费者在互联网上留下了大量的数据"足迹"，大数据时代就这样到来了。随着大数据在各行各业的广泛应用，数字营销进入一个新的阶段。这一阶段的数字营销跟前两个阶段的显著区别在于：通过对大数据的挖掘，企业可以做到比消费者自己更了 扩展阅读 3-1　利用大数据营销的案例

解他们。也就是说，基于消费者在门户网站、搜索引擎、电商平台等留下的数据，可以分析出他们的消费习惯和偏好，企业的营销可以有的放矢，更加精准，在减少无效营销的同时，大大提升消费者体验和营销效果。

"大数据"并非新词汇，早在 1980 年，未来学家托夫勒在其著作《第三次浪潮》中就将"大数据"称颂为"第三次浪潮华彩乐章"。不过，直到大约 2009 年，大数据才成为互联网行业的流行词汇，从那时起，学界开始密切关注这个领域。英国学者舍恩伯格 2013 年 1 月版的《大数据时代》一书，从思维、商业、管理三个方面解读了大数据所带来的革命性变化。同年，李颖在《大数据时代的营销变局》中指出大数据浪潮绝不仅仅是信息技术领域的革命，更是在全球范围内加速营销变革、引领社会变革的利器，企业要抓住大数据的机遇，让营销拓展到大数据领域，挖掘其潜在的大价值，才能获得大发展。2013 年 6 月上映的电影《小时代》就是基于大数据挖掘预测其核心目标人群，有针对性地进行精准营销，创造了上映 3 天票房过 2 亿元、截至下线票房过 5 亿元的佳绩，在电影行业中率先树立了大数据营销的典范。

由此可见，从 2013 年起，无论是学界还是业界，都开始聚焦于大数据，2013 年被称为"大数据元年"。正是从这一年开始，数字营销进入 3.0 时代。

（四）数字营销 4.0：基于人工智能的智慧营销

1956 年达特茅斯会议的召开标志着人工智能的正式诞生，到 2016 年 AlphaGo 击败围棋世界冠军李世石，历经半个多世纪，终于在 2017 年迎来了人工智能的"应用元年"——人工智能向交通、医疗、金融、教育等领域全面渗透。

人工智能这一新技术引发的"智能革命"也波及了营销行业。基于人工智能的数字营销相较于前三个阶段数字营销的显著特征在于它拥有类似于人类的智慧。比如,阿里巴巴开发的人工智能设计师"鲁班"在"学习"了淘宝和天猫平台上海量的海报作品以后,每秒能自动创作8 000张海报,然后向不同的用户推送不同的海报,实现"千人千面",不论是成本控制还是作业效率都显示出惊人的能力,昭示着人工智能巨大的技术潜能以及对现有营销作业链的冲击力。

基于人工智能的智慧营销除了更加精准之外,还更加智能化和自动化,这让消费者的体验和使用便利性都得到了巨大的提升。可以说,从2017年开始,数字营销进入4.0的新时代。

需要指出的是,数字营销的四个发展阶段并非后者替代前者,而是叠加式地升级。也就是说,当数字营销迈入一个新阶段时,前一阶段的数字营销方式并未消失,而是与后者共同存在、相互补充。企业应根据具体情况恰当地选用数字营销兵器库里的兵器,互相配合,以达到营销效果的最大化。

三、企业数字营销四要素

大数据的到来催生了许多新兴角色,如数据分析、增长专家等,这些角色本质上是为了更好地利用大数据的优势来促进销售和利润增长。也就是说,营销逐渐从品牌营销转向效果营销,两者之间的界限逐渐变得模糊。

过去,许多品牌借助广泛的广告曝光,从而建立了品牌的影响力,牢牢占领了市场,从而实现销售和利润的增长。随着数字时代的到来、新技术的创新和思维的改变,使用数据进行营销并充分利用科学技术领域的最新进展,如人工智能、算法等,不断刷新感知和营销模式,数字营销也上升到一个前所未有的高度。对于企业数字营销而言,其主要有四大要素。

其一,决策力。了解目标用户的规模及其画像,包含社会人口属性、态度和行为等各个层面。同时掌握竞争对手信息,以及获取媒介预算分配所需的跨媒介营销洞察,从而为有效的决策力提供扎实的数据说服力和基础。

其二,内容力。当前的消费者更加注重有质感、有吸引力的内容,因此数字营销内容力也成为极其重要的组成部分,运用优质的内容营销活动实现对品牌的提升。通过互联网广告效果监测、跨媒体营销效果监测及社交舆情分析持续完善内容质量,提高内容力。

其三,触达力。一切的数字营销活动的目的都是将内容信息对潜在消费者或用户实现触达,这就需要通过众多的媒介形式进行传达,并且采取跨媒介目标受众触达测量(如触达率、频次)、互联网广告监测/互联网+TV(电视)跨屏监测及社交内容监测等方式监测触达的效果。

其四,结果力。任何营销的目的无非在两个层面:第一对品牌实现提升,第二对产品销量实现提升,一切以结果为导向。

四、数字营销的发展趋势

(一)互联网重构数字营销链条

在数字经济时代,由于消费的场景化、渠道的多元化、产品与服务的一体化,企业开始利用"互联网＋"思维模式重构营销链条。以客户价值为核心,打通研发、营销、销售和服务环节,通过对消费者全方位洞察和全生命周期管理,业务与数字形成营销闭环,达成业务到数字的一体化、数字到业务的运营化,从而提高获客数量、提升客户价值。重构数字营销链条,首先就是要打通所有销售通路,包括渠道类(B2B)、电商类(C2C)以及线下门店类(online to offline,O2O),将客户信息、商品信息、交易信息、合同信息等汇聚到统一的平台上。其次,通过对数据的多场景分析,管理用户生命周期,判断用户运营策略;根据用户消费习惯和行为分析,实现精准场景、精准渠道、精准业态的营销活动;根据数据分析和运营结果,支持新产品研发、营销决策、业务运营,从而提升企业发展的新格局。

(二)大数据、AI 全面赋能精准营销

全球数字营销正在被数据所驱动,传统单一渠道优势已不能应对市场的多变冲击。打通全渠道客户,让"数据孤岛"融入场景,将数据转换为个性化营销,差异化服务成为企业间新一代竞争利器。通过大数据、人工智能等技术手段能精准找到对的消费者,并根据历史表现数据和行业参考数据的沉淀,科学化地计算边际递减效应的最佳临界点,从而以更有效的方式触达消费者;再利用更原生化的方式来整合广告和内容去影响消费者。其中,大数据能力与技术是实现数字营销变革的基石。通过构建用户画像、结合推荐算法能构建消费者全触点场景,精准触达消费人群。此外,大数据营销监测可以实现营销成果转化追踪,实时修正营销方案,进一步吸引消费者,促使消费者作出购买决策。

扩展阅读 3-2　大数据驱动的全流程营销

(三)平台化和微服务变革

在以消费者为中心的时代,企业的数字化应用发生深刻的变革。在原来以系统为核心的建设模式下,业务和数据被"烟囱式"IT系统分割到了不同系统中,相互之间数据不能完全共享。一旦业务变更,产生新的应用需求,这种"烟囱式"的体系架构,难以支撑业务变化与创新。并且,以消费者为中心的应用系统,面临巨大的性能挑战,传统架构难以应付海量数据的并发,因此向分布式、平台化转变成为变革的方向。分布式架构的灵活性、可扩展性,以及能承载海量用户的能力,使云化平台成为必然选择;为了支撑业务迭代创新,以阿里巴巴、腾讯为代表的互联网巨头开始实施"中台"战略,引入一个数据资源整合与交换中心、共享服务中心,即"数据中台"与"业务中台",以支撑数据交换与业务交互。通过中台将共性需求抽象化,通过解耦和组件化方式,保证整个系统的分布式,各种业务应用以微服务方式进行交互处理,可保障业务随着场景发展而迭代,支撑用户全新体验与个性化服务。

(四)营销智能化

在数字营销领域,人工智能是变革的持续推动力。在内容创意、用户交互、智能推荐等应用场景,营销智能化正在迎来快速迭代,并逐步推进个性化营销的实现,且云服务的方式也大大降低了应用的技术门槛。

1. 智能创意

在智能创意方面,阿里妈妈近年来不断示范。继智能海报系统鹿班之后,阿里妈妈又在 2018 年戛纳广告节上推出 A 智能文案。目前 A 智能文案主要聚焦于商品文案,可实现"高度模拟人写文案、自由定义字数、实时在线样本学习"三大功能,以最基础的短标题文案为例,A 智能文案不但生产能力可达到 1 秒 2 万条,更重要的是,文案风格和元素选择都利用电商平台上已有的效果数据作为支持,在投放过程中还可实时优化。

2. 智能交互

智能交互主要包括对话式营销、虚拟助手、智能客服等新技术的应用。以虚拟助手为例,在智能手机、智能音箱、智能家居、车载语音助手等应用场景的推动下,虚拟助手应用越来越普及。

围绕虚拟语音助手正在形成新的生态平台。2018 年,亚马逊语音助手 Alexa 技能数量同比增长了 120%,Alexa 所能兼容的设备已经超过 2 万款。在 2019 年 CES(国际消费类电子产品展览会)上,谷歌也表现出要将谷歌 Assistant 打造成生态平台的野心。

3. 云服务赋能

算力、算法、大数据是人工智能必备的基础条件,对于一般企业来说技术门槛很高。不过通过云技术、云服务的方式,企业应用人工智能的难度在大大降低。在这方面,国外的亚马逊云(AWS)、微软云(Azure)、谷歌云,国内的阿里云、腾讯云等都在推进与企业的合作,通过人工智能开发平台及独立应用等云技术和云服务为企业赋能。在营销终端,不一定要懂人工智能的高深技术,只需像使用软件那样就可以轻松应用。

智能语音系统还在推动对话式营销的进程。目前,谷歌已和沃尔玛达成合作,消费者可以通过谷歌语音助手进行语音下单。

4. 智能推荐

算法推荐正在成为数字媒体、电商平台等渠道的核心竞争力之一。对营销人来说,一方面算法推荐实现内容/商品的个性化推送,提高转化能力;另一方面,营销人也应该学习理解算法的逻辑,以实现更好的营销目的。但是,算法推荐也暴露出审核缺位的问题,辅以人工审核筛选可以更好地降低风险。

第三节　数字化营销管理的实践

一、多样的数字化营销模式

(一)社交营销

简单来讲,社交营销就是利用社交网络开展营销活动。2018 年,拼多多、趣头条、连咖啡的异军突起,将社交裂变的营销热度又向前推进了一步。当新型的社会关系网络形成,数字大平台提供更多基础支持之时,社交价值的商业变现有了更多实现的可能。《2019 中国数字营销行动报告》研究显示,社会化电商/带货,社群/粉丝运营等方式得到较高关注,将其作为社会化营销主要目标的比例接近六成。

扩展阅读 3-3　代表性的知名品牌开展社群营销

下沉的社交裂变。大规模社交网络建立的强关系、弱关系为社交裂变奠定了基础,虽然已是套路,但从拼多多的成功中可以看出社交裂变在低线城市有更大的机会。在低线城市,传统的、更加紧密的人际关系网络使得持续的拼团、分享成为一种社交内容,人们更容易接受,甚至为稍许单调的生活增加了很多快乐。

社区/社群运营是新型互动方式的具体实践。除了品牌方的主导以外,KOL(关键意见领袖)的影响力,用户之间的体验分享,也使口碑效应更加突出。比如在一些美妆、母婴社群中,营销人员和 KOL 不仅是话题专家,还为大家提供优惠信息、真实体验,用户则因为信任和购买便利而直接转化。

社交媒体平台以及衍生出社交功能的其他数字媒体可以统称为泛社会化媒体,以泛社会化媒体为核心推动的社交已经构建出新的社会网络关系。

弱关系的建立与维持。在社交网络研究中有个著名的"邓巴数字",这个定律指出,人类智力允许人类拥有稳定社交网络的人数是 148 人,四舍五入大约是 150 人,因此也被称为 150 定律。虽然国外的研究表明,即使在数字媒体时代,人类的稳定社交网络规模仍没有突破 150 人,但过去这 150 人以外的弱关系很可能会逐渐消失,而泛社会化媒体可以使大量的弱关系得以建立和维持,这些弱关系的价值在于非利益相关,交叉形成各种圈层,比强关系具有更大的触达面积。

(二) 短视频营销

无论是媒体还是品牌方,对短视频的商业化推进都很迫切。2018 年,抖音和快手都在商业化上大步前进。6 月抖音开始购物车功能的内测,7 月上线星图平台,为品牌主、MCN(多频道网络)公司和明星/达人提供内容交易平台,10 月快手在各种公测之后正式推出营销平台,主打信息流广告、电商转化、内容生态三个商业化方向。总之,媒体方正努力使流量变现,并推进营销闭环的形成。

扩展阅读 3-4　2019 年一汽马自达抖音短视频营销

营销人同样看重短视频的商业化落地。在互联网数据资讯网的调研中,超过七成的被访者表示希望将品牌的视频广告、定制视频更多应用在短视频平台(HDMR,《2019 中国数字营销行动报告》)。在短视频的营销方式上,与网红/KOL 内容共创,激发用户互动,以及与明星/偶像合作成为 Top3 的选择,这意味着短视频的营销内容将更强调个体视角,并与社交紧密关联。

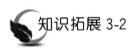　知识拓展 3-2

猎豹 AI 音箱的短视频营销

作为猎豹第一款 AI 落地产品,小豹 AI 音箱计划在京东和天猫对外发售。为了更好地为上市预售导流,提升市场认知,引爆关注,促成口碑,小豹音箱发起了连续 5 天的营销活动。

5 位 KOL 围绕产品发烧级音质、智能交互、海量内容、亲民价格等卖点,高效输出优质内容,向母婴、搞笑、游戏、情感等圈层渗透,打通传播路径。

短视频博主"小蛋黄 Omi"用视频告诉受众如何用小豹音箱疼爱"爱玩游戏"的男朋友。短视频博主"丢丢 Miami",以家庭场景切入,用短视频营造了一种温馨的家庭生活,真切地演绎了小豹音箱不同使用场景下的智能表现。短视频博主"中国好学姐周玥",从情侣异地恋场景切入,将小豹音箱化身为联络情感的纽带,塑造产品温度。短视频博主"王耀辰"告诉你如何用小豹音箱哄生气的女朋友开心。短视频博主"王圣锋",用小豹音箱丰富宅男枯燥空虚的单身生活。

五个原创短视频皆从当下热门话题切入,千人千面多角度曝光展示产品卖点,激起受众购买欲。通过选择合适的投放时间段,平稳地释放信息量,持续种草,为上市预售打好了前战。其传播渠道覆盖了秒拍、美拍、快手、微博等,传播总量达到了989.7万。小豹AI音箱在京东发售当天,10分钟售出5 000台,创造了智能家电的营销奇迹。

资料来源: https://baijiahao.baidu.com/s?id=16227718506150919415&wfr=spider&for=pc.

(三) 直播带货

1. 网红带货

带货已经与内容共创、社交扩散一样成为网红/KOL营销的主要目的,在互联网数据资讯网的调研中,有超过六成的被访者认为带货将是品牌与网红/KOL合作的重点。网红/KOL带货是一种更深入、更接地气的带货方式,具有某些独特的优势。首先是网红/KOL的人格化属性,他们就像身边的朋友,用户喜爱、追随他们,并对他们的专业眼光产生信任。其次是内容化属性,网红/KOL通过具象化和生活化的内容推荐产品与服务,更加实用和易学习。近两年,由于年轻群体思维习惯更加碎片化,一些"腰部"网红更受关注,如微博粉丝在几十万到上百万量级的博主,他们真实、多样、有趣,带货更具有分众适应性。在未来的营销中,他们的共创和裂变能力会变得更有价值。

2. 明星带货

流量明星带货已成为一种屡试不爽的思路。2018年,被抢购的肯德基帕尼尼早餐,卖断货的袋鼠洗发水,再一次见证了明星偶像们的带货实力。浅层次的明星带货主要靠热度和粉丝,需要注意的是,高热度明星的粉丝们也处于情感的高投入期,营销操作稍有不慎就会触及粉丝的雷区,如某品牌在合作当红偶像团体时推出的销量排行榜,就被粉丝讽刺"吃相难看"而惨遭失败。

3. 企业营销人员带货

当直播成为营销标配,很多中小型品牌都感到忧虑。无直播不卖货,可是直播的投入也不是一般的品牌能随便负担的。邀请"腰部"甚至"头部"的网红达人直播卖货,所需的"坑位费"与佣金都不是小数目,在需要经常直播的当下,很多品牌根本吃不消。邀请一些没有名气的小网红,销售额便不痛不痒,完全体会不到直播所带来的巨量红利。于是,很多品牌便开始采用"店铺自播"的模式。

所谓"店铺自播",即是品牌动用自家的导购,在淘宝或者其他电商平台中长时间直播,通常一天能直播8～12个小时,有时候遇上促销活动,甚至会直播15～24小时。当然,在直播期间通常采取多个导购轮班的制度。

在淘宝,如今已经有很多知名品牌都将"店铺自播"作为自己的日常营销,如薇诺娜、百雀羚、自然堂等。由于"店铺自播"时间长,在某些时间段中,真人导购身体无法负担,一些品牌,如完美日记、欧莱雅等,还推出了 AI 主播,由这些"不畏疲倦"的 AI 主播来专门负责零点之后的"深夜档"直播。

(四)小程序营销

2018 年初,伴随微信跳一跳的火爆,小程序成为营销界的热门话题,百度、支付宝等都推出了自己的小程序应用。小程序的类型越来越丰富,应用场景越来越多,品牌方也开始学习应用小程序。

小程序的发展已颇具规模,根据阿拉丁研究院发布的《2020 年小程序互联网发展白皮书》,2020 年全网小程序已超 600 万,其中,微信小程序数量超 380 万,日活跃用户超 4 亿,MAU(月活跃用户人数)为 8.3 亿,人均单日使用时长超 1 200 秒,微信小程序的交易规模更是突破 2 万亿。围绕小程序的开发、运营、服务、第三方数据、广告平台形成较完整的链条,生态基本形成。

面对小程序的快速发展,品牌主们对小程序的应用还有不少困扰。比如,小程序与公众号、朋友圈、品牌 App 及其他营销工具该如何配合?小程序在引流、销售、客服、CRM(客户关系管理)等营销功能中该如何取舍?互联网数据资讯网在 2018 年的数字营销行动报告中提出,它可以充当品牌 App 与微信平台之间的桥梁,将适合轻度用户使用的部分功能植入小程序,在需要复杂和深度功能时,再转向品牌 App。

(五)会员营销

1. 付费会员的模式升级

付费会员,是指消费者需要付费才能获取会员身份的一种营销方式,不同行业、不同企业的会员体系设计会有所不同。互联网上比较常见的是媒体的付费会员,其会员身份与所消费的内容产品和服务相绑定,本质上是内容付费。这种模式已经相当普及,并已成为媒体变现的重要来源之一。

还有一种是在电商领域出现的二次付费会员,即用户付费成为会员之后,购买商品时还需要再次付费。2017 年底以来,主流电商平台纷纷推出付费会员,当然最受关注的还是阿里巴巴的 88VIP。88VIP 的特色在于,一方面其整合了天猫、优酷 VIP(贵宾)、饿了么超级会员等阿里系生态资源;另一方面通过淘气值满 1 000 分可以 88 元购买的方式,对用户价值进一步筛选。此类付费性质的会员模式升级,也是商业生态上的优势挖掘和应用。

2. 异业联合走出权益困境

在传统的会员营销中,会员权益的设计是一个难题。异业联合的会员权益具有资源整合、互补共赢的突出优点,但是在合作范围、实际操作的复杂度上,常常遇到诸多挑战,如联名信用卡、聚合多品牌消费折扣的主题消费卡等。在数字营销时代,异业会员体系间的横向联合存在更大的升级空间。比如京东与爱奇艺在 2018 年联合宣布,京东 Plus 和爱奇艺 VIP 会员权益正式互通,这种联合不仅可以提升会员权益的获得感,而且还可以实现会员数据打通、相互导流、联合营销等目标,成为会员营销的新趋势。

（六）搜索引擎营销

1994 年,雅虎分类目录型搜索引擎诞生,搜索引擎开始表现出网络营销价值,搜索引擎营销的思想开始出现,其主要的营销方式是免费分类目录登录。1995 年,基于网页 HTML 代码中 meta 标签检索的搜索引擎技术诞生。利用 meta 标签改善在搜索引擎中排名的技术很快成为搜索引擎营销的重要内容,这就是搜索引擎优化方法的萌芽。1997 年,"网站链接流行度"(link popularity)的概念出现。2000 年,出现按点击付费(pay-per-click)的搜索引擎关键词广告模式,搜索引擎广告诞生。2002 年,在网络广告市场最低迷的时期,搜索引擎关键词广告市场增长强劲,占 2002 年网络广告市场的 15%,搜索引擎带动了整个网络经济的复苏。随后,出现了基于内容定位的搜索引擎广告(如 Google AdSense)。

2001 年前,中国搜索引擎营销的主要方式是免费的分类目录。2001 年,搜狐等部分中文分类目录开始收费登录,由于网络经济环境、搜索技术、收费等方面的原因,搜索引擎营销市场进入调整期。2003 年后,搜索引擎优化受到重视,搜索引擎营销快速发展。

如今,云计算和大数据时代的到来为搜索引擎营销的发展提供了新的契机,如百度研发出百度司南、品牌探针和鸿媒体(Grand Media)等,可以更精准地到达目标消费者。百度司南是百度大数据部专为满足企业大数据分析需求而设计的工具平台,包含了多款数据分析产品,致力于通过对百度搜索数据和其他数据的挖掘,为企业提供方向指引和数据支持。品牌探针是百度推出的一款消费者洞察工具。品牌探针对百度大数据进行分析挖掘,生成图表报告,为广告主提供品牌定位、消费者偏好、市场分析等方面的营销决策支持,帮助广告主制订整合营销方案。鸿媒体是百度旗下的精准品牌展示广告网络,依托百度网民行为数据库洞察受众行为特征,并按广告主的需求精准锁定目标受众,整合高端优质网络媒体资源,进行一对一的品牌展示与沟通。

此外,值得一提的是,移动互联网时代的流量红利已逐渐消退,近年来大热的人工智能技术为搜索领域注入新的增长动力。一方面,人工智能技术持续深挖算法,使搜索引擎更精准地掌握用户的搜索内容和兴趣图谱,提供让用户更满意、更人性化的服务,提高付费点击量以及广告的转化率;另一方面,人工智能技术依靠多种方式搜索提供更加完善的解决方案,语音识别、图像识别、视频识别等技术为用户带来更加便捷和智能的搜索体验,满足了用户多元化的搜索需求,为企业营收带来新的增长点。

1. 搜索引擎营销的优势

(1)精准度高。用户通过搜索引擎进行搜索是自身客观愿望和需要的真实表达,搜索引擎可以根据用户输入的关键词推送广告。随着大数据、云计算和人工智能等技术的发展,搜索引擎服务商不仅可以分析实时关键词,而且可以根据用户过去的搜索请求分析用户的习惯、爱好和需求等,向用户精准推送广告。

(2)交互性强。用户基于自身需求和愿望进行搜索,是一种主动的、积极的信息寻找,在传统广告中,广告主向大众传递商业信息,消费者只能被动消极地接收信息。

(3)成本低廉。搜索引擎优化不需要向搜索引擎服务商付广告费就可能在搜索结果中占据较高的排名,进而提高网站的点击率。

（4）覆盖面广。《中国互联网络发展状况统计报告》显示，截至 2021 年 12 月，我国搜索引擎用户规模达 8.29 亿，随着技术的不断进步，电脑、智能手机将进一步普及，搜索引擎的使用人数也将进一步增加。

（5）灵活多变。传统营销方式中，广告内容很难更改，搜索引擎营销可以根据社会热点、用户搜索习惯和兴趣爱好等及时更改关键词和广告内容，以便快速适应市场变化。

（6）投资回报率高。欧洲 76% 的市场营销人员都相信，在达到业务目标方面，搜索引擎营销比网页广告条更有效。另外，80% 的企业被调查者对搜索引擎营销的投入回报率表示满意，其中有 35% 表示非常满意。

（7）巧用搜索引擎定位。研究显示，不管用户是否点击网站，搜索引擎结果都可以提升品牌知晓度。搜索引擎结果是网络营销的大门，一些新品牌可以采用搜索引擎营销，将自己的品牌与相关品牌放在一起进行市场定位。比如 Ranai 是一家新的酒店，它利用搜索引擎将自己与万豪、希尔顿、四季酒店放在一起，当游客搜索"巴哈马豪华酒店"时，理所当然地认为 Ranai 是一家很棒的豪华酒店，要不然它不会在搜索结果中排在首页。

（8）提升品牌形象。Enquiro 对 2 722 个成年消费者进行的调查显示，在搜索结果页面出现的品牌广告将会有效提高该品牌影响力、美誉度和消费者购买意向。

（9）提高评价交流和问答平台的可见度。在搜索中，人们除了了解产品的价格、功能及对比品牌外，还有重要的一点是看"其他用户的评价"。在对用户行为进行监测后进一步发现，搜索者主要通过"广泛地参与到问答平台、社区和博客中，了解其他经验人士对目标商品或服务的看法和建议，并结合垂直网站提供的报道和对比评测，最终决定购买和交易"。

2. 搜索引擎营销的劣势

（1）点击欺诈。竞价排名广告按照点击量付费，无点击不付费。竞争对手为了消耗对方广告的预算，使自己的广告排名靠前，可能会恶意点击。广告代理商也可能为了获取较高的佣金而恶意点击。NewCars.com 公司在搜索引擎中为按点击付费广告支付了大量的钱，但是根据流量追踪统计，这些流量中夹杂着很多来自保加利亚、印度尼西亚和捷克共和国的 IP（网络协议）地址，按照 NewCars.com 的说法，公司在这些国家根本没有客户，这意味着公司遭遇了点击欺诈。

新技术的发展可以为搜索引擎营销的发展提供更好的环境，如 2013 年 4 月获得美国媒体分级委员会（MRC）认可的网页广告新技术 ActiveView，通过该技术，谷歌能够计算广告在屏幕上展示的时间，并依据美国互动广告局推出的标准，将每次广告展示面积达 50% 以上、存续时间在 1 秒以上的"可见"广告视为已经被真人浏览并列入浏览次数统计。

（2）点击率不一定意味着转化率。搜索引擎营销能够增加网站的流量，但是并不能保证实际销售额的增长。

（七）LBS 营销

LBS 这个名词对于很多人而言可能很陌生，但实际上我们每天都可能在使用它。当你使用微信时，可以通过"附近的人"这一功能查找在你周围的人并给他们发消息。当你打开团购网站时，可以选择"离我最近"的筛选条件，网站会根据你的地理位置反馈附近的商家信息。这些都是 LBS 的常见形式。

LBS 是英文"location based service"的缩写,即基于地理位置的服务。全球移动通信协会(GSMA)将 LBS 定义为:基于目标用户的地理位置信息而提供有附加价值的商务和消费者服务。该协会将 LBS 应用的实现分为两部分:一是提供用户位置信息,二是根据该信息提供服务。

LBS 真正的迅速发展和广泛应用是在移动互联网兴起之后。只有具有定位功能的智能设备广泛普及并在任何地方都可以连接上互联网时,LBS 的大规模应用以及更高层次的发展才有可能实现。

实际上,在智能手机普及的基础上,LBS 已经成为各大社交、电商网站等的标配。以百度地图、高德地图等为代表的手机应用更是借助 LBS 朝着"移动生活位置服务平台"的方向发展。这表明在用户生活移动化的趋势中,用户的地理位置是一个极其重要的信息,关键是如何进行整合。

2014 年 4 月,阿里巴巴斥资 13.9 亿美元收购高德地图。2014 年 5 月,腾讯斥资 11.73 亿元收购地图服务提供商四维图新……网络巨头纷纷在地图服务这一领域攻城略地。作为有效利用用户地理位置信息提供服务的 LBS 模式,其发展前景是值得想象和期待的。

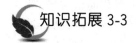 **知识拓展 3-3**

各种意想不到的 LBS 应用

(1) 星巴克推出的 Mobile Pour 服务。你在路上走着,突然想喝咖啡,通过 Mobile Pour App,允许星巴克知道你的位置,点好你要的咖啡,然后你就接着走你的,走啊走,不一会儿一位星巴克服务员就会踩着滑轮车给你送来咖啡。

(2) 比利时知名啤酒品牌 Stella Artois 结合 AR 与 LBS 技术,做了一个 App:Le Bar Guide。人们只要开启摄像对着街道,就可以显示离自己最近的酒吧,包括地址和名称。最特别的是,将手机朝着地面拍摄,还会出现箭头,引导你一步步走到酒吧。如果你喝醉了,App 可以提供叫车服务。

(3) 伦敦博物馆的"时光机器"是伦敦博物馆推出的基于 iPhone 的应用。用户可以使用 GPS 定位,只要把手机对准当前所在的位置,系统就会帮你匹配当前位置几十年前的样子。

资料来源:http://www. dedecms. com/knowledge/build skill/plan/2012/0913/14255 2 html.

二、大数据营销下的用户隐私安全

尽管没有得到验证,但人们已经认可这样一种观点:现有数据中,90% 是在过去的两年中产生的。一年当中,人们储存的数据足够填满 6 万个美国国会图书馆。YouTube 每分钟接收 24 小时的视频。世界上 40 亿的手机使用者提供了一个稳定的数据来源。制造商将传感器和芯片嵌入电器和产品中,以收集更多的信息。

许多企业都在应用大数据。英国超市巨头乐购(Tesco)每月收集 15 亿条的数据,以此来制定价格和进行促销。美国厨具零售商 Williams-Sonoma 使用它的顾客信息去定制不同版本的目录。亚马逊通过它的推荐引擎（"你也可能喜欢"）获得了30％的销售额。

由个人和网络而创造出的爆炸性数字化数据日益受到人们的关注。这些数据几乎都可以为"个人数据经济"（personal data economy）中的从业者，包括"广告、营销人员、广告网络、数据经纪公司、网络出版商、社交网络、在线跟踪目标顾客识别公司"，所收集、购买和出售。这些公司可以知道或可以找到你的年龄、种族、性别、身高、体重、婚姻状况、受教育水平、政治立场、购买习惯、爱好、健康、理财偏好，甚至更多。

可想而知，如此广泛透明的信息一定会令消费者担忧。研究表明，越来越多的人，尤其是年长的消费者拒绝在网络上透露私人信息。同时，消费者每天都会遭受许多隐私侵犯，也许是因为消费者不知道自己已经给出了什么样的信息，没有意识到自己对于所给出的信息有选择权，或者并不认为这些信息非常重要。例如，许多人没有意识到当他们在购买一个新的智能手机的时候，许多信息已经埋藏在晦涩难懂的合同之中，这样经过授权的第三方服务就可以跟踪他们的一举一动。

在线数据分析能走得更远吗？由于新生儿出生记录是公开的，许多公司会在同一时间获得这方面的数据，因此，新生儿父母就成为许多公司有利可图的客户。为了打败竞争对手，获得机会，Target公司研究了在商店参加新生婴儿注册的女性的历史购买记录，发现许多孩子母亲都在妊娠头3个月购买了大量的维生素补充剂；从第4个月起，购买无味乳液。然后Target使用这些购买记录来识别可能怀孕的育龄妇女，按照妊娠的不同阶段和以后的婴儿需求给她们邮寄产品，提供优惠券。然而，当这种做法被众人皆知后，Target的这种营销策略受到了一些批评，因为这种营销手段会让所有家庭成员知道家中会有新人出现。Target通过提供与怀孕无关的产品对这种批评进行回应，然而，与妊娠相关的品类产品的销售额不断飙升。

这个故事生动地说明了互联网时代数据库管理的力量所在，同时，也引起消费者的担忧。

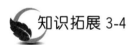 知识拓展 3-4

信息安全与数据合规政策连出

随着整个社会的数字化程度不断加深，数据和信息的安全保障需求也越发突出。2018年，国内外的相关立法也都成为焦点。

被称为"史上最严"的欧盟《通用数据保护条例》（GDPR）于2018年5月25日落地实施，这是近年来在世界范围内信息保护方面引发关注最多的一部法律。不论是欧洲公司还是欧洲之外的公司（包括中国公司），只要处理欧盟居民个人数据皆受该条例约束。

中国自2017年6月《中华人民共和国网络安全法》实施之后，2018年，在信息安全与数据合规方面也在明显加强。

2018年5月1日，《信息安全技术　个人信息安全规范》国家标准正式实施。这是继2013年《电信和互联网用户个人信息保护规定》、2017年《中华人民共和国网络安全法》、2017年《最高人民法院　最高人民检察院关于办理侵犯公民个人信息刑事案件适用法律若干问题的解释》之后，关于个人信息的首个推荐性国家标准，具有重要的意义。

2018 年 5 月 21 日,《银行业金融机构数据治理指引》发布实施。

2018 年 6 月 27 日,《网络安全等级保护条例(征求意见稿)》公开征求意见。

2018 年 8 月 31 日,全国人大常委会通过《中华人民共和国电子商务法》,并于 2019 年 1 月 1 日正式实施。

2018 年 9 月 15 日,《公安机关互联网安全监督检查规定》发布。

2018 年 11 月 30 日,《互联网个人信息安全保护指引(征求意见稿)》公开征求意见。

2018 年 12 月 26 日,国家互联网信息办公室《金融信息服务管理规定》,于 2019 年 2 月 1 日正式实施。

资料来源:HDMR. 2019 中国数字营销行动报告[R]. 2019.

本章小结

本章对营销管理的相关概念、主要内容以及新时代下营销管理的变化等进行了分析,对数字化营销管理的内涵、数字营销发展历程、企业数字营销要素以及数字营销发展趋势等进行了阐述,并讲解了数字化营销管理的应用。营销管理涉及市场细分、品牌定位、渠道管理等诸多概念和理论。总体上来看,营销管理是选择目标市场并通过创造、传递和传播卓越顾客价值,来获取、维持和增加顾客的艺术和科学。

数字技术正在改变着营销管理的方方面面。本书认为,数字化营销管理是指借助互联网、云计算、人工智能等数字技术,对营销管理中的用户需求分析、市场调研、客户关系管理、营销推广等环节进行数字化转型升级,提高营销管理的效率和质量,从而为企业战略的实施提供更好的支持。随着技术的发展,数字营销可以分为基于 Web 1.0 的单向营销、基于 Web 2.0 的互动营销、基于大数据的精准营销,以及基于人工智能的智慧营销四个阶段,营销方式不断改进,营销效率不断提升。对于企业而言,数字营销主要包含决策力、内容力、触达力以及结果力四个要素。

数字化营销模式具有多样性,包含社交营销、短视频营销、直播带货等多种形式。在大数据的帮助下,营销管理虽然更加精准与高效,但也出现了隐私泄露等诸多问题,在未来需要进一步规范。

章尾案例

奥利奥:可以吃的"游戏机"

奥利奥作为亿滋国际旗下的明星产品,一直有着很高的知名度。然而随着饼干市场竞争越来越激烈,消费者逐渐趋向于选择健康、自然的食品。2017 年,奥利奥从改善饼干配方及成分的角度迈出第一步。2018 年,通过创意营销刺激产品销量,深化品牌"快乐"的形象,发现消费者与产品互动的情感连接,使奥利奥成为消费者的迫切需求。

吃饼干本身是一件很普通的事情,在奥利奥没有推出新产品及没有任何新闻的情况下,如何找到有吸引力的传播点,激发消费者对奥利奥的需求,在情感上让消费者和品牌产生连接?

洞察

（1）与年轻人玩在一起。现在的年轻消费者都喜欢尝试新鲜有趣的事物。如果能够让消费者与奥利奥玩在一起，将会引起消费者对品牌的强烈喜爱，与品牌产生共鸣。

（2）兴趣驱动的社群认同。年轻人会因为兴趣的驱动，把喜欢的事情做到最好，并渴望在社群中获得认同。运用他们喜爱的游戏竞技形式能够激发他们的参与热情。

（3）新技术赋能手机游戏，抓住年轻消费者的关注点。年轻人每天花费在手机上的时间超过3小时，他们花在手机游戏上的时间每天长达49分钟，新兴技术尤其是AR受到他们的追捧。运用手机AR游戏的形式增强年轻人与奥利奥的连接，符合他们的媒介使用习惯，让他们随时随地能够与奥利奥玩在一起。

创意与执行

从品牌产品奥里奥饼干本身出发，使用支付宝AR扫描奥利奥饼干即可玩经典小游戏，不同饼干图形可解锁更多游戏。奥利奥饼干本身就是游戏的载体，一切奇妙的想法由此开始。

第一步：把奥利奥饼干打造成"每一块奥利奥饼干，都是一台游戏机"。让消费者大开脑洞的是，将奥利奥咬成不同的形状，或是组合不同的奥利奥产品，都有可能解锁不同的小游戏，共有18款游戏。通过阶段性社会化媒体互动陆续发布游戏解锁攻略，吸引消费者的持续关注。

第二步：充分利用方便的支付宝AR及竞争刺激效应吸引消费者。打开支付宝AR，扫描奥利奥饼干组合，即有可能解锁不同的小游戏；解锁小游戏的数量、玩小游戏的分数，都会体现在奥利奥排行榜上，对应不同的奖励，让消费者之间产生"竞争"的关系，从而刺激消费者多次消费奥利奥产品、参与游戏。

第三步：用"奥利奥游戏机"的创意想法免费置换天猫、淘宝、支付宝等多个电商站内平台的资源（如支付宝扫描入口横幅广告、支付宝AR广场横幅广告及活动详情页面等），为奥利奥商城引流，活动及产品获得了免费的大量曝光。

第四步：以偶像王源作为"奥利奥游戏机"的挑战者，拍摄多段有感染力和传播性的短视频，利用王源的粉丝效应，吸引大量的年轻消费者参与活动并分享游戏内容，达到更大范围的二次传播。传播策略上，在微博上分别针对游戏爱好者、王源粉丝和饼干零食爱好者三类不同的人群定制传播信息，引爆社交话题和产品销量。

效果

（1）上线两天内，AR参与互动的独立用户数每日超4万。

（2）2018年3月12日项目上线，至3月30日，三个主要微博话题曝光超8亿，参与人数超4811万，官方微博粉丝新增超2万。

（3）艺人3条微博视频播放次数超过2300万，互动量近1400万。

资料来源：http://winner.roifestival.com/cn/winners/detail/a98bami?year=2018.

讨论题

1. 这个案例运用了哪些数字营销模式？

2. 如果你是奥利奥的营销策划人员，你还能想到哪些有趣的数字营销创意？

【本章思考题】

1. 营销管理主要包含哪些内容？
2. 简述数字营销管理的发展历程。
3. 数字时代有哪些新的营销模式？
4. 大数据时代该如何保护用户隐私？

【即测即练】

第 四 章

数字化客户关系管理

 学习目标

1. 掌握客户关系管理的相关概念、重要性以及主要思路，了解技术发展对客户关系管理的影响。

2. 掌握数字化客户关系管理的内涵和特征。

3. 了解数字化客户关系管理的实践。

引导案例

Gucci 利用数字技术提升用户体验

意大利时尚品牌 Gucci 于 2019 年 6 月 26 日推出能让顾客试穿其 Ace 系列运动鞋的增强现实 App。该 App 能让用户试穿 19 款 Ace 系列运动鞋，在手机上向左或向右滑动就能更换鞋子。只需几秒钟，画面就会显示用户穿上鞋的样子。

在 Gucci App 中，用户先选择想试穿的 Ace 运动鞋，再将手机镜头指向自己的脚，就能虚拟地试穿鞋子。内建的相片功能使其能通过短信、电子邮件和社交媒体与朋友和家人分享试穿鞋子的相片。

Gucci App 使用的是白俄罗斯新创公司 Wannaby 提供的技术。后者在 2019 年稍早推出的 Wanna Kicks App 能让用户试穿各种品牌的运动鞋。该 App 使用的实时机器学习算法会在考虑颜色、纹理和灯光变化的基础上同时考虑到鞋子在空间中的位置。Wannaby 还制作了 3D 运动鞋模型。其足部追踪技术够强大，能适应不同的镜头角度，并在脚移动和旋转时跟上脚部的移动。

Wannaby 还计划将其技术应用到珠宝、服装等领域。该公司已推出让用户能试用指甲油的 Wanna Nails App。

资料来源：https://www.sohu.com/a/325657834_100117951.

第一节　客户关系管理概述

一、客户关系管理相关概念

（一）客户

客户是指购买产品或者服务的个人或组织。客户可以分为直接客户和间接客户：直

接客户是指直接给企业带来利润的客户,间接客户是指不直接给企业带来利润的客户。例如,一家专门从事家具制造的企业不直接销售自己的产品,与它建立客户关系的多是家具销售商,那么,这些家具销售商就是家具制造企业的直接客户,而最终用户则是它的间接客户。

间接客户虽然没有直接给企业带来利润,但如果没有间接客户,直接客户也很可能不愿意给企业带来利润。例如,对于互联网公司来讲,网民是间接客户,广告主是直接客户,广告主看中互联网公司的人气才愿意在此投放广告,如果没有众多网民的捧场,广告主很可能不愿意在此做广告。

(二)客户关系

简单来讲,客户关系就是企业为了实现经营目标,与客户建立起的某些联系。自人类有商务活动以来,客户关系就一直是商务活动的核心问题之一,也是商务活动成功与否的关键因素之一。例如,古时候的商人意识到,如果能熟记常客的称呼、爱好和购买习惯,给予他们朋友般的亲切接待,并且投其所好地满足他们的需要,就容易使其成为自己忠诚的客户。

(三)客户关系管理

客户关系管理是建立在营销思想和信息技术基础之上的先进的管理理念与策略,是专门研究如何建立、维护和挽救客户关系的科学,它将管理的视野从企业的内部延伸并扩展到企业的外部,是企业管理理论的新领域。客户关系管理不论是从营销学的角度还是从管理学的角度,都离不开"以客户为中心"的思想。企业与客户之间既是买卖关系,又是利益关系,还是伙伴关系。从关系的持久性来看,企业实施客户关系管理必须实现客户与企业的"双赢",实现客户价值最大化和企业收益最大化之间的平衡。

客户关系管理的目标是帮助企业拥有大量优质和忠诚的客户。

(四)关系营销

关系营销的概念最早由学者白瑞(Berry)于 1983 年提出,他将其界定为"吸引、保持以及加强客户关系",这一概念的提出促使企业纷纷从简单的交易性营销转向关系营销,即在企业与客户和其他利益相关者之间,建立、保持并稳固一种长远的关系,进而实现信息及其他价值的相互交换。1996 年,白瑞又进一步把关系营销定义为"通过满足客户的想法和需求进而赢得客户的偏爱和忠诚"。

关系营销的核心是强调关系的重要性,即企业通过客户服务、紧密的客户联系、高度的客户参与、对客户的承诺等方面来建立双方良好的合作关系,视客户为永久性的伙伴和朋友,并与之建立互利互惠的伙伴关系,其目的在于获得新客户的同时保持住老客户,并在企业与客户结成的长期关系中获得收益。这种关系超越了简单的物质利益的互惠而形成了一种情感上的满足,企业通过维系这种关系,从而形成一种长久的利益机制。

关系营销认为企业营销是一个企业与消费者、竞争者、供应商、分销商、政府机构和社会组织发生互动作用的过程,正确处理与这些个人和组织的关系是企业营销的核心,是企业成功的关键。

关系营销的核心是合作,旨在找出高价值客户和潜在客户,并通过人性化的关怀使他们与企业产生"合作伙伴"式的密切关系,企业通过与其合作实现双赢或多赢,增加关联方的利益,而不是通过损害其中一方或多方的利益来增加己方的利益。

(五)市场细分

市场细分是美国营销学家温德尔·史密斯(Wendell Smith)于 1956 年提出来的概念,即根据客户的需要与欲望及购买行为和购买习惯等方面的明显差异,把某一种产品或者服务的市场划分成若干个由相似需求构成的消费群(即若干个子市场)的过程。

市场是一个多层次、多元化消费需求的综合体,任何企业都无法满足其所有的需求。通过市场细分可以帮助企业识别最能盈利的细分市场,找到最有价值的客户,引导企业把主要资源放在这些能产生最大投资回报的客户身上,从而更好地满足这类客户的需要。

(六)客户生命周期

任何关系都有一个生命周期,即从关系建立、关系发展、关系破裂到关系恢复或关系结束,客户关系也不例外。

客户生命周期是指从企业与客户建立关系到完全终止关系的全过程,是客户关系水平随时间变化的发展轨迹,它动态地描述了客户关系在不同阶段的总体特征。

阶段划分是客户生命周期研究的基础,目前这方面已有较多的研究。Juhe Halmke 认为,完善的客户关系管理应该将企业作用于客户的活动贯穿客户的整个生命周期,并把客户生命周期描述为包括客户标识、客户获取、客户分类、客户理解、客户定制、客户交流、客户提交和客户保持八个阶段。

我国学者陈明亮将客户生命周期划分为考察期、形成期、稳定期和退化期四个阶段。

二、客户关系管理的重要性

(一)降低企业维系老客户和开发新客户的成本

客户关系管理使企业与老客户保持一种良好而稳定的关系,这就为企业节省了一大笔向老客户进行宣传、促销等活动的费用。此外,好的客户关系会使老客户主动为企业进行有利的宣传,通过老客户的口碑效应,企业能更有效地吸引新客户加盟,同时减少企业为吸引新客户所需支出的费用,从而降低开发新客户的成本。

(二)降低企业与客户的交易成本

客户关系管理还使企业和客户之间较易形成稳定的伙伴关系和信用关系,这样交易就容易实现,并且由过去逐次逐项的谈判交易发展成为例行的程序化交易,从而大大降低了搜寻成本、谈判成本和履约成本,最终降低了企业与客户的整体交易成本。

(三)促进增量购买和交叉购买

客户关系管理可以增加客户对企业的信任度,因而客户增量购买(即客户增加购买产品的金额）的可能性就会增大；反之，客户就可能缩减其购买量。例如，一位客户在银行办理了活期存款账户，而活期存款账户通常是不赚钱的，但银行仍然为他提供了良好的服务。后来，这位客户申请了一个定期存款账户，不久又申请了汽车消费贷款，再后来又申请了购房贷款……总之，这位客户持续不断地给银行带来利润。显然，促使其增量购买银行服务的原因是银行与这位客户建立了良好的关系。

客户关系管理还可以使客户交叉购买（即客户购买该企业生产的其他产品或拓展与企业的业务范围）的可能性变大。比如，购买海尔冰箱的客户，如果与海尔公司建立了良好的关系，当其需要购买电视、洗衣机、手机、计算机时，就比较容易接受海尔公司生产的相关产品。

（四）给企业带来源源不断的利润

传统的管理理念乃至现行的财务制度一开始只把厂房、设备、资金、股票、债券等视为企业的资产，后来又把技术、人才也视为企业的资产。如今，人们逐渐认识到，虽然"客户"及"客户关系"不具备实物形态，但也是企业的重要资产，其能为企业带来实实在在的利润。良好的客户关系使企业拥有相对稳定的客户群体和客户关系，因而能够稳定销售、降低企业的经营风险，并且能够提高效率、促进销售、扩大市场占有率，从而给企业带来源源不断的利润。此外，良好的客户关系会使客户对企业抱有好感，此时，客户就会降低对产品价格或服务价格的敏感度，从而使企业获得较高的利润。

综上所述，管理好客户关系可以降低企业维系老客户和开发新客户的成本，降低企业与客户的交易成本，促进增量购买和交叉购买，给企业带来源源不断的利润。企业的命运是建立在与客户保持长远利益关系的基础之上的，企业要想在激烈的市场竞争中保持优势、保持长久的竞争力、保证企业的稳定发展，就必须积极培养和建立客户关系，巩固和发展客户关系，并把良好的客户关系作为企业的宝贵资产和战略资源来进行有效的经营和管理。一言以蔽之，客户关系管理意义重大。

相反，不重视客户关系管理将阻碍企业正常经营活动的开展。例如，像 IBM 这样具有强大技术与经济实力的公司，当年在其推出业界期待已久的家用计算机时，尽管花去几千万美元的广告与促销费用，但由于没有得到零售商客户的支持，仍然不得不宣布停产。

三、客户关系管理的主要思路

（一）建立客户关系

客户关系的建立就是要让潜在客户和目标客户产生购买欲望并付诸行动，促使他们尽快成为企业的现实客户。为此，企业应该做到以下两点。

第一，当没有客户关系时，企业就要主动地、努力地建立客户关系，守株待兔的思想是要不得的。

第二，为了便于建立客户关系，也为了便于日后的客户关系维护，企业在建立客户关系之前必须对客户进行选择，不能盲目。

（二）积极维护客户关系

在建立客户关系之后，企业还必须维护好客户关系。

俗话说，"打江山易，坐江山难"。同样地，虽说建立客户关系不易，但维护客户关系更难。这是因为，随着科学技术的发展，企业生产技术和生产效率得到了很大的提高，企业之间产品或者服务的差别也越来越小，市场已开始由卖方市场向买方市场发展，所以客户的选择余地越来越大，因而留住客户越来越难。

客户关系的维护是企业通过努力来巩固并进一步发展与客户长期、稳定关系的动态过程和策略。客户关系维护的目标，就是实现客户的忠诚，特别是实现优质客户的忠诚，避免优质客户的流失。

（三）及时挽救客户关系

在客户关系的建立阶段和维护阶段随时都可能发生客户关系的破裂，也就是说出现客户关系的夭折或终止。如果企业没有及时挽救客户关系，就可能造成客户的永远流失。相反，如果企业能够及时地采取有效措施，就有可能使破裂的关系得到恢复，挽回已经流失的客户，促使他们重新购买企业的产品或服务，使其继续为企业创造价值。

四、技术发展对客户关系管理的影响

客户关系管理的产生还源于信息技术的迅猛发展使企业得以借助先进的技术手段去充分了解和掌握客户信息、发现与挖潜市场机会、规避风险，以此提高客户的满意度与忠诚度。

客户关系管理起源于 20 世纪 80 年代初的"接触管理"，即专门收集整理客户与企业相互联系的所有信息，借以改进企业的经营管理，提高企业的营销效益。后来，企业在处理与外部客户的关系时，越来越感觉到没有信息技术支持的客户关系管理操作起来力不从心。因而自 20 世纪 90 年代以来，美国许多企业为了满足市场竞争的需要，相继开发了诸如销售自动化（SFA）系统、客户服务系统（CSS）等软件系统。

到 20 世纪 90 年代中期，接触管理逐渐演变为包括呼叫中心和数据分析在内的"客户服务"。1996 年以后，一些公司开始把 SFA 系统和 CSS 两个系统合并，并加入营销策划和现场服务的思想，它不仅包括软件，还包括硬件、专业服务和培训，以及为公司雇员提供全面、及时的数据，让他们清楚地了解每位客户的需求和购买历史，从而为客户提供相应的服务。

为了抓住商机，许多软件公司及时地推出了客户关系管理的软件，这在一定程度上促进了客户关系管理的推广。但由于企业一度对客户关系管理进行过度的投资并抱有过高的预期，而成功率和回报率却非常低，因此，理论界和企业界开始更为理性地思考客户关系管理的适用性，这促使客户关系管理的研究更为深入和务实，使相关研究的侧重点放在客户关系管理的实施策略以及客户关系管理系统的分析功能上。

20 世纪 90 年代末，由于信息技术的引入，客户关系管理的营销模式在技术解决方案方面得到了充实和发展，企业能够有效地分析客户数据，积累并共享客户信息，根据不同客户的偏好和特性提供相应的服务,从而提高客户价值。同时,信息技术也可以辅助企业识别不同的客户关系,针对不同的客户关系采用不同的策略。

扩展阅读 4-1 大数据技术在商业银行客户服务中的应用

信息技术的突飞猛进为客户关系管理的实现提供了更多的手段和渠道,也使企业与客户之间进行交流的渠道越来越多。除了传统的面对面的交谈、电话交流等方式外,还有社交媒体、呼叫中心、移动通信、掌上电脑、电子邮件、网站等。

在数字经济时代,大数据、云计算、AI 等技术的发展进一步拓展了客户关系管理功能,客户关系管理也更加精细化、个性化和智能化,企业可以根据用户画像对用户的需求和行为进行预测,并进行精准营销和提供个性化服务。未来在客户的全生命周期管理中,将看到更多人工智能的身影。

第二节　数字化客户关系管理概述

一、数字化客户关系管理的内涵

数据是数字化世界的客户管理和营销重要的资源之一。要想更好地理解目标客户,准确预测客户的行为偏好,制定有效的营销策略,精准传递产品和服务信息,利用获得的客户反馈来优化再营销策略,数据是不可或缺的关键资源。要想建立客户管理的数字化思维,需要掌握如何收集和利用这些信息给目标客户建立画像,掌握如何分析和预测客户的价值与行为,掌握如何与目标客户建立适当的互动。

数字技术正在改变着客户关系管理的方方面面。本书认为,数字化客户关系管理是指借助互联网、云计算、人工智能等数字技术,对客户关系管理中的用户识别、客户关系建立、客户关系维护、客户关系挽回等环节进行数字化转型升级,提高客户关系管理的效率和质量,从而为企业战略的实施提供更好的支撑。

面对数字化带来的变革影响,企业需要转变思维,理解数字化对企业所在行业的冲击,认识这些变化对客户关系管理的影响。

二、数字化客户关系管理的特征

新经济时代,客户、技术和服务都在发生变化,企业必须将客户置于战略决策的焦点,转变业务体系,在参与和赢得未来客户的竞争中获得优势。

数字化技术正在深化社会经济发展和商业模式转变,云计算、智能连接和大数据技术的发展让我们离智能时代更近,消费者产品和服务正在加速实现数字化转型。在这样的趋势下,未来所有的商业都将数字化。

如今,年轻消费者已经是数字化的用户。他们不仅实时在线活动,还是最新的智能产品的购买者和使用者,每一个面向消费者提供产品和服务的企业都希望能够赢得这一数量庞大的新兴网络消费族群的信赖。

在信息触手可及的数字化时代,企业必须深刻理解以下数字化客户管理的特征。

(1) 消费者相互连接。数字化的用户实时在线,通过社交网络连接在一起,他们更加主动地选择与商家的连接和交互方式。

（2）非线性的数字化决策。数字化用户的决策过程发生了变化，他们不再是线性决策，理解数字化决策模式才能更好地赢得客户转化。

（3）不断增长的体验期望。数字化用户更加注重体验，用户之间的相互连接使用户通过社交媒体发出的声音更具影响力。

（4）信任成为忠诚的基础。数字化用户不再轻易地保持忠诚，他们希望更富情感的关系互动，赢得信任的过程需要更具策略性。

（5）经营客户的长期价值。数字化用户的价值更加容易测量，企业需要建立更加完善的策略来赢得用户的长期价值。

第三节   数字化客户关系管理的实践

一、用户识别

用户识别是数字化客户关系管理的第一个环节，没有精准的用户识别，就无法开展精准营销和客户管理。在过去，由于受到信息技术和成本限制，企业以产品为基础进行客户识别，更关心产品销量，而不关心销售对象是谁，只要有顾客付费就行。到了 20 世纪 90 年代，数据库技术和互联网开始发展，一些企业开始记录顾客的身份识别信息和特征属性，并且在服务接触点对回头客进行识别。

在数字化时代，不仅产品信息实现了数据化，客户的身份信息和销售过程也实现了数据化，利用数字技术对用户进行识别变得十分重要。识别在数字化时代变得越来越重要有以下原因。

一是更多产品和服务以用户识别为基础。数字化带来了产品形态和服务内容的变化，因此在很多情形下，身份识别成为用户使用产品或享受服务的前提。以 iPhone 手机为例，用户需要设置一个唯一的 Apple ID（身份识别号），然后通过这个 ID 激活手机才可以正常使用，下载 App 也是基于这个账号。这样的产品和服务已经越来越普遍。

二是识别有助于优化用户体验。淘宝网站有数百万种商品，对于无法识别的网站访客，网站只能以统一的方式展现产品，访客浏览商品的过程千篇一律。但是当淘宝网站可以识别用户的时候，可以根据已经掌握的用户特征和偏好展示更具相关性的商品，向用户提供更个性化的商品推荐，用户的体验会更好，购物效率和订单转化率也更高。

三是识别有利于更好地保护用户的数字化资产。一方面，数字化形态的资产不断增加；另一方面，产品和服务的使用权也数字化了，这都使用户识别越来越重要。对于游戏、社交网络等，用户需要使用唯一的识别账号登录后才可以使用相关的产品和服务，才能管理和处置自己的数字化资产。

二、客户洞察

客户洞察是指理解用户的一系列工作，核心是对用户消费习惯、消费特征、潜在需求和生活方式的理解。对于企业和营销人员来说，大家都需要通过洞察，从客观本质上去发现用户真实的需求。企业需要确认真实的用户需求，来打造自己的市场；营销人员需要确认真实的用户需求，去创新和丰富更多的营销方式。

为什么要做用户洞察？举个例子：有个消费者想要减肥，于是买了一台跑步机，她购买的目的是减肥，而不是跑步，如果还有别的更方便、更便宜的方法可以减肥，她就不一定买跑步机了。所以我们要从本质上找到客户真正的需求是什么。

扩展阅读 4-2　客户洞察数字化转型

说到用户洞察，很多人就想到，到专业的行业分析网站进行调研，或者进行实地走访调研。这种方式在 20 世纪末至 21 世纪初确实可行，可是在今天，全球经济进入数字经济时代，中国的需求场景集中在以下方面：对用户的实时洞察、对产品的透视生产、对渠道的精准营销和对物流的敏捷送达。产品由功能满足到体验升级到个性化定制，工业经济时代以机器为本，数字经济时代以人为本。固有的用户洞察方式已经跟不上时代的步伐。

（一）用户画像

用户画像的本质，就是"标签化"的用户行为特征。用户画像的核心就在于给用户"打标签"，如年龄、性别、地域、用户偏好等，每一个"标签"通常是人为规定的特征标识，用高度精练的特征描述一类人。由此，用户画像可以为企业提供足够的信息基础，能够帮助企业快速找到精准用户群体以及用户需求等更为广泛的反馈信息。

用户画像的目的是尽量全面地抽象出一个用户的信息全貌，为进一步精准、快速地分析用户行为习惯、消费习惯等重要信息提供足够的数据基础。它是对人的深入挖掘，除了基本的人口统计信息和地理位置等客观属性外，像兴趣爱好这类属性，就是主观度很大、变化很快且很难统计的属性。但是，在很多的商业应用场景，广告主或者需求方恰恰想要的是这类主观度大的属性，还包括一个人的价值观和性格，等等。比如汽车客户，环保类的电动车品牌，最想要触达的是那些有着环保意识，同时还喜欢小排量的客户，这里其实就同时涉及人的价值观和购车喜好。这些用户属性，其实就是"用户的标签"，而要找到这些"标签"，绝不可能仅仅通过用户行为直接发现，需要更深入的人格挖掘。简而言之，通过"用户的标签"，可以让企业在广告投放的过程中，能够抛开个人的喜好，将焦点放在目标用户的动机和行为上，以此进行营销活动。因为，为具体的用户画像进行广告设计，效果要远远优于为脑中虚构的东西做设计，也来得更容易。

在营销决策的过程中，企业关心的问题不外乎两个：如何做出客户更喜欢的产品？如何把产品卖给对的人？解决这两个问题离不开对用户需求的洞察，因此决策者不可避免地要考虑现有客户和潜在客户。

现有客户：我的现有用户是谁？为什么买我的产品？他们有什么偏好？哪些用户价值最高？

潜在客户：我的潜在客户在哪儿？他们喜欢什么？哪些渠道能找到他们？获客成本是多少？

在精准营销领域，用户画像是不可或缺的，也就意味着，移动营销时代，得用户者得天下。如今的营销战，早就不是仅仅停留在创意层面了，企业从用户的角度进行越来越深入的思考。不谈精准投放、数据分析和用户画像，企业都不好意思说自己还在做营销。只有根据产品特点，更加精准地找到目标用户，在用户偏好的渠道上进行内容投放，适时交互促成购买行为,才能实现精准获客。

基于大数据技术而形成的用户画像,为营销行业展开了一幅全新的画卷,让营销人员第一次有机会从一个更高阶的维度接触和分析用户,让他们第一次在用户画像中看到了他们未曾接触过的、感到无比兴奋的信息宝藏。从用户画像中,广告主(店铺、商家等任何需求方)可以通过里面的标签和权重,挑选和决策他们想要触达的用户和触达的方式。互联网公司比如 BAT(百度、阿里巴巴和腾讯),依靠天然的优势,它们很大一部分广告就是通过这种方式来触达用户的。

(二)客户分群:管理客户的组合

虽然客户行为信息的数据化从理论上为实现一对一的客户分析提供了可能,但是在大多数情况下,实现基于客户分析的一对一营销仍是不切实际的想法,管理客户的组合是更可行的选择。客户分群通常从代表客户属性的数据标签分析开始,对具有相同特性的客户进行组合和归类,针对同一客户分群采取相近的营销或服务策略。

三、用户连接

利用用户画像进行客户洞察并进行精准信息推送之后,需要通过不同的渠道与客户进行连接,并保持沟通。除了传统的线下渠道,随着技术的进步涌现出许多全新的渠道,并与原有的渠道共同发展,形成了多种渠道共存的现象。产品生产商和供应商与消费者之间的渠道结构变得更加复杂,也更加高效。

用户连接的渠道从过去的单一渠道发展为多渠道,再到数字经济时代实现了能为用户提供一致性无缝体验的全渠道模式。

(一)从多渠道到全渠道沟通

在多渠道模式下,各个渠道之间相对独立,有着完整但相互独立的功能和运作,基本都能够完成交易和交付的整个流程,但渠道间的整合和协作较弱。在多渠道环境下,企业要管理的渠道越来越多,渠道间的协同变得越来越复杂。

随着数字技术的进一步发展,以亚马逊为代表的互联网企业开始向顾客提供一站式服务,以数字化渠道为基础,整合了多样化的数字化内容,同时与电话渠道打通,向客户提供跨渠道连接和无缝的内容,这样的设计大大提升了客户的购物体验。这些实践带来了极佳的体验效应,促进了更多的企业下决心整合内部的多个渠道,以期能够向客户提供更加灵活的渠道交付和一体化的服务,支持全渠道连接,运用多种可能的渠道与客户建立连接和传递内容,包括产品的研究、购买、交付和服务的全过程。全渠道连接的思维推动了多种渠道间的协同和整合进程,也让企业开始从整体上思考如何向客户提供更具一致性的无缝体验。

全渠道沟通(omni-channel communication),旨在通过各个渠道间的整合,为消费者在他们使用的每个渠道提供内容具有一致性但类型不同的客户沟通体验和营销活动。

每个平台都有自己的受众和环境类型,人们期待的也并不是多渠道的粘贴复制型沟通,而是能够在不同渠道获得不同的沟通体验。也就是说,全渠道沟通将渠道视为沟通点,而不是分销网络,为人们提供与品牌互动的不同方式。

在"以客户为中心"的模式指引下,全渠道沟通是实现客户维系目标的重要策略。

除此之外,客户数据在全渠道沟通中也尤为重要。通过智能地使用数据描绘客户旅程,对客户进行细分,提供个性化沟通和适时化传达,在能发挥最大效益的接触点与消费者进行沟通,从而提供客户转化率和客户保留率。

(二)为什么要进行全渠道沟通

1. 互联网时代的营销轰炸

在互联网时代,我们看到的广告比以往任何时候都要多。你的客户时刻都在接收他人的营销内容,并且他们的目的就是吸引潜在客户,以增加其参与度。这种广告营销不仅不会减少,而且还会继续蔓延。如果有些公司选择不参与"营销游戏",那它们将会流失自己的忠实顾客或潜在顾客。

2. 社交网络时代的来临

在当今的数字环境中,客户表示不满的情绪不是通过与品牌的一对一谈话来发泄的,而是在社交网络上发布内容和评论传播开来的。大多数人表示他们像信任朋友一样信任线上的评论。因此,品牌要善于利用社交网络提供的多种沟通平台。对公司来说,跟踪每个平台上的客户交互、行为和对话非常重要。

3. 分散性消费渠道的出现

在线上体验和线下体验相隔断的情况下,如何创建以客户为中心的计划?当今公司的订单和客户服务请求可能来自各个不同的方向,如网站、社交媒体、电话和线下门店等。同一位客户可以先在电话中进行交易,然后切换到计算机进行更详细的研究,最后来到线下门店进行参考和购买。这些多个接触点使获得品牌所追求的一致的客户体验更加困难。

4. "以客户为中心"模式的普及

在 2015 年的一项人员指标的高管调查中,90%的受访者认为顾客维系是一项公司持续运营的战略重点。[①] 与此同时,人们也希望公司能够致力于提供卓越的客户服务,能够在整个用户旅程中获得始终如一的体验。当公司达到了这样的服务水平,客户将在他们信任的品牌上花费更多的时间和金钱。同样,许多人会尝试新公司,但也只是为了找到更好的客户服务。全渠道沟通是一种现代的客户服务方式,无论客户在哪个平台上登录,它都能确保无差异的客户沟通体验。

5. 数据收集和分析技术的革新

数据处理技术的革新使得营销人员可以跟踪客户行为的各个方面,根据目前收集的详细信息来进行客户细分,使自动化的全渠道沟通成为可能。这种有组织的客户数据使得营销人员能够作出更好的决策和创建更有利的营销活动,使企业更能与客户在不同渠道上建立前所未有的联系和接触。

---

① https://www.sohu.com/a/410756550_115326.

（三）如何应用全渠道沟通

1. 连接线下和线上

通过各种线下和线上的购物渠道来获取客户信息，然后将其纳入数字档案，并最终成为下一个营销活动的数据来源。

2. 个性化通信策略

大多数人只会通过个性化的促销活动来与品牌互动，而这些促销活动和其之前与该品牌的互动直接相关。因此，适当实施个性化的通信广告可以提高邮件打开率、链接点击率和客户转换率。

在全渠道沟通中，客户将在购物旅程的每个步骤收到自动化的个性化信息推送，包括：退货后发送客户服务调查；通过发送礼品卡并为任何问题表示歉意来回应客户服务调查结果；客户进行线下购买后停止相应的购物车提示。

3. 多渠道编排

将广告系列分布到 4 个或更多渠道时，收获的广告效果将比双渠道和单渠道的广告效果高 300％。十多年前，消费者在购买商品之前平均使用了两个接触点。

对于公司而言，对潜在客户和现有客户进行全渠道沟通的投资比以往任何时候都更为重要。

假设我们建立了一个场景，即客户首次进行在线购买时会收到一封电子邮件，客户能够接收有关交货状态的短信更新。在收到产品的两天后，客户会收到呼叫中心代理商的跟进信息，以确保产品交付和产品质量的一切正常。全渠道沟通系统使公司能够在完美的时刻参与到顾客的购物旅程之中。如果企业准备将客户关系提高到一个新的水平，就应该考虑投资自动化的全渠道沟通。值得注意的是，全渠道沟通并不是在所有渠道进行沟通，而是通过分析用户数据，在用户倾向的不同渠道进行不同的沟通，如在每个单独的频道编排独特的内容，这也是一种在现代网络中的沟通策略。

四、用户转化

连接是获取有价值的产品、服务和内容的桥梁，接下来就是如何促进连接的客户产生有意义的转化行动，这里的转化不仅包含用户的购买行为，还包含关注、推荐、分享、试用等一系列有利于增加用户购买可能性的行为。在数字时代，典型的数字化用户转化模式有免费、订阅、O2O 等。

（一）免费

免费是一种常见的用户转化模式，免费并非所有产品和服务免费，而是通过在一部分产品或功能免费的基础上引导用户购买付费产品，从而实现价值转化。

一个有价值吸引力的好产品辅以免费模式常常能够在互联网上创造超常规的用户增长。一些软件商通过对基础版本的产品和服务免费带来的庞大用户基数来获得市场份额，再以向少数需要高级版本的用户提供高附加值的收费服务的方式获得盈利。2003 年创立的 Skype 通信软件通过免费模式在短时间内吸引了大批用户。360 也是免费模式的率先尝试者和受益者,它通过将杀毒软件全面免费,短期获得了巨大的市场份额和海量的用户,将竞争对手几乎逼到绝境,然后再通过用户经营将吸引来的用户流量转化为数字广告而获利。

基于免费模式的用户转化主要有两种典型模式。

第一,用户免费,收益来源于广告。平台的一边是以吸引用户为目的而设计的内容、产品或服务,另一边则是产生收益的广告位购买者。有了好的产品或服务以及高流量,平台对广告商会更有吸引力,广告收费转而得以用于补贴免费产品及服务。其主要成本来自平台的开发和维护,流量增加使维持的成本也可能提高。免费的产品或服务带来了平台的高流量,增加了对广告商的吸引力。谷歌、百度等互联网企业都是采用这一模式,如谷歌利用搜索引擎、邮箱、地图、个人助理等多个用户欢迎的免费数字化产品带来数以亿计的用户连接和巨大的搜索点击流量,再将这些流量转化为商家需要的在线广告流量,以此方式获得商业收入和持续盈利。免费产品的用户基数越大,产生的使用量越多,能够转化具有商业价值的广告流量也越多,谷歌鼓励用户免费使用这些产品,并且持续投资优化这些产品的用户体验。

第二,基础服务免费,收益来源于增值服务。该模式主要是基于网络将免费的基础服务与付费的增值服务相结合,特点是大量的用户从免费的、无附加条件的服务中获益。这其中的大多数人永远也不会变成付费用户,只有其中的一小部分,通常不到全部用户的10%,会为增值服务付费,就是这一小部分付费用户补贴了免费用户。这种模式之所以成为可能,原因在于向免费用户提供的服务的边际成本(边际成本表示当产量增加1个单位时,总成本的增加量)很低。在该增值模式下,免费用户的平均服务成本及免费用户向增值(付费)用户的转化率两个指标十分关键。许多网络游戏平台采用这样的免费策略,依靠免费聚集网络游戏的人气让游戏更加好玩,收费服务又让那些重度的游戏玩家获得了更多的装备、更高级的道具和更高的虚拟等级,让这些付费玩家获得了更大的满足。

(二)订阅

在数字时代,订阅模式十分普遍,用户只有花费一定金钱订阅之后,才能享受产品或者服务,如某些付费软件必须订阅才能使用,某些视频网站只有订阅会员服务之后才可以免费观看某些电影。在用户订阅之前,企业往往提供一段时间的免费试用,试用之后必须订阅才可以继续使用,有些用户选择放弃,而有些用户会选择订阅,从而形成有效的用户转化。订阅模式也分为几种类型。

(1)增值服务型。这类订阅模式是在免费服务基础上,通过订阅享受更多的服务和特权,如QQ音乐的会员、百度网盘的会员、爱奇艺等视频网站会员等。

(2)门票型。这类订阅模式是用户只有付费成为会员才可以享受企业的服务,这类"门票费"成为企业重要甚至唯一的盈利来源。例如世界第二大零售商(根据德勤《全球零售力量2019》)Costco,其模式就是典型的门票型订阅会员制。表面上,Costco精选冠军商品,大批量采购,通过 Trigger & Treasure 模式,让前来囤货的美国高端中产阶级可以直接开着车,消磨一个上午(或下午)来采购,因为商品和服务都直接命中高端中产阶级的核心诉求,所以 Costco 就有了直接通过会员制——年费60美元或120美元——让消费者缴纳门票的底气。

在线上端,门票型订阅体系的代表是在线视频播放平台 Netflix。它的收入就是订阅费,分为三档,差异在于提供不同清晰度的流媒体播放服务,不同国家价格不同。基于对海量视频、电影、剧集本身的标签,Netflix 就可以通过大数据、人工智能进行匹配和推荐,让订阅者可以不停歇地刷剧,于是不停地续费会员。

(3)生态体系型。该订阅模式下,一个订阅可以享受体系内所有相关业务(例如亚马逊 Prime 和阿里巴巴 88VIP),或者一套跨生态的相关业务(例如日本茑屋 T 卡)。

亚马逊 Prime 可以说是生态体系型订阅模式的标杆了,通过一年 119 美元的年费,Prime 会员可以免费使用包括物流特权(6 项)、流媒体特权(5 项)、购物特权(10 项)、阅读特权(3 项)、其他特权(2 项)在内的全部特权,而且基本每年都会免费添加新的服务、特权。

(三)O2O

O2O 是线下实体渠道与线上数字渠道相结合的营销转化模式。O2O 模式的特点一方面是利用线下实体渠道的物理环境体验和人际互动的优势,另一方面是利用线上数字渠道信息丰富和交易便捷的特点增加客户获取和转化的机会。

Selfridges 是位于英国伦敦街的著名高档零售店,2014 年开始在多渠道销售创新上投资 4 000 万英镑来吸引在线用户。Selfridges 研究发现许多在线顾客都是国际买家,为了激发这些顾客的购买潜力,Selfridges 丰富了在线商城的产品品类,多达 80% 的店面商品都可以从 Selfridges 的在线商城买到。

Selfridges 研究发现一些奢侈品购买者有明确的品牌购买目标,他们总是希望快速完成购物过程,不喜欢将过多的时间花费在开车进停车场和店面现场选购的过程中,Selfridges 专门为这类客户设计了"驾车穿越"式的快速服务,顾客在线下单完成支付,开车来店面的专门通道不用下车即可直接取货离开。

O2O 主要有以下四种基本模式。

1. 导流模式

导流模式是指以门店为核心,O2O 主要用来为线下门店导流、提高线下门店的销量。团购网站就是典型的导流平台。这一模式下,商家可以线上发放优惠券引导客户线下使用,还可以线上发布新品预告,吸引客户到店试穿。践行该模式的企业旨在利用 O2O 平台吸引更多的新客,将其吸引到门店消费,建立一套线上和线下的会员互动互通的机制。

2. 定制模式

定制模式是指一个客户在 O2O 平台与一个导购建立起良好的信任关系,并在未来保持这种关系,导购将成为该客户的私人导购,为其进行定期的服装推荐。一方面,企业可以通过客户的购买记录有针对性地推送商品信息和优惠信息;另一方面,客户可以通过 O2O 平台得到专业人士(导购)的指导,也可以提出自己的购买意向。通过 O2O 平台预约试穿,减少了用户到店选择的时间成本。

3. 粉丝模式

粉丝模式是以消费者为主导,利用社会化平台的粉丝聚集功能,定期推送给粉丝优惠信息和新品信息等,吸引粉丝直接通过移动 App 购买商品。例如,过去酒店在客户离店后就几乎和客户失去了联系,但是现在通过 O2O,酒店可以保持和客户的联系,通过分享该酒店的入住体验、减免房费等手段刺激客户主动传播和再次入住。现在很多酒店都已经实行在线预订、到店直接入住,只需扫描二维码,无须去前台登记。通过 O2O 平台,酒店可以和客户更好地连接起来。

4. 体验模式

成长到一定规模的电子商务公司多采用体验模式,它们为了解除消费者对网购商品"看不见、摸不着"的顾虑而开设体验店,这些体验店一般不卖产品,只是为顾客提供线下体验,然后线上付款,企业从工厂或仓库直接发货。

五、用户体验

在产品严重同质化的今天,用户体验成为企业核心竞争力的一部分。数字化客户体验已经成为企业增长与业务创新的着力点。这样的转变,未来还是会持续发生,甚至会加速营销技术、营销服务行业的新一轮洗牌。客户体验数字化转型是将技术融入客户消费旅程的各个环节,从最初的意识阶段(如产品广告)一直到付款阶段。它鼓励企业改变与客户互动的方式以及购买体验。实际上,几乎一半的企业表明客户体验是它们决定实施数字化转型战略的主要原因。

客户体验数字化转型包含以下几个关键点。

(一) 个性化

当今消费者面临众多的选择,他们想要一种专门针对他们需求量身定制的独特体验。这意味着他们希望商家根据其个人喜好和购买历史提出建议,如一些电子商务网站推荐"您可能喜欢的产品"。相关研究显示,有 75% 的消费者表示,他们更有可能了解其购买历史并根据过去所购买产品到推荐产品的品牌那里购买产品。企业可以利用客户相关数据来更好地了解它们的买家。例如,企业可以利用客户过去发出的请求,准确了解他们购买了什么产品以及价格,然后使用此信息来创建针对性的消息,直接满足每个客户的需求。

(二) 自动化

如今,自动化几乎已经成为业务中不可或缺的选择。从电子邮件营销到 CRM 的一切都是自动化的,以提供平稳无缝的体验。它不仅节省了时间和金钱,并且使企业能够为客户提供前所未有的独特体验。相关调查显示,有 84% 的消费者表示,他们更喜欢与基于计算机的应用程序交互,而不是与人交流,这为聊天机器人接管客

扩展阅读 4-3   京东无人商店

户服务铺平了道路,因为它们可以提供即时信息。除此之外,受访者还表示,自动化应用程序的反应速度更快,与传统策略相比,满足他们的需求要快得多。自动化可以在许多业务领域中实现,从而减少在常规流程上花费的时间。

（三）预测分析

预测分析比个性化更进一步。个性化使用过去的数据来创建独特的体验，而预测分析则使用这些信息为每位客户创建各自的未来。它可以利用人口统计信息和客户过去购买过什么产品的数据，来决定他们将来会买什么，甚至何时购买。例如，数据可能显示某些客户每 6 个月购买一双新鞋。这可能是因为他们经常步行，在这段时间里把鞋底磨平了，也可能是因为他们想跟上最新潮流。不管是什么原因，企业可以开始每 6 个月与客户分享一次信息，提醒他们是时候买一双新鞋了。与过去的策略相比，这是一个巨大的进步，在过去的策略中，品牌只能使用数据来回顾已经发生的事情。现在，预测分析可以帮助品牌预测下一步发生什么以及何时发生。例如，某些短视频 App 使用预测分析，利用客户的行为来决定它们下一步的推送内容。如果用户正在观看特定类型的视频，那么他们下次刷到的可能就是相同类型的内容。

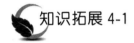 知识拓展 4-1

知名品牌进行客户体验数字化转型

随着客户体验的重要性与日俱增，客户体验不只停留在产品创新或服务设计上，还成为企业战略层面的布局，客户体验管理成为企业的核心竞争力。国内市场上很多"头部"企业已经意识到客户体验的重要性，开始布局客户体验战略，进行客户体验管理数字化转型，并在一定程度上实施了客户体验计划。

蒙牛作为中国乳业的领导者之一，其冷链物流配送体系服务着数千家经销商。蒙牛过去只能通过内部调度人员了解经销商的反馈，反馈样本较少且带有一定的倾向性。现在，蒙牛建立客户体验管理平台，在经销商下订单的同时提供满意度调研的入口，收集经销商的服务反馈，根据反馈情况对调度等业务流程进行改进和监督，发现问题后及时响应，并实施策略调整，最终提升了数千家经销商的满意度与忠诚度。

麦当劳、星巴克、优衣库、吉野家等公司也实施了客户体验计划。通过消费后的支付消息通知下发满意度评价，并提供反馈返券等奖励机制来获取客户感受，倾听客户消费后的心声，提升客户参与感与忠诚度。

2019 年，航空公司、"头部"酒店也纷纷布局客户体验。通过机场服务反馈、酒店住宿体验反馈的形式采集信息，从旅程管理的关键服务阶段来获取客户真实的反馈。告别传统的人工调研，全新的客户体验管理提高了效率的同时，也增强了数据的有效性，为企业避免了因客户体验问题流失客户带来的经济损失。

京东、天猫、美团等国内的"头部"ToC（面向消费者）类平台也纷纷形成一整套的客户体验管理考核体系。平台为用户开通了留言评价、投诉建议，通过对入驻企业的评价打分，进行产品品控及服务品控。同时，平台以积分奖励的形式鼓励用户进行评价与反馈，以降低平台风险。

资料来源：中国信息通信研究院,北京道润创德科技有限公司.中国客户体验管理数字化转型发展报告(2020 年)[R].2020.

六、用户忠诚

忠诚的客户是那些经常光顾你的网站,重复购买你的产品和服务,愿意向他人推荐你的服务的人。最忠诚的客户喜爱你提供的产品和服务,有可能购买更多,他们对价格不那么敏感,在和你接触的过程体验中建立了持续的好感,他们中的大多数愿意谈论你的业务。

扩展阅读 4-4　乐购客户忠诚管理

忠诚计划是企业和组织为了促进长期经营目标的实现鼓励客户持续购买和长期互动而构建的一系列市场营销策略和服务计划。忠诚计划在实际商业实践中有多种不同的形式,包括独立的积分计划、会员特权和服务、专门的会员品牌、综合型客户俱乐部、合作伙伴忠诚计划、联盟共享忠诚计划等。

数字化时代的今天,人们在不断获取新鲜事物的同时也产生了严重的"依赖"心理,对于企业而言,收获的利润往往和客户停留的时间成正比,失去一个成熟的客户与争取到一个新客户,在经济效益上是截然不同的,由于与老客户之间的熟悉、信任等,服务一个新客户的成本和精力要比服务一个老客户大得多。因此,客户的忠诚度是企业长足发展的根源。而客户忠诚度是由很多因素决定的,只有企业根据其实际情况,综合考虑各种因素,才能对症下药,更好地管理客户忠诚度。

 本章小结

本章对客户关系管理的相关概念、重要性以及主要思路等进行了回顾,对数字化客户关系管理的内涵、特征等进行了阐述,并讲解了数字化客户关系管理的实践。客户关系管理涉及市场细分、关系营销、客户体验、客户生命周期等诸多概念和理论。总体上来看,客户关系管理是建立在营销思想和信息技术基础之上的先进的管理理念与策略,是专门研究如何建立客户关系、如何维护客户关系、如何挽救客户关系的科学,它将管理的视野从企业的内部延伸并扩展到企业的外部,是企业管理理论的新领域。在数字化时代,新技术改变了以往客户关系管理的思维与模式,对传统的客户关系管理理论与实践产生了重要影响。

数字技术正在改变着客户关系管理的方方面面。本书认为,数字化客户关系管理是指借助互联网、云计算、人工智能等数字技术,对客户关系管理中的用户识别、客户关系建立、客户关系维护、客户关系挽回等环节进行数字化转型升级,提高客户关系管理的效率和质量,从而为企业战略的实施提供更好的支撑。数字化客户关系管理体现出如下特点:消费者彼此连接,非线性的数字化决策,不断增长的体验期望,信任成为忠诚的基础,经营客户的长期价值。

具体地,数字化客户关系管理在用户识别、客户洞察、用户连接、用户转化以及用户体验等各个阶段均有重要的实践与应用,并产生深刻的影响。

章尾案例

迪士尼利用数字技术提升客户体验

数字化技术为创造与众不同的非凡体验提供了更多可能。迪士尼从未停止如何改进迪士尼乐园体验的思考。面对移动互联时代的到来,迪士尼希望能够继续引领潮流,利用数字化技术打造无与伦比的客户体验。

迪士尼斥资 10 亿美元打造了 MagicBand,希望能够创造一个整合迪士尼公园门票、酒店房卡、快速通行卡和支付功能的产品。迪士尼从 2010 年就在秘密开发这个具有颠覆性体验的数字化智能设备项目,2013 年夏天,MagicBand 首次进行公众测试。现在只要是迪士尼世界卡的会员或者入住迪士尼度假酒店的客人,就可以自动获得魔幻手环。

魔幻手环能够防水,有七种颜色(粉、绿、红、橙、黄、蓝、灰)可供选择,提供 60 种迪士尼主题设计图案,足以满足一个大家庭的个性化选择。魔幻手环的使用非常简单,只要在线创建一个迪士尼账户,在登录账户时关联魔幻手环即可。

魔幻手环内嵌了智能传感器和可穿戴计算技术,借助这些无形的数字化技术,游客在光顾迪士尼时能够享受多种功能:

(1) 无须信用卡或现金就可以实现支付购买。

(2) 进入主题公园。

(3) 打开酒店房门。

(4) 预订快速通行卡(FastPass)。

(5) 进入迪士尼在线照片账户(Photopass)。

(6) 查询和优化等待时间。

(7) 预订晚餐。

(8) 接收个性化的推荐。

魔幻手环给迪士尼的顾客带来了便利和愉悦,在以下三个方面强化了迪士尼的体验。

(1) 场景响应速度。魔幻手环的应用提升了迪士尼提供服务的响应速度,在预约速通卡等传统体验痛点上提升了效率,在进入主题乐园、打开酒店房门等识别场景整合了响应速度和操作的便捷性。

(2) 整体的一致性。魔幻手环将迪士尼线下的乐园、酒店等设施与线上的服务功能连接了起来,通过数据的整合和共享实现了更加连续和一致的游客体验。

(3) 对人性的尊重。迪士尼的人性化不仅体现在魔幻手环满足个性化家庭选择的产品设计上,更是将迪士尼的理念通过整合多个场景的体验设计和服务交付展现了出来。

迪士尼公司也从每一个魔幻手环的使用中获得了大量有用的数据。通过对魔幻手环数据的分析和挖掘,迪士尼可以发现与改进产品和体验的新方法,包括:

(1) 提升客户忠诚;

(2) 增加业务收入;

(3) 吸引客户关注;

(4) 发现客户的动机和偏好;

(5) 通过先进的客户管理系统提供个性化服务;

（6）改进运营效率。

迪士尼魔幻手环利用先进的数字化技术实现了游客数据的收集、分析和应用,成为连通迪士尼体验的重要产品,也成为迪士尼体验的一部分。

资料来源:史雁军.数字化客户关系管理[M].北京:清华大学出版社,2018.

讨论题

迪士尼是如何利用数字技术提升客户体验的?

【本章思考题】

1. 客户关系管理的内涵是什么?
2. 技术发展对客户关系管理有哪些影响?
3. 数字化客户关系管理有什么特征?
4. 数字化客户关系管理有哪些具体的应用?举例说明。

【即测即练】

第 五 章

数字化供应链管理

 学习目标

1. 掌握供应链管理的基本概念、目标、基本思想、特征、职能,了解新时代供应链管理的发展趋势。

2. 掌握数字化供应链管理的内涵,了解供应链管理数字化转型的逻辑框架和内容。

3. 掌握数字化供应链管理的主要应用,能够结合实际案例理解数字化供应链管理不同应用领域的关键要素。

引导案例

南方电网以改革促发展　加快建设现代数字供应链管理体系

中国南方电网有限责任公司(以下简称"南方电网")坚持以习近平新时代中国特色社会主义思想为指导,贯彻落实国企改革三年行动部署,按照国务院国有资产监督管理委员会有关要求,积极推进对标世界一流管理提升行动,聚焦现代数字供应链体系建设,深化供应链管理体制机制改革,着力构建自主可控、安全可靠的能源电力产业链供应链,推动企业高质量发展。

1. 优化顶层设计,完善供应链管理体系

南方电网认真研究现代供应链管理理论,结合多年来采购对标工作实践,不断优化供应链管理体制机制,努力提升供应链管理效率和水平。一是牢固树立科学的供应链建设理念。创新构建现代供应链业务框架,探索形成供应链策划管理、技术管理、业务管理、监督管理四大体系。提出"四化一型"发展路径,即按照"标准化、集约化、专业化、数字化和平台型建设"标准,统一配置资源要素,发挥规模效应。持续强化以供应链全周期管理、全过程服务保障、全方位风险防控和全要素效能管控为核心的"四全管理"。加快提升以战略支撑能力、资源保障能力、风险防控能力、价值创造能力为支撑的"四个能力",不断优化管控模式,完善共享服务。二是持续优化供应链管理体制机制。组建网省两级物资公司,建设电子商务系统和封闭评标基地,实现"管办分离""上平台、进基地",不断提升采购集约化、规范化水平。从公司战略层面统筹谋划供应链管理提升,明确供应链管理定位由"保障服务"提升为"战略运营",在央企范围内率先建立供应链管理部,并在网省两级供应链部门设置专职监督机构,强化监督和风险防控。建设南网电子商务系统、电子商城和集中封闭评标基地,推动管制业务、非管制业务采购100%"上平台、进商城"。三是不断提

升供应链业务集团管控水平。成立南网物资集团,全面整合网省两级物资公司供应链服务业务和资源,并以南网电科院为依托,组建集团层面质量中心,着力提升专业服务水平和自主检测能力。加快推广集团层面"一级采购"模式,着力整合需求计划,动态优化采购策略,提升采购集中度,实现全网采购项目数大幅压减60%以上。建设集资质能力评价、履约评价、运行应用评价及信用记录于一体的供应商动态评价体系,统筹实施供应商资格预审、资质能力评价以及"一厂一监造",实现评价和检测结果全网共享。加快建设层级扁平、调度集中、资源共享、内外协同的现代物流体系,推行"区域仓+周转仓"和数字化"云仓"运作模式,将大幅压减全网仓库数量60%以上。

2. 加快数字化转型,提升供应链现代化水平

南方电网以"业务数字化、数字业务化"为方向,着力打造以"一中心、四大业务链"(供应链服务调配中心,数字采购、数字品控、数字物流、数字监督四大业务链)为基础的数字供应链体系,将"云大物移智链边"等新技术与供应链业务深度融合,推动供应链对象、过程、规则数字化,实现全流程可视化、全链条协同化、全业务数字化。一是全力建设服务调配中心。在网省两级建立供应链服务调配中心,发挥运营分析、监控预警、物资调度、应急指挥、智能辅助决策等功能,着力打造"供应链控制塔"。加强调配中心对供应链全过程实物流、信息流、资金流的运营管控,强化供应链资源共享和指挥调度,对异常问题进行动态预警和实时监控,创新开展供应链大数据多维度分析,支撑各项业务管控策略动态优化,驱动供应链服务向数字化、智慧化转型。二是全面布局数字采购。加快实施采购全流程电子化、全过程音视频监控。结合人工智能算法,将需求申报与工程项目设备材料清册数据共享共用,实现需求智能申报。重要设备LCC(全生命周期成本)资产开展全生命周期采购,创新智能评标、结构化评审、远程异地评标等采购模式,延长框架协议采购周期,推动与优质供应商的战略合作。持续开展采购大数据分析和后评价,完善采购技术标准和评价规则,提升采购技术服务水平。开展供应商画像和分类分级管理,实现供应商评价大数据在采购环节的全面应用。三是系统实施数字品控。运用资产全生命周期管理理念推进全面质量管理体系建设,形成从技术标准、采购规范、生产制造、交货验收到运行评价的闭环管理机制。广泛采用大数据、物联网等技术,将品控和运行检修中发现的问题与供应商评价及招标采购有机结合,推进差异化品控和检测结果有效应用。创新"储检配集成""云监造"等模式,推进远程全景品控,提升品控和物资供应质量及效率。四是深入推动数字物流。运用物流大数据科学制定"十四五"仓网规划,按照"仓储区域化"原则建立"区域仓+周转仓"运作模式。统一绿色智能仓库建设标准,推进智能仓库、智慧物流建设,实现集中检测、统一储备、统一配送模式,全面推广省级集中储备管理模式,库存周转率达到600%以上。开展无车承运平台建设,深化与上下游供应商、物流商的合作,实现资源统筹和信息共享。五是严格实施数字监督。按照"全周期管理"理念,将监督融入供应链日常业务,统筹推进合规监督和效能监督。推动监督规则数字化,以数字技术赋能供应链全过程监督,推进供应链业务全数字化风险预警和智能监督,开展围标串标和专家异常行为的全过程实时智能风险管控,强化采购与价格等风险防控。创新开展供应链风险体系建设,形成电网企业供应链《风险基准库》《业务规范库》等一系列成果,项目已通过中电联评审,研究成果整体处于国际领先水平。

3. 深化上下游合作, 构建供应链生态圈

南方电网积极践行央企社会责任, 充分发挥供应链平台在资源集聚、供需对接和信息服务等方面功能, 提升产业集成和协同水平, 带动上下游企业共同发展。一是优化供应商服务。建立央企首家集团化统一运营的供应商服务热线, 面向供应商打造"四个一"服务, 即线上服务"一号通"、线下服务"一站妥"、招投标业务"一次都不跑"、供应商登记"一天就办好"。2018—2020 年, 供应商登记数从 6 万家增至 12 万家, 累计为供应商解决问题 36 万单, 满意率达 99.9%。免收电子标书费, 确保民营企业账款零拖欠、零新增; 上线"南网在线"智慧营业厅, 发挥供应链作用, 业务扩容物资供应时间大幅压减 80%, 助力优化营商环境, 提升获得电力指数。二是带动产业链优化升级。坚持以资产全生命周期成本最优、供应链全链条成本最低为发展理念, 以技术标准和电网需求为导向, 与上下游供应商、高校、科研院所等联合创新, 推动新技术、新材料应用, 加快国产自主可控设备的研发和应用。昆柳龙直流工程创造了 19 项世界第一, 核心设备实现自主研发。依托设备采购及运行数据, 持续开展设备标准化及品类优化, 大幅压减物资品类 30% 以上。积极承接中电联等行业标准编写, 完成多项团体标准及 28 项其他相关标准编写。三是打造供应链生态。推动覆盖能源电力生产、传输和消费全过程的业务合作模式, 促进电网规划、设计、施工、设备供应等上下游企业资源优化配置, 与 300 多家上下游供应商实现实时互联互通, 资源整合范围向上下游企业快速延伸。积极开拓海外市场, 携手国内供应商伙伴坚定不移"走出去", 到 2020 年底, 境外项目累计带动装备出口约 17 亿美元。积极推广投标保证保险、履约保证保险, 研究试点供应链金融相关服务, 赋能优质企业, 解决中小企业融资难、融资贵问题, 实现合作共赢。

资料来源: http://www.sasac.gov.cn/n4470048/n13461446/n15390485/n15769618/c18934518/content.html.

思考:

1. 南方电网数字化供应链管理体系建设的驱动力是什么?
2. 南方电网主要从哪些方面进行数字化转型? 取得哪些成果?

第一节　供应链管理概述

一、供应链管理的内涵

(一) 供应链的概念

自从商品有了剩余并通过交换来满足需求, "供应链"便产生了, 但此时的"供应链"异常简单, 缺乏系统的思考和设计。现代意义的"供应链"概念是在进入经济全球化阶段、企业面临的外部竞争越来越大的背景下出现的。企业面临的竞争不再是单纯的企业间的竞争, 而是供应链与供应链之间的竞争, 从注重企业自身利益转向追求供应链的整体利益。

"供应链"一词的英文为"supply chain", 也有的译为"供需链"。在供应链形成早期, 有人认为其是生产企业的一个内部过程, 即把采购的原材料和零部件, 通过生产转换和销售等活动, 最后传递到生产企业用户的过程。早期的供应链概念局限于企业的内部操作层面,注重企业自身资源的利用和自身的利益目标。后来,供应链的理念注意了本企业与其他企业的联系,注意了供应链的外部环境。那些研究合作关系、JIT(just in time,准时生产)关系、精细供应、供应商行为评估和用户满意度等问题的学者对此理念比较重视,他们偏向于将供应链定义为一个通过链中不同企业的制造、组装、分销、零售等活动将原材料转换成产品,再到最终用户的过程。但这种关系仅局限于制造商和供应商之间,且各个企业仍然独立运作,忽视供应链成员间的联系,导致企业间的目标相互冲突。

随着供应链的发展和研究的深入,学者们开始注重企业间的联系,更加关注供应链的外部环境,将与产品有关的所有能够产生价值的活动都看作供应链的一部分。其中,比较有代表性的供应链定义如下。

美国学者史迪文斯(Stevens)认为:"通过增值过程和分销渠道控制从供应商的供应商到用户的用户的流就是供应链,它开始于供应的源头,结束于消费的终点。"

全球供应链论坛(Global Supply Chain Forum,GSCF)认为:"供应链是为消费者带来有价值的产品、服务以及信息,从源头供应商到最终消费者的集成业务流程。"

美国生产与库存控制协会(American Production and Inventory Control Society,APICS)认为:"供应链是来自原材料供应直至最终产品消费,联系跨越供应商与客户的整个流程;供应链涵盖企业内部和外部的各项功能,这些功能形成了向消费者提供产品或服务的价值链。"

美国供应链协会(Supply Chain Council,SCC)对供应链的概念给出了权威的解释:"供应链,目前国际上广泛使用的一个术语,它囊括了涉及生产与交付最终产品和服务的一切努力,从供应商的供应商到客户的客户。"

随着信息技术的发展和环境不确定性的增加,当今企业之间的关系日益呈现出明显的网络化趋势。与此同时,人们对供应链的认识也从线性的"单链"转向非线性的"网链",而这种"网链"也正是众多"单链"纵横交错的结果。基于此,对供应链概念的界定开始注重"网链"关系。此时的供应链概念形成了一个网链的概念,像丰田(Toyota)、耐克(Nike)、日产(Nissan)、麦当劳(McDonald's)和苹果(Apple)等公司的供应链管理(supply chain management,SCM)都是从网链的角度来实施的,强调供应链的战略伙伴关系问题。比较有代表性的供应链定义如下。

英国学者哈里森(Harrison)将供应链定义为:"供应链是执行采购原材料,将它们转换为中间产品和成品,并将成品销售到用户的功能网链。"

我国的国家标准《物流术语》对供应链的定义为:"生产及流通过程中,围绕核心企业的核心产品或服务,由所涉及的原材料供应商、制造商、分销商、零售商直到最终用户等形成的网链结构。"

马士华教授认为:"供应链是围绕核心企业,通过对信息流、物流、资金流的控制,从采购原材料开始,到制成中间产品以及最终产品,最后由销售网络把产品送到消费者手中的将供应商、制造商、分销商、零售商直至最终用户连成一个整体的功能网链结构模式。它是一个范围更广的企业结构模式,它包含所有加盟的节点企业,从原材料的供应开始,经过链中不同企业的制造、加工、组装、分销等过程直到最终用户。它不仅是一条连接供应商到用户的物料链、信息链、资金链,而且是一条增值链,物料在供应链上因加工、包装、运输等过程而增加其价值,给相关企业都带来收益。"

尽管上述定义不尽相同,表述也不尽一致,但我们还是能够从中理解供应链的基本内容和实质。从广义上来讲,供应链涉及企业的生产、流通,并连接到批发、零售和最终用户,既是一个社会再生产的过程,又是一个社会再流通的过程。狭义地讲,供应链是企业从原材料采购开始,经过生产、制造,到销售直至终端用户的全过程。图 5-1 形象地描述了供应链中产品从生产到消费的过程,它是一个非常复杂的网链结构,从客户的客户到供应商的供应商,涉及了供应、生产、运输、储存和销售等所有环节。在供应链中,有物料的移动(物流),还有信息的流动(信息流)及资金的流动(资金流,与物流方向相反)。这样一来,在整个供应链中伴随着物流、信息流和资金流的运动。

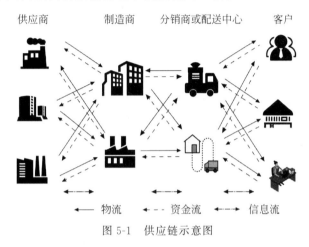

图 5-1 供应链示意图

(二)供应链管理的含义

供应链是人类生产活动中的一种客观存在,但早期的供应链是一种自发、松散的状态,供应链上的各个企业各自为政,缺乏共同目标。进入经济全球化阶段,自发供应链存在的种种弊端显现出来,制约了企业的进一步发展,企业必须寻找更有效的方法和手段,才能生存和发展。对供应链系统进行有效的协调和管理,才能更好地实现绩效,供应链管理思想在此背景下产生和发展起来了。

在不同研究角度和层次,供应链管理的概念也有多种不同的定义,如有效客户响应(efficient consumer response,ECR)、快速反应(quick response,QR)、虚拟物流(virtual logistics,VL)等。对供应链管理概念的理解还没有统一,从不同的角度出发,对供应链管理的理解也不尽相同。比较有代表性的供应链管理的定义如下。

美国学者大卫·辛奇-利维(David Simchi-Levi)等将供应链管理定义为:"供应链管理是用于有效集成供应商、制造商、仓库与商店的一系列方法,通过这些方法,使生产出来的产品能以恰当的数量在恰当的时间被送往恰当的地点,从而实现在满足服务水平要求的同时,使系统的成本最小化。"

全球供应链论坛将供应链管理定义为:"供应链管理是对从原始供应商到最终用户之间所有关键商业流程所进行的整合,并被用于为客户及其他参与者提供对他们有价值的产品、服务及信息。"

美国生产与库存控制协会将供应链管理定义为:"供应链管理是计划、组织和控制从最初原材料到最终产品及其消费的整个业务流程,这些流程连接了从供应商到顾客的所有企业。"

我国的国家标准《物流术语》将供应链管理定义为:"从供应链整体目标出发,对供应链中采购、生产、销售各环节的商流、物流、信息流及资金流进行统一计划、组织、协调、控制的活动和过程。"

马士华教授将供应链管理定义为:"供应链管理就是使以核心企业为中心的供应链运作达到最优化,以最低的成本,令供应链从采购开始到满足最终客户的所有过程,包括工作流、实物流、资金流和信息流等均高效率地操作,把合适的产品以合理的价格及时准确地送到消费者手中。"

尽管对供应链管理的定义表述各异,但所表达的核心基本一致。供应链管理是对贯穿其中的物流、信息流、资金流的集成管理,以实现客户价值的最大化与供应链成本的最小化。通过信息和网络手段使其系统化、协调化和最优化是供应链管理的内涵;运用供应链管理实现生产、流通、消费的最低成本、最高效率和最大效益是供应链管理的目标。

(三)供应链管理的目标

供应链管理使成员企业在分工基础上密切合作,通过外包非核心业务、资源共享和协调整个供应链,不仅可以降低成本、减少社会库存,使企业竞争力增强,而且通过信息网络、组织网络实现生产与销售的有效连接和物流、信息流、资金流的合理流动,使社会资源得到优化配置。因此,供应链管理的目标就是在总成本最小化、客户服务最优化、总库存最小化、总周期最短化以及物流质量最优化等目标之间寻找最佳平衡点,以实现供应链绩效的最大化。

1. 总成本最小化

众所周知,采购成本、运输成本、库存成本、制造成本以及供应链的其他成本费用都是相互联系的。因此,为了实现有效的供应链管理,必须将供应链各成员企业作为一个有机整体来考虑,并使整个供应链的供应物流、制造装配物流与实体分销物流达到高度均衡。从这一意义出发,总成本最小化目标并不是指运输费用或库存成本,或其他任何供应链运作与管理活动的成本最小,而是指整个供应链运作与管理的所有成本的总和最小化。

2. 客户服务最优化

供应链管理的本质在于为整个供应链的最终客户提供高水平的服务。而由于服务水平与成本费用之间的背反关系,要建立一个效率高、效果好的供应链网络结构系统,就必须考虑总成本费用与客户服务水平的均衡。供应链管理以最终客户为中心,客户的成功是供应链赖以生存与发展的关键。因此,供应链管理的主要目标就是以最低化的总成本费用实现整个供应链客户服务的最优化。

3. 总库存最小化

在实现供应链管理目标的同时,要使整个供应链的库存控制在最低的程度,"零库存"反映的即是这一目标的理想状态。因此,总库存最小化目标的达成,有助于实现对整个供应链的库存水平与库存变化的最优控制,而不只是单个成员企业库存水平的最低。

4. 总周期最短化

当今的市场竞争不再是单个企业之间的竞争,而是供应链与供应链之间的竞争。从某种意义上说,供应链之间的竞争实质上是时间的竞争。实现快速有效的客户反应,最大限度地缩短从客户发出订单到获取满意交货的整个供应链的总周期,已成为企业成功的关键因素之一。

5. 物流质量最优化

在市场经济条件下,企业产品或服务质量的好坏直接关系到企业的成败。同样,供应链管理下的物流服务质量的好坏直接关系到供应链的存亡。如果在所有业务过程完成以后,发现提供给最终客户的产品或服务存在质量缺陷,就意味着所有成本的付出将不会得到任何价值补偿,供应链的所有业务活动都会变为非增值活动,从而导致无法实现整个供应链的价值。因此,达到与保持物流服务质量的高水平,也是供应链物流管理的重要目标。而这一目标的实现,必须从原材料、零部件供应的零缺陷开始,直至供应链管理全过程、全人员、全方位质量的最优化。

从传统的管理思想来看,上述目标相互之间呈现出互斥性:客户服务水平的提高、总周期时间的缩短、交货品质的改善,必然以库存、成本的增加为前提,而无法同时达到最优。然而,通过运用供应链一体化的管理思想,从系统的观点出发,改进服务、缩短时间、提高品质与减少库存、降低成本是可以兼得的。

(四) 供应链管理的基本思想

作为一种新型的经营与运作模式,供应链管理是通过优化,提高所有相关过程的速度和确定性,最大化所有相关过程的净增加值,提高各参与组织、部门的运作效率和效益。供应链管理贯穿从供应商到最终用户的采购、制造、分销、零售等职能领域过程,常常是跨部门、跨企业、跨产权主体甚至是跨行业的,强调和依赖战略管理,它体现了以下几种基本思想。

1. 系统思想

供应链管理打破传统的企业各自为政的分散决策方式,不再孤立地看待各参与组织与部门,而是把整个供应链中所有供应商、制造商、分销商、零售商等看成是一个相互依赖、互相连接、互相作用的有机整体,共同为最终用户创造产品和服务,从而实现自身利益最大化。

2. 协调思想

虽然供应链中各参与组织、部门都有自己的目标,通常这些目标之间会有冲突,但它们可以通过各种方法努力协调各种活动,减少冲突与内耗,使目标趋于一致,更好地分工合作,发挥供应链的整体优势,通过协调契约的设计,增加合作双方的收益,使整个供应链获得的利益大于各参与组织、部门单独获得的利益之和。

3. 合作思想

供应链管理视供应链中所有参与组织、部门为合作伙伴,力图通过责任、风险的分担,信息的共享以及共同解决问题来共同获益。这种变过去企业与企业之间敌对倾向为合作伙伴关系,可以实现以下合作效果:良好的交货情况、较大的柔性及快速反应性、较小的物流成本、优越的资产管理。这些良好的合作效果在合作双方利益共享、风险分担的前提下,能达到"双赢"的目的,因而这种合作能够更长久。

4. 核心竞争力思想

在供应链管理的哲理下,企业要集中发展其核心业务,把非核心业务直接交由外部企业完成,充分利用外部资源,同时与这些外部企业形成合作伙伴关系。而只有外包企业具备核心竞争力,供应链合作伙伴关系才会持久。因而,在供应链管理中,外包企业在努力加强与其他企业合作的同时,还借助其他企业核心竞争力来形成、维持甚至强化自己的核心竞争力,通过协调和共同努力,使整个供应链拥有较强的竞争力。

(五)供应链管理的特征

供应链管理作为一种新型的管理模式,与传统管理方法和物流管理相比,具有如下一些基本特征。

1. 管理目标多元化

在传统的管理活动中,管理目标一般是针对现有问题来制定的,设计的管理行为主要着力于最终解决问题,以最终能解决问题为管理的追求,因此管理的目标比较单一。供应链管理的目标则较复杂,它不仅追求问题的最终解决,而且关注解决问题的方式,要求以最快的速度、最优的方式、最佳的途径解决问题。这就使得管理的目标既有时间方面的要求,也有成本方面的要求,同时还有效果方面的追求。例如,"在最合适的时间,将合适的产品,以最低的价格送到合适的消费者手中",这正说明了供应链管理的目标多元化。在供应链管理的各项目标中,有些目标以常规眼光来看是相互矛盾和冲突的。传统管理目标主要是建立在企业自身可以利用的资源基础之上,即企业在确定管理目标时,是以现有的资源条件作为决策依据,强调目标的现实可行性。但在供应链管理中,企业的管理目标却往往较少受到自身资源实力的限制。这是因为通过内外资源的统筹使用,企业可以在一定程度上超越自身实力来进行管理目标定位,从而延伸企业的目标,显示出超常的性质。

2. 管理范围扩大化

管理主体行为的活动范围越窄,管理行为就越受限制,管理的力度也就必然越小。在横向一体化思想的指导下,供应链管理的视野得到极大的拓宽,过去那种围绕企业内某具体部门或某个企业或某个行业的点、线、面式的管理,现在已被一种更加开放的全方位、立体式的管理所取代。在这里,管理的触角从一个部门伸到了另外一个部门,从企业内伸到了企业外,从本行业伸到了其他相关的诸多行业。总之,管理视野是全方位、立体状的,从而为供应链管理提供了充分自由的运作空间。

3. 管理要素多样化

供应链管理中,管理要素的种类和范围都比以往传统的管理有更大的拓展,从人、财、物,到信息、知识、策略等,管理对象无所不包,几乎涵盖了所有的软、硬资源要素,因而管理者的选择余地大大增加,同时管理难度也进一步加大。尤其应引起管理者注意的是,由于供应链管理中知识的含量大大增加,在许多情况下,信息、策略和科技等软性要素常常是决定供应链管理成败的关键。

4. 管理边界模糊化

从本质上来看,供应链管理行为既是由企业内在本质所决定、受企业支配的各项活动的综合,又是随着外界环境的变化而变化,并受外在环境刺激所作出的各种决策和对策的反应。供应链管理行为所涵盖的不只是企业内部的技术行为,而是涉及一系列广泛而又复杂的社会经济行为。它融合了宏观与微观、纵向与横向、外部环境与内部要素的交互作用,彼此之间形成了一个密切相关的、动态的、开放的有机整体。而且,其中的各项要素又交织成相互依赖、相互制约、相互促进的关联链,从而使得供应链管理行为极其复杂,难以把握。同时,由于供应链管理打破了传统管理的边界限制,追求企业内外资源要素的优化整合,即企业内部的资源、功能及优势与外界可以相互转化、相互协调、相互利用,形成一种"内部优势外在化、外部资源内在化"的态势,管理边界越来越难以确定。因此,需要运用非常规的分析方法,以便把握供应链管理的内在本质。

二、供应链管理的职能

供应链运作参考模型如图 5-2 所示。

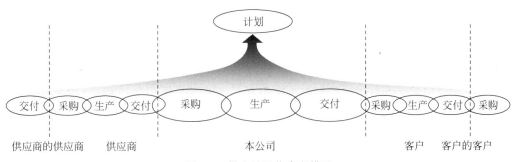

图 5-2　供应链运作参考模型

由供应链运作参考模型可以看出供应链管理各阶段均由三项执行职能构成:采购与供应管理(寻源),运营管理(加工),物流管理(交付),跨越企业管理中的供、产、销。这三项职能由计划职能驱动,计划是供应链的引擎,处于采购、运营和物流之上。

采购与供应管理(寻源)侧重于供应商管理,使供应商成为公司的有机延伸;运营管理(加工)力求以最有效的方式完成产品、服务的增值过程;而物流管理(交付)则力求以最经济、迅捷的方式把货物从 A 点流动到 B 点。

从三条流上讲,产品流从供应商向客户流动,是供应链的实物流(如果是从客户向供应商方向流动的话,就成为逆向物流);资金流是从客户流向供应商,是供应链的血液;而信息流则是双向流通,构成供应链的神经系统。

(一)采购与供应管理

采购发展的历史已近百年,其间经历了四个阶段。

1. 第一阶段:采购产品为中心阶段(19 世纪中后期)

最早的采购体现出的特点就是被动,不成系统。由于处在经济发展的初期,生产资源相对匮乏,供应渠道并不充裕,采购只是组织各个部门的一个辅助功能,采购者的工作主要是对其他职能部门的要求作出反应。因此,采购职能没有战略方向,首要任务是寻找合适的供应商并确保供应,所以采购者的大部分时间用于组织日常工作和应急工作,与其他职能部门沟通很少,对组织的贡献基本没有或很少。

2. 第二阶段:采购运作过程为中心阶段(20 世纪初期至 20 世纪 50 年代)

这个阶段采购所体现出的特点就是采购的重要性逐步被认识。此阶段处于第一次世界大战和第二次世界大战期间,由于战争需要,军用物资和原材料的采购占据了较大的比例,采购得到了更多的重视。一些大学开始讲授采购专业课程,起到推动作用。随着新的采购技能与方法的出现,采购职能开始应用这些技术与方法,高层管理者开始意识到采购有机会促进盈利。但是由于这个阶段的市场竞争不够激烈,原材料市场相对比较充裕,而企业经营的重点是满足和扩大市场需求,采购依然隶属于企业各个部门,无法独立于企业的竞争战略,对组织的贡献主要体现在成本控制上,能带来 3%～5% 的成本节约。

3. 第三阶段:采购关系为中心阶段(20 世纪 60—90 年代)

这个阶段的采购技能与方法更加丰富,采购人员更加专业化。越来越多的企业采购部门从生产部门或其他部门独立出来,开始直接向总经理、副总经理汇报。采购部门追求系统总成本,主动确立节省资金、满足供应、降低库存等一系列目标,而不仅是以控制所购部件的单位成本为目标。采购被纳入战略性决策的制定范畴,采购部门通过向公司其他部门及时提供对公司战略可能产生影响的原材料潜在价格和供货情况信息,选择适当数量的供应商建立供应商网络,实现了面向过程的作业管理模式的转变,来支持和加强企业的竞争优势。这时采购对组织的贡献表现为可实现物料成本 10%～20% 的节约、订货成本 1%～10% 的节约。

4. 第四阶段:供应链管理为中心阶段(21 世纪初至今)

近年来供应链管理的发展,使采购成为供应链管理强有力的一环,运用供应链管理及全球采购等先进管理理念,将生产计划、物料计划、采购、仓储、运输集成为一个反应迅速、总成本最低、响应市场要求灵敏的网链。采购开始完全融入企业的竞争战略中,成为企业集成战略的一部分。采购绩效的考核也以采购对企业所做贡献的多少为衡量标准。采购更注重产品质量和更紧密的供应商战略伙伴关系,采购物资直接进入制造部门,供应商与制造商建立了战略合作伙伴关系,参与供应商的产品设计和产品质量控制过程,同步化供应链计划的协调,通过提供供应商信息反馈和教育培训支持来促进质量改善和质量保证,一些先进的企业以积极主动的战略方式提高供应链的效率,战略采购逐渐兴起。其对组织的贡献表现为使物料成本节约 25%、供应链管理成本节约 30%,整体提升企业竞争力。

在供应链管理的三大执行职能中,采购与供应管理是供应链管理的"近亲"。但是,采购与供应管理的重点是供应商这一外在资源,与运营管理侧重于公司内部生产运营、物流管理侧重于产品和信息的流通形成对比。

供应管理起源于采购管理。传统上采购的地位不是很高,因为传统公司的竖向集成度挺高,对外来资源依赖度低。作为管理外来资源的采购部门,其主要任务是围绕订单处理日常交易。简单地说,内部客户(例如工程师)说,我要买这个,采购的任务就是下订单、确认价格、交期、把货按时拿到。采购部门的吸引力有限,"采购往往是那些百无一用的人的最后落脚点:如果一个人干不了销售、设计、生产等,那只能到采购去做了;如果连采购也做不了,那就只能卷起铺盖另行高就了",亚利桑那州立大学的皮尔森教授如是说。无论是美国还是中国概莫如是。

随着很多行业转向外包战略,外购额逐渐增长,采购成为公司开支中的最大一块,有些行业,产品成本的百分之七八十都来自采购,采购已经远远超越持币购物,而且是在管理公司百分之七八十的增值活动,公司对供应商的依赖越来越高,而作为管理供应商的对口职能,采购的重要性也在日益上升。公司设置首席运营官的越来越少,设置首席采购官的则越来越多,根本原因就在于以前由首席运营官负责的东西,现在越来越多地由首席采购官负责——这些任务以前在公司内部,现在则越来越多地外包给供应商。

随着采购的地位提升,其重心也从订单处理转为对供应商的战略管理,这就是供应管理。2002 年,美国采购经理人联合会(NAPM)更名为供应管理协会(ISM),是这一过程的里程碑事件,标志着供应管理正式成为主流。在中国,采购的这一转变参差不齐:一流的企业在采购的组织、系统和流程上与发达国家差距甚小,而更多的企业则继续在"小采购"的泥淖里打滚。

与采购管理的围绕订单处理相对应,供应管理更侧重供应商的战略管理,通过分析开支、确认需求、评估供应商、选择供应商、签订协议、管理供应商来确保以合适的成本按时、保质、保量地获取资源。从时间跨度上讲,供应管理向前延伸到新产品开发、设计,向后延伸到产品的生命周期结束;从公司阶层上讲,供应管理延伸到公司的资产、现金流等的管理,直接影响到公司的盈利。有些公司已经开始统计供应管理的贡献,如总利润率是 10%,其中 0.5% 是供应管理通过降低采购成本等来实现的。首席采购官这一头衔能够与首席财务官、首席运营官等相提并论,也反映了采购与供应管理的战略地位的提高。

从供应链管理的角度来看,采购处于公司内外结合点,是管理供应链的理想选择。作为采购部门,突破对传统职能的认识,在管理供应链上发挥更大作用,也是提升采购在公司的地位的一个主要办法。采购对内管理需求(比如设计的新产品寻源、生产部门的量产需求)、对外管理供应商(比如供应商选择和绩效管理),通过理顺需求来理顺供应,其实就在管理供应链。在一些大型国企、央企,采购并没有意识到这些。他们对自己的定位主要是招投标,以及供应商出了问题后的应急反应。没有了需求管理,很多需求一落地就是紧急需求,给后续的供应链执行带来很大挑战;没有系统的供应商管理,供应商层面的问题没有解决,导致订单层面的问题不断,供应商绩效在低水平徘徊。

(二)运营管理

运营管理是对主要商业活动的管理,即组织和控制为客户提供商品或服务中的最基本的活动;是设计、运作和提高公司的整个体系,以制造和提供产品与服务;是供应链管理的三个执行职能之一。运营管理属于管理范畴,是每一个管理人员都不能回避的。它的研究对象是公司生产产品或提供服务的整个系统。

美国生产与库存控制学会改名为"美国运营管理协会"(Association for Operations Management)。它对运营管理的定义有明显的生产、库存管理的痕迹,但贴切地反映这个行业包容并蓄的特点:运营管理是应用设计工程、工业工程、管理信息系统、质量管理、生产管理、库存管理、会计等职能的集成，以有效地规划、利用和控制生产或服务机构。

运营管理同样广泛应用于服务行业，制造与服务业运营管理学会（Manufacturing and Service Operations Management Society，MSOM）是美国一个专业的协会组织，从其名字即可看出服务业在运营管理中的地位。这也是为什么很多传统上以制造业为中心的行业纷纷向服务业靠拢。

运营管理有一套系统、流程来支持，任何组织的运营管理都涉及对运营系统的设计、操作和提高，以制造和交送公司的主要产品与服务。运营管理的价值就体现在对这些系统的设计、运营和改进上。而且只有从日常运营的繁杂琐事中看到流程、系统的实质问题并改进，运营管理者才能脱颖而出。

运营管理的主要任务是通过合理组织运营过程，有效地利用组织有限的各类资源，达到高效、低耗、柔性、准时地生产合格产品和（或）提供满意服务的运营目标，以取得最佳的经济效益和社会效益。

（1）高效主要是对运营过程中的时间而言的，即通过采取一定的管理措施，能够迅速地满足用户对产品或服务的需要。例如，沃尔玛与供应商合作实施托盘运输，缩短了货物的装车时间、提高了卸货效率，避免了因货物多次搬运带来的货损问题。

（2）低耗是指企业在提供同样数量和质量的产品或服务的前提下，所消耗的人力、物力和财力最少。以某物流企业为例，该企业自使用甩挂运输方式后，与传统运输方式相比，完成相同的周转量的柴油消耗量明显降低，里程利用率提高 50%。

（3）柔性是指能很快地适应市场的变化，生产不同的产品和开发新产品，或提供不同的服务和开发新的服务。为应对大型商场和超市的节日促销等销售高峰时期，瑞士某零售商利用经过深思熟虑研发出的物流生产链和订单拣选物流设备进行物流作业，能在一个销售高峰期为数十万家门店提供准时、符合需求和最佳质量的物流服务。

（4）准时是在用户要求的时间，按用户需要的数量，提供其所需的产品和服务。京东物流为提高客户满意度，推出"211限时达"服务，提高配送准时率。

（5）合格的产品和（或）满意的服务，包括良好的产品质量、响应快速的售后服务、较低的货损率等。

运营管理的主要内容包括：①运营系统的规划与设计，即设计一个高效、柔性的运营系统，解决运营系统的设计问题，主要涉及的问题包括企业运营战略的选择、企业应该提供的产品或服务、企业提供产品或服务的产能情况、生产这类产品或服务宜采用何种流程等。②运营系统的运行与维持，即对运营系统的日常活动进行管理和维持。在已建立的运营系统中，如何让组织适应市场的变化，按用户的需求生产合格的产品或提供满意的服务，这是运营管理需解决的关键问题。它主要涉及运营组织与控制两个方面的内容。在组织方面，需要解决企业在日益激烈的市场竞争环境下应采用怎样的生产模式、生产开发项目如何管理等问题。

（三）物流管理

美国供应链管理专业协会（Council of Supply Chain Management Professionals，CSCMP）对物流管理的定义被国际社会普遍接受：物流管理是供应链管理的一部分，是以满足客户需求为目的,为实现产品、服务及相关信息在供应点与消费点之间正向或逆向的高效率、低成本的流动与存储而进行的计划、执行和控制过程。

中国国家标准《物流术语》(GB/T 18354—2021)将物流定义为:"根据实际需要,将运输、储存、装卸、搬运、包装、流通加工、配送、信息处理等基本功能实施有机结合,使物品从供应地向接收地进行实体流动的过程。"对物流管理的定义为:"为达到既定的目标,从物流全过程出发,对相关物流活动进行的计划、组织、协调与控制。"

物流管理活动已经从早期的侧重于企业内部逐步转向企业外部,把企业的销售物流与供应物流管理以及供应、生产、分销等活动集成在一起,使物流活动逐渐上升到更高、更广的供应链层面。物流涉及供应链的各个环节,每个环节都会对企业及整个供应链的竞争力和绩效产生很大的影响。企业的各个部门间、供应链上的各企业间存在着相互影响、相互制约的关系,这种互动关系要求物流管理从系统的角度分析问题。一个企业的仓储部门出现问题,其根本原因可能不是该部门的问题,而可能是生产或销售部门的问题,甚至是供应商相关部门的问题,因此,加强物流管理必须对企业或供应链进行整体优化,避免局部最优。

供应链环境下物流系统的信息流量大大增加。需求信息、供应信息不再是逐级传递,而是网络式地传递,更加快速和透明。信息的实时共享使得供应链上的任何节点企业都能及时掌握市场的需求信息和整个供应链的运行情况,从而避免了需求信息的失真现象。物流网络规划能力的提升,可以充分利用第三方物流资源降低库存压力和保持较低的安全库存水平。作业流程的快速重构可以提高物流系统的敏捷性。通过消除不增加价值的过程,供应链的物流系统可以进一步降低成本,为实现供应链的敏捷性、精细化运作提供基础性保障。信息跟踪能力的提高,可使供应链物流过程更加透明化,也为实时控制物流过程提供了条件。

合作性与协调性是供应链管理的一个重要特点,但如果没有物流系统的无缝连接,那么所订的货物逾期未到,顾客的需求不能及时得到满足,采购的物资常常在途受阻,这些都会使供应链的协调性大打折扣。因此,无缝连接的供应链物流系统是实现供应链协调运作的前提条件。

 扩展阅读 5-1 供应链管理是企业的三大核心职能之一

灵活多样的物流服务,提高了用户的满意度。制造商和物流服务商的实时信息交换,及时地把用户对运输、包装和装卸的要求反映给相关企业及相应的管理部门,可提高供应链管理系统对用户个性化需求的响应能力。

三、新时代供应链管理的趋势

(一)响应型供应链是消费模式不断改变的必然选择

消费者消费意识觉醒、消费升级与消费分层是社会进入商品极大丰富乃至过剩的时代后的结果,而这些变化进一步推动购物方式及零售业态的变化,并促使供应链向以用户为中心的响应型模式转变。

商品极大丰富甚至相对过剩的时代下,消费者消费时的"选择困难症"比较普遍。面对琳琅满目的商品,怎么挑都感觉不是很满意;在各电商平台上购物时,面对只有想不到的没有找不到的海量商品,进行品牌、商家、口碑和价格等方面的比较,由此带来各种各样的"选择困难症",让消费者的自我意识觉醒。

消费者的自我意识觉醒分为三个层次:①初级觉醒。初级觉醒表现为对商品广告及推销信息的判断,如早期的消费者被动接收商品铺天盖地的广告信息从而作出选择。②中级觉醒。中级觉醒表现为自主理性消费,如苹果手机刚上市时有人为了获得一部苹果手机宁愿"卖肾"所呈现出来的不理性,到近年来国产手机的性能、易用性和性价比等日益突出,智能手机的可选择范围逐渐变大,人们不再狂热地追捧苹果手机所表现出来的理性等。③高级觉醒。高级觉醒表现为对商品需求的自主定义和自由表达,如个性化的服装选择带来的 C2B(customer to business,消费者到企业)、C2M 等。这些变化呈现出消费者在消费方面的自我意识更强,追求自主定义和自由表达,这是消费模式变化的原动力。

在商品日益丰富和消费者自我意识觉醒的背景下,消费升级与消费分层成了当下的两种消费趋势。消费升级是指人们追求更有质量的消费,如人们逐渐增加旅游、休闲、娱乐、健康等更有生活品质的消费;消费分层是指根据消费能力的不同,消费者呈现出分层的趋势,不同层次的消费者对商品的需求不同,消费习惯也不同,如不同收入群体的消费概念和消费习惯呈现出较大的差异,不同年龄段的消费者也表现为不同的消费选择。这对供应链变革产生重大影响。

消费升级与消费分层是推动购物方式变化、推动新零售兴起的内在动力。电商平台及快递的兴起是支撑购物方式变化的重要基础条件。电子商务从诞生到电子商务模式创新如雨后春笋般不断出现,不断影响着消费者的购物习惯和生活方式,也推动着商业业态的变迁,新零售即是近年来颇受关注的新业态。尽管新零售仍没有一个统一的概念和定义,但人们把网红促销、无人超市、机器人导购、自助售货机和扫码点餐等都视为新零售的典型场景。人们把线上线下的各种购物场景、更加便捷的购物方式、更好的消费体验等都归入新零售的范畴。

购物方式的变化及新零售的兴起,在本质上都围绕着响应型供应链的构建。响应型供应链的拉动力来自真正的终端用户及消费者的需求,如"大规模定制""C2B""C2M"等模式的应用与推广即反映了这一现象。大量实践 C2M 模式的企业根据产品的复杂程度及供应链条件不同,将定制品的生产周期大大缩减。

(二) 新技术的创新与应用不断驱动供应链管理的变革

增材制造技术、新材料技术、虚拟制造技术、柔性生产线技术、信息通信技术(information and comunications technology,ICT)等领域的创新和应用正在推动供应链管理的不断变革。

增材制造亦即"3D 打印",它是结合三维形状数据直接制造零件的技术。增材制造技术可以加快制造速度、缩短制造周期,进而提高响应型供应链的实际响应能力。它在制造小批量的、结构比较复杂的零件上具有较大优势,如 3D 打印已经广泛应用于飞机、高铁等高端装备的关键零部件制造。3D 打印还被广泛应用于模具制造,有效地提高模具制造效率。如利用 3D 打印可以在数小时内制造出注塑模具、压铸模具和吸塑模具等。利用

3D 打印制造的随形冷却模具可以生产出更加均匀的零件,消除因冷却速度不均而导致的零件缺陷,有效地提高了产品研发设计效率,缩短了产品设计周期,这样个性化、小批量的产品定制就能得到普及,响应型供应链在制造环节的短板就能得到弥补。

新材料技术的进步对供应链管理的变革也有着非常重大的影响和意义。新材料技术的进步将会使 3D 打印得到更广泛的应用。随着高分子材料技术的发展,更多类型的塑料将符合 3D 打印的要求,理论上几乎所有塑料制品都可以采用 3D 打印的方式来生产。如碳纤维增强塑料和玻璃纤维增强塑料使"以塑代钢""以塑代木"变成了趋势。新材料技术的进步能够助推 3D 打印的发展,进而推动生产方式的变化以及供应链形态的变革;新材料技术的进步可以推动产品创新,进而重构产品的供应链结构。

虚拟制造是指在产品设计阶段,通过计算机仿真对设计、制造等生产过程进行统一建模,模拟出产品制造的全过程,进而分析产品制造过程与产品设计之间的相互影响,以此准确地预测产品性能和制造成本。它能够在配置生产资源、压缩开发周期、降低生产成本、提高生产效率等方面发挥作用。该技术已被应用于飞机、汽车等高端离散型制造行业。如波音公司应用虚拟制造,使新飞机的开发周期大幅缩短;各大汽车企业通过虚拟制造系统,使新车研发周期从几十个月缩短到了几个月。虚拟制造技术可以应用于消费者定制的仿真设计,也可以应用于订单交付过程的模拟,甚至可以对供应链的全链条运行进行仿真模拟。未来,供应链的运行结果如何,完全可以先在供应链仿真系统进行预演,再用得出的相关结果(数据)指导现实状况的改善。

柔性生产线技术是实现大规模生产方式满足多品种、小批量的生产要求的关键技术。目前,柔性生产线一般是依据多种生产模式的需要,把多台可以调整的专用机床连接起来,并通过计算机系统和自动化传送带的辅助所构成的生产线。柔性生产线可以进行不同单品生产的快速切换,以实现多批次、小批量的生产。"工业 4.0"、智能工厂等都是在研究如何打造柔性生产线。柔性生产线主要考验两个方面的能力:一是围绕订单要求进行生产线切换和调节的能力,二是响应生产计划的物流组织能力。以汽车总装生产线为例,如何只通过一个批次就实现不同车型的总装生产,这非常考验生产线的灵活性和协调能力。随着技术的进步,柔性生产系统、柔性生产线将会被普遍应用于制造业,这将有效地提高供应链的灵活性。

5G 和物联网是信息通信技术领域的前沿技术,此外还有在 PC 互联网、移动互联网、信息系统和信息平台的基础上,围绕着数据应用的大数据处理、云计算和人工智能等技术均是信息通信技术的范畴。这些技术在实际应用中彼此渗透、相互融合,正在推动供应链的数字化发展。

随着 5G 的发展和物联网的普及,供应链数字化将会得到进一步的发展。随着 5G 通信的发展,大量的视频数据可以得到实时回传;随着物联网终端的进步,可以采集到更多类型的现场数据和多维度数据。随着大数据、云计算和人工智能等技术的进步,供应链的发展将会得到数据的进一步赋能,推动供应链的智能化和智慧化,这是供应链数字化发展的趋势。

(三)绿色可持续发展理念助力供应链管理不断完善

绿色可持续发展是人类发展的重大课题,而供应链管理可以推动可持续发展问题的解决。生产、包装、运输、储存、再包装直至产品运送到最终目的地,其间发生的包装物的丢弃、一氧化碳的释放、噪声、交通堵塞以及其他形式的工业污染,给人类的生存环境造成了极大的威胁。当供应链管理变得越来越普及,企业及其供应链伙伴需要一起努力减少这些环境问题。事实上,采取更加积极的举措减少生产、运输和产品储存等一系列活动对环境的不良影响,对于整合供应链中的企业关系会更加有益。随着时间的推移,消费者对友好环境的感情逐步增强,政府的管制越来越严格,而工业生产影响环境的意识不断得到强化,这使得企业在管理供应链时要重点关注环境这个话题。很多企业都开始着手重新构造供应链流程和产品,以减少它们对环境的影响。很多制造企业已经开始实施它们的环境友好型战略,如建立透明数字化农产品供应链,通过土壤监测、水质监测、生长周期监测、采摘监测和流通监测,实现从田间到餐桌的全链条透明以减少环境污染。同时企业也应认识到,控制污染和减少浪费还可以降低成本。

除对环境友好的业务流程不断增强关注以外,另一个需要关注的就是包括木材、石油、天然气这些能源价格的上涨。在这种情况下的成功竞争战略包括:生产中使用可回收的材料,应用可回收和再利用的容器、托盘,使用可循环和再利用的包装材料,沿着供应链有效管理回收物,设计有效的运输、仓储和拆分/再包装战略,在供应链中从最初的生产者到最终的消费者都使用环境管理系统。这些行为的好处包括降低整个系统的成本、避免重复劳动、增强营销优势、减少浪费,当然最终的好处还是客户满意度的提升。

第二节　数字化供应链管理概述

一、数字化供应链的内涵

数字化供应链的定义多引用美国数字化供应链研究院在《供应链白皮书》中所下的定义,即数字化供应链是一个以客户为中心的平台模型,它可以获取并最大限度地利用来源不同的实时数据,进行需求刺激、匹配、感知和管理,以提升业绩并最大限度地降低风险。

黄滨在《透明数字化供应链》中认为数字化供应链是一个相对先进的理念,但缺乏理论的严谨性和指导实践的可操作性,提出"透明数字化供应链"的概念。透明数字化供应链是指应用 ICT、IoT、大数据、云计算和 AI 等先进技术实现供应链的透明数字化。供应链的透明数字化是一个渐进的发展过程,这个过程包含两个阶段:第一个阶段是实现供应链的业务数据化;第二个阶段是深挖第一个阶段所积累的数据的价值,实现数据业务化。

从数字化供应链发展历程及趋势看,数字化供应链是供应链发展的未来形态。数字化供应链是一个发展过程,是一个数字化赋能的过程。通过数字化赋能,供应链全过程得以信息化、透明化、智能化、智慧化,进而提升供应链的运作效率和协调能力。广泛与深入地应用 ICT、IoT、大数据、云计算和 AI 等先进技术是供应链的全链条获取真实与实时信息,实现供应链智能化和智慧化的前提条件。

数字化供应链的目标是实现供应链的业务数据化,这也是供应链发展的必经阶段。数字化供应链对数据进行应用不仅为了刺激、匹配、感知、管理需求,提高效率、防范风险,而且要实现供应链的智能化与智慧化等较广范围的应用。

二、供应链管理数字化转型的逻辑框架

在消费模式快速改变、新技术不断创新与应用、绿色可持续发展理念逐渐深入人心的基础上,数字化供应链的发展过程可以分为供应链运作业务数据化和供应链运作智能化两个阶段;贯穿供应商、制造商、分销商、消费者等所有供应链组成要素及信息流、实物流、资金流等业务流程,具体如图 5-3 所示。

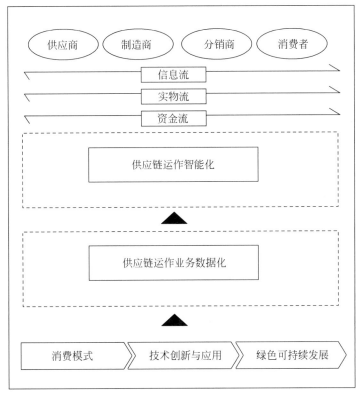

图 5-3　数字化供应链逻辑框架

在供应链运作业务数据化阶段,通过应用 ICT、IoT、大数据、云计算和 AI 等技术实现供应链要素的透明连接、生产设备及设施的物联网化和物流装备及设施的物联网化等,从而实现供应链全链条的数字化。建立供应链要素之间的通信连接,实现供应链要素之间的信息交互,以及供应链要素之间的透明化。商家通过电商平台与消费者、终端客户及用户交互;生产商通过 OMS(order management system,订单管理系统)及 CRM 等信息系统实现与经销商和终端客户的交互。企业通过 OMS、WMS(warehouse management system,仓储管理系统)、TMS(transportation management system,运输管理系统)等信息系统实现订单发货和订单签收的交互,实际上发货及签收就是信息流与实物流的交互环节;企业通过财务系统完成对账、结算操作,其中的对账就是信息流、实物流、资金流三者交互的环节。

企业内流程由一个个"信息孤岛"组成传统的企业信息系统转向数字化时代的覆盖所

有业务和全流程企业信息系统,更加重视部门之间的交互和协同;同时还重视企业大数据的归集和数据分析处理能力,以便为企业的协同和优化提供决策依据。数字化供应链的流程变革,在企业范围内则主要强调根据主营业务的需要进行流程优化及流程重构,并配套面向主营业务全流程的信息系统重构。

需求端的数字化主要是通过建立与终端客户及用户的连接,从而获取用户数据,如电商平台、OMS 和 CRM 等多侧重于与客户的连接,即侧重于与下单人的连接。而与用户的连接,更多地依赖于产品本身的通信连接能力。目前只有少数的产品能够实现使用场景的数据采集,但随着物联网的发展,将会有越来越多的产品具备采集和回传数据的能力,这将是影响供应链需求端变化的重要因素。

供给端的数字化包括分销渠道数字化(为客户提供各种在线下单的入口,以此实现销售)、生产过程数字化[通过集散控制系统、数控加工中心、MES(制造执行系统)和 ERP 等来实现]、采购数字化(通过采购管理系统来实现)及物流过程数字化(通过 TMS 和 WMS 来实现)等。目前,供给端的数字化多依赖于各类传统的企业信息系统,数字化程度还不够,但随着信息系统的升级和物联网的普及,供给端的数字化还会进一步加强。

在供应链运作智能化阶段,供应链全场景的智能化体现在智能选购、智能下单、智能采购、智能工厂、智能拼单、智能配载、智能签收和智能对账等方面。供应链中每一个环节及每一个场景下的智能化,都基于透明数字化,以及对大数据、云计算和 AI 的应用。围绕生产环节的供应商协同、面向终端客户的库存及分销渠道网络优化等实现供应链网络的协同和优化。

企业间的流程变革以实现企业间的业务协同和优化为目标,强调企业与合作伙伴企业的连接,构建数字化的沟通渠道。如 OMS、CRM 就非常重视客户的诉求,实现了企业与客户之间往来业务的数据化;TMS 越来越重视企业与承运商、司机等的连接,以实现托运业务的数据化。数字化供应链倡导提升供应链的整体价值和效率,强调企业之间的开放、合作、共赢,鼓励核心企业充分发挥自身的资源优势,推动供应链上下游企业的协同和优化。

需求端的数字化的目标不仅包括实现客户及用户的数字画像,还包括实现需求端的智能化。目前,很多企业重视客户及用户的数字画像,主要是想通过数字画像实现精准营销。在数字化供应链中,精准营销只是初级阶段的应用,需求端的智能化才是趋势。其主要体现为两个方面:一是提高产品在使用过程中的用户体验,二是便于终端客户和用户定义与表达需求。提升产品在使用过程中的用户体验,围绕用户消费场景,提供特定消费场景下便利的互动条件,以便消费者定义和表达需求并借助产品的全生命周期管理来实现。

扩展阅读 5-2　从数据里面学什么?

供给端数字化的目标是实现智慧化,即实现智能分销、智慧工厂、智能采购和智慧物流等。智能分销大致会经历几个阶段:一是市场销量评估,二是精准营销,三是销量精准预测,四是快速响应需求。目前,大部分企业处于精准营销的初期阶段。精准营销指基于终端客户及用户的数字化,对明确的客户群体或潜在用户开展有针对性的营销活动,从而提高销售成功率。目前,大部分企业基于电商平台、社交平台开展各类精准营销活动,但是由于终端客户及用户的数字化程度还很低,因此很难实现真正的精准营销。销量精准预测是基于精准营销活动的反馈,补货策略则是基于安全库存的反馈。最终形态是对终端客户及用户的需求进行快速响应。大多数情况下,客户及用户的需求是无法预测的,但可以基于需求端和分销渠道的数字化实现对客户及用户需求的快速响应。智慧工厂是指基于生产设备、设施的物联网化及生产过程的数字化,能够快速、高效地响应多批次、小批量及定制化订单的工厂。智慧工厂只有基于智能化的硬件设施和强大的生产管理系统才能实现。智能采购是指基于供应商及采购渠道的数字化,通过构建与供应商的协同机制,实现采购需求的及时传递和快速响应,提高供应商的协同能力,进而提高采购的质量和效率。目前,采购方面的整体协同性还比较弱,其原因是企业之间的数字化基础薄弱,且上下游企业之间存在不信任和博弈。智慧物流是基于物流设备、设施的物联网化,以及供应链要素(物流要素)的透明连接和物流过程的数字化,进而面向供应链的物料及商品流通提供可靠的物流服务,实现以可控的成本代价来保障物流的安全、效率和良好的服务体验。从供应链运行的需求来看,物流部门及物流供应商应该保障物流的安全、效率和良好的服务体验;从物流部门及物流供应商的角度来看,重点在于物流成本可控,以确保物流服务(业务)的利润率。随着数字化的普及,供应链越来越要求物流服务过程是透明化的,以确保物流的安全、效率和良好的服务体验。物流企业为了适应数字化供应链的变革趋势,也越来越重视企业自身的数字化建设,以提升企业的核心竞争力。

第三节　数字化供应链管理的应用

一、数字化采购

(一)数字化采购及其策略

数字化采购是指通过大数据、云计算、物联网、人工智能、区块链、移动互联网等数字化技术,打造数字化、网络化、智能化、生态化的采购管理,将采购部门打造成企业的价值创造中心,而不仅仅是供应保证。

现有供应链环境下,供需之间不能精准对接,企业对于谁需要产品、需要多少、何时需要,往往并不清楚,导致生产带有盲目性;企业间也做不到高效协同,对市场反应滞后,造成极大浪费。信息技术落后使得需求信息获取难度大,信息获取链条长、失真严重。企业间互不信任,部门间为部门利益而大量内耗,使得企业间很难高效协同。数字化时代可以采取如下策略解决这些问题。

1. 产品采购自动化

在采购执行(即从采购到付款)环节,数字化采购将提供自助式采购服务,自动感知物料需求并触发补货请购,基于规则自动分配审批任务和执行发票及付款流程,从而加速实现采购交易自动化,有效管控风险和确保合规性,大幅提升采购执行效率。

数字化采购通过批量执行重复性任务,自动触发请购及审批流程,实现核心的采购到发票管理活动的自动化和标准化,帮助企业全面提高采购效率,持续降低管理成本。应用人工智能机器流程自动化技术,通过模式识别和学习逐步消除重复性手动操作,如发票匹配、预算审核等,从而减轻采购资源负担,使员工专注于高附加值工作,为企业创造更大的价值。应用认知计算和人工智能技术,实时感知物料需求,并自动触发补货请购,从而简化和智能化请购流程。结合最佳实践和企业现有流程部署审批工作流,能够自动化分配各环节审批任务,大幅缩短审批周期,并确保审批人正确。

2. 可视化支出

该类可视化支出工具具有先进的支出数据分析功能,并可自动生成采购结果。凭借人工智能和自我学习的算法技术,有些跨国企业和综合性企业已经实现了数据清理和分类的自动化。如果增加数据来源,引入品类层级的基础性关键绩效指标,可进一步丰富目前已有解决方案的功能,能够在预算和利润表中直接跟踪支出节省情况。支出分析、数字化采购将建立实时支出管理体系和支出知识库,应用预测分析技术,帮助企业预测采购需求和支出结构,进而定位关键支出,实现可持续降本战略。

企业要打造认知支出解决方案,实时分类与管理应付账款系统的支出数据,从而为企业定位关键支出;应用智能内容提取技术,实时从合同中提取有价值的信息,实现广泛细致的支出分析。

3. 前瞻性的供应商绩效管理与风险管理

数字化采购应用众包、网络追踪和虚拟现实等技术,全面收集与捕捉供应商数据,构建全方位供应商生命周期管理体系,实现前瞻性风险规避与控制,从而提升供应商绩效与能力,支持采购运营持续优化。建立实时监测和定期评估机制,将数据转化为切实可行的洞察与预测,从而打造前瞻性绩效管理,逐步优化供应商资源;基于大数据进行前瞻性预测分析,实时洞察潜在的供应商风险,及时采取措施,帮助企业建立先发制人的风险管理模式。

应用人工智能技术和高级可视化管理仪表盘,实时监测与定期评估供应商绩效,从而提供全面的绩效洞察和趋势预测,帮助企业识别优质供应商群体,及时淘汰不合格供应商,最终打造前瞻性供应商管理。建立实时监测和定期评估机制,将数据转化为切实可行的洞察与预测,从而打造前瞻性绩效管理,逐步优化供应商资源;应用高级可视化仪表盘,识别优质供应商,及时淘汰不合格供应商,打造前瞻性供应商管理;应用 VR 或空间分析技术,生成虚拟场景完成供应商访问与现场审核,简化绩效管理流程。

应用数据捕捉和采集技术,基于大数据进行前瞻性预测分析,实时洞察潜在的供应商风险,帮助企业建立先发制人的风险管理模式;结合第三方数据源集成整个供应价值链,建立供应商风险评估数据库;应用数字技术,实时监测、识别供应商风险,建立前瞻性风险控制与规避机制;应用对等网络技术,捕捉影响供应商风险的事件,实现广泛细致的风险洞察,降低供应链风险。

4. 大数据决策

数字化采购借助可视化管理仪表盘,直观展现寻源洞察与建议,简化领导层的决策制定过程,将寻源执行及决策周期缩短,从而大幅提高市场敏捷度。应用认知计算和人工智能,基于供应商资质、历史绩效和发展规划等因素,构建敏感性分析模型,从而更加准确地预测供应商对企业成本与风险的影响,帮助筛选优质的合作对象。

应用智能分析技术,预测供应商对企业成本与风险的影响,为寻源提供可视化预测及业务洞察,从而提升供应链的整体透明度,帮助企业更加智能和迅速地制定寻源决策。

构建完备的采购体系需要获取两类数据:第一类数据用于创建具有参考价值的信息,如供应商基本信息、市场概述或各地区商品或服务平均价格的描述性分析;第二类数据用于分析采购决策与结果之间的相关性,建立预测模型,最终实现人工智能。

采购体系内的所有数据,不仅包括采购流程数据,还包括与采购活动相关的其他流程所产生的数据,其中包括发票和付款数据,用于了解价格和流程的合规情况,以及流程信息,如谁批准了价格调整及其具体金额。

采购体系以外的数据,如深入而全面的行业和市场信息,其实更为重要。特别是在协商合同的具体条款时,企业需要依据这些数据计算总拥有成本和价格杠杆,从而判断该采购哪些物资,以及从哪些供应商处采购。

5. 可预测战略寻源

在战略寻源环节,数字化采购将完善历史支出知识库,实现供应商信息、价格和成本的完全可预测,优化寻源战略并为决策制定提供预测和洞察,从而支持寻源部门达成透明协议,持续节约采购成本。

数字化采购将实时监控合同支出与执行,预测采购需求,自动生成寻源建议,帮助企业优化采购效率。

在寻源战略方面,数字化采购将提供强大的协作网络,帮助企业发掘更多合格供应商,同时智能分析和预测其可靠性与创新能力,逐步实现战略寻源转型;应用认知计算等技术,评估和预测潜在供应商的可靠性与创新能力,发掘优质潜在供应商;借助领先供应商协作平台,在全球市场中发现最优供应商;结合品类管理功能,根据不同品类的需求特点等因素,制定差异化寻源策略和可复用标准流程。

在决策制定方面,数字化采购应用智能分析技术,预测供应商对企业成本与风险的影响,为寻源提供可视化预测及业务洞察,帮助企业快速、智能地制定寻源决策;应用数字技术,构建敏感性分析模型,从而更准确地预测供应商对企业的影响,筛选优质合作伙伴;借助高级可视化仪表盘,直观展现寻源洞察与建议,可将寻源执行及决策周期大大缩短。

在供应商协作方面,数字化采购将智能预测供应商谈判的场景和结果,分析并推荐最优供应商和签约价格,同时自动执行供应商寻源任务,最终建立可预测的供应商协作模式;构建敏感性分析模型,预测谈判双方条件变化对签约价格及采购成本的影响,帮助谈判人员识别关键因素与节点,从而控制谈判风险并削减采购成本;基于最佳实践构建全球条款库,自动识别适用条款,提高合同签订效率,并确保合规性。

6. 企业内部采购商城

企业内部采购商城通过目录化采购,构建基于品类的自动化采购流程,帮助企业加强全流程控制,实现差异化品类分析,并在复杂的支出类别中发现可持续的成本节省。该内部商城是预先核准的、基于云的私有"店铺",内部客户可在店铺中基于公司政策,选择商品和服务进行目录化采购。它结合最佳实践和企业采购品类,自定义商品及服务编码,建立全品类目录化采购,能够快速地将供应商产品纳入采购目录,从而持续控制采购种类,从根本上规范采购流程和控制采购风险。基于采购目录建立精细的品类管理模式,分别制定标准化采购流程和审批工作流程,实现差异化品类分析,优化各采购品类的管理策略。应用认知计算和人工智能技术,迅速处理分类目录外临时采购数据,充分挖掘所有品类的支出数据价值,交付全新的洞察和机遇。

(二)数字化采购案例

1. 京东商城的定价与采购

京东商城的商品定价是通过信息系统完成的,也就是说很多商品的定价都是根据信息系统里面的数据、信息系统反馈的结果生成的,是自动的,而不是人在管理、干涉。信息系统是怎么生成这个价格的呢? 有的人说是根据销量,其实不全是,实际上很少有人会根据销量来决定一个商品的价格。首先,管理人员会根据产品的属性、价值和竞争能力给它定一个价格,这叫价格优先级。信息系统得到价格优先级之后,每隔半个小时会对所有竞争对手网站同种商品的价格抓取一次,得到数据之后,再跟系统里的价格进行比较,最后会根据京东商城的成本价、优先价格、竞争对手的价格、季节因素等,制定出最优的价格。

除了定价之外,采购也同样是受信息系统控制的,也就是信息系统里面实时反馈的数据也为进货提供了依据。每种产品、每一个库房采购多少,其实不是由人来决定的,而是由信息系统来决定的。这时候,人要听系统的,然后根据系统的指示,与供货商谈判,拿到最好的价格,最后告诉信息系统大概什么时候能到货,再通过信息系统向供货商下单。信息系统决定采购,这无疑为京东商城的进货工作提供了极大的便利,同时也可以避免人为因素的干扰。对于新货,京东有一个保守的初始制,也就是刚开始的新货由采购员负责,但是 15 天之后一定由信息系统来接管。

2. 打造完整的供货链条

顾客想要在京东上买东西,单击后,却发现没有想要的东西,这怎么办?

这个问题的解决,不仅对京东自己的信息系统有要求,还对其他供货商的信息系统有要求,要求这些供货商有非常完备的信息系统。另外,这也要求供应商有非常开放的理念。因为信息系统在任何一个企业都是比较核心的东西,所以很多企业其实不敢开放信息系统。供货链是一个完整的链条,不是一个独立的企业能完成的。这需要公司所有领导都能开放观念。在国外,这种信息的对接非常正常,信息系统不对接的就不能合作。他们会把这个看成非常理所应当的事情,但在国内还不行,由于理念还不够开放,对被合作公司知道库房信息、商品信息等还存有极大的疑虑。

二、数字化生产运营

数字化供应链系统的互联制造(connected manufacturing)解决方案的立足点是打造一个开放集成的工厂,为企业实现基于"一个产品流"的,跨越 ERP、MES 的全面、开放的垂直集成,从而实现透明化生产的智能工厂。在此基础之上,其除了可以为企业实现定制化生产之外,还可以帮助企业实现节能化生产、安全化生产等其他目标。

(一)数字化供应链系统的互联制造及其技术路线

作为数字化供应链系统的数字化生产的重要主题,智能生产体现了生产方式从集中式控制向分布式增强型控制的基本模式的转变,其目标是建立一个高度灵活的个性化和数字化的产品与服务的生产模式。这一模式的建立体现了集中式向分布式转变的核心。传统的五级金字塔型的集中式生产自动化架构是一种自顶向下,沿着 ERP 到 MES 再到 SCADA(supervisory control and data acquisition,数据采集与监视控制系统)和 PLC (programmable logic controller,可编程逻辑控制器),直至现场的路线。这种做法的特点是由上至下逐层分解和发布指令,然后收集现场数据,由下至上逐层反馈和控制。

数字化供应链系统中,该模式将被替换为以网络物理系统(cyber physical system,CPS)为基础的,在物联网的基础上,进行分布式网络连接的高度柔性的灵活结构,从而实现更高程度的智能化。在目前这个阶段,鉴于车间里不同设备的应用尚未完全实现云端迁移,自动化金字塔固定等级划分的消失不意味着各个层面的系统变成多余,而更多的是让不同的层面实现无缝连接,以满足数字化生产所提出的要求。数字化供应链系统的互联制造如图 5-4 所示。

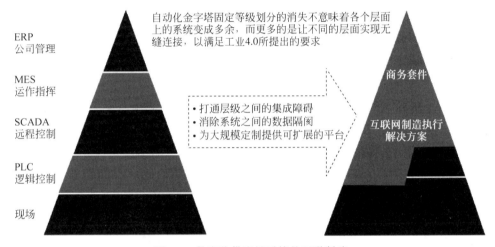

图 5-4　数字化供应链系统的互联制造

针对工业 4.0 的 CPS 理论,SAP 在商务套件的基础上,提出了互联制造执行解决方案数字化供应链系统帮助企业充分利用物联网和数字化生产的原理,建立柔性化的生产制造,包括五个关键组件(图 5-5)。

(1) 集成的业务计划(integrated business planning,IBP);

(2) 物料需求计划(material requirement planning,MRP);

(3) 制造执行(manufacturing execution,ME);

(4) 制造智能与集成(manufacturing integration & intelligence,MII);

(5) 工厂连接器(plant connectivity,PCo)。

其中,IBP 的主要功能是从企业的角度(一般来说是多工厂)来说的,在不同的计划时段进行业务计划。这其实是每家制造企业每天都在做的一件事情,也就是在整个供应网络上,不断地进行计划和再计划,以实现供应对需求的匹配。

MRP 的主要功能是为每一家工厂和生产线生成生产计划。它对需求和供应状况进行综合考虑,即综合包括销售订单、预测需求、库存转移在内的需求状况,以及包括库存、

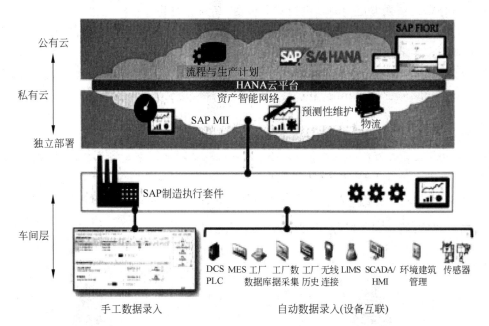

图 5-5　SAP 的互联制造解决方案的功能

库存转移、采购订单、收货在内的供应状况,得出所推荐的生产计划建议,包括计划订单、库存转移和采购订单。与以往批处理类型的 MRP 不同的是,MRP 可以用近乎实时的方式更加频繁地运行,从而为企业带来更加准确和及时的生产计划决策。

ME 是一个以工厂为中心的制造业解决方案,它提供了一系列即用即得的功能,如生产过程控制、质量控制、车间生产物料管理、生产计划契合、报告、产品可追溯性等,并与 ERP 在多个节点上实现集成。ERP 中的生产计划、质量管理、工厂设备维护、库存管理、数据及工程变更等相关的业务信息[如计划订单、生产订单、物料信息、BOM(物料清单)管理工序、检验指令、批次、序列等]都可以通过接口传递到 ME。ME 执行这些计划相关的内容,把现场收集的信息(如产出、报废、人工、检验记录、物料消耗、批次等)通过接口反馈到 ERP,以达到 ERP 和 ME 无缝集成的效果。

MII 是一个将核心的生产制造系统与企业流程集成的平台。MII 提供了丰富的集成、智能和创新组件。通过它们,企业可以自由创建融合了制造执行和企业工作流程的集成的平台,实现定制化的工作流程与分析应用,如各项 KPI 分析、报警。

PCo 提供了位于车间系统的底层设备连接器。该方案能够实现数字化供应链系统与不同制造商的设备进行符合行业标准数据源的数据交换。除了可从车间系统读写数据之外,其还提供通知功能,以用来控制生产设备,记录突发事件并采取适当措施。

在互联制造中,生产系统的不同要素使用数据流来进行更好的通信、协同和控制。在这里,单台的机器与设备无疑是整个生产系统中需要进行互联的最小单元。由于机器与设备总是被内置在一个更大的环境中,因此需要通过云计算技术的支持,包括公有云、私有云和独立部署,实现灵活的架构,以适应不同行业和不同企业的具体要求。

（二）基于数字化供应链系统的数字化生产案例

Elster 是一家全球领先的天然气、电和水测量仪器企业，除产品之外，它还提供相关的通信、网络和软件解决方案。该企业最早的业务可以追溯到 1836 年在美国纽约成立的 Elster 仪表公司。在欧洲，Elster 仪表公司成立于 1848 年。到 2019 年，Elster 已经发展成为一家在 39 个国家运营的雇用 7 500 名员工的跨国企业。其产品覆盖全球 115 个国家和地区。

Elster 的核心产品是智能电表、智能水表和智能燃气表/燃气设备（图 5-6），它们都与当下的能源和公共事业的发展趋势及产业政策密切相关。

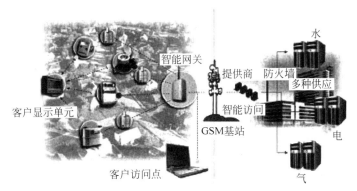

图 5-6　Elster 的智能电表、智能燃气表等业务

以智能电表为例，在德国能源转型高速进行的今天，由于大量新能源和分布式发电并网以及日益增大的用电需求给电网带来巨大冲击，如何调动用电客户（包括生产性用电客户）参与节能减排的积极性，如何实现用电侧的需求端管理和需求响应等技术，如何收集到更多实时的用电侧发电和用电信息，以应对大量新能源发电的不可预测性，成为能源互联网发展的重要课题。而新型智能电表测量系统（smart metering system）的出现，使实现以上目标成为可能。

智能电表测量系统通常被看作实现智能电网，特别是实现未来需求侧先进技术的基础之一。与传统的电表相比，智能电表具有以下两个方面的特点。

一方面，它能向用电客户随时反馈电能使用信息，及时更新电价信息，帮助用电客户提高用电效率，优化能耗，实现需求端和用户端的智能控制，以及远程自动抄表。

另一方面，它能为电网公司、售电商提供大量的用电客户信息和电网状态信息，并可结合分布式智能控制终端来实现对用电侧与分布式发电的控制管理，为优化电网运营、营销模式提供支持，进一步推动智能电网的建设。

欧盟委员会在 2009 年和 2012 年先后出台了相关指导政策与法律框架，对各成员国提出了引入智能电表测量系统的建议，以帮助用电客户主动参与电力市场，提高用电效率；同时，要求各成员国在符合成本效益性的前提下，到 2020 年之前完成覆盖本国 80% 用电客户的推广计划。在欧盟统一法律框架之下，德国在 2011 年新版能源经济法中出台了针对推广智能电表测量系统的相关法规，特别明确了推广范围和相关责任人的角色，并规定了在德国境内新建或进行大范围维修的房屋、年用电量超过 6 000 kW·h 的用电客户、容量超过 7 kW 的新装新能源发电设备和热电联产设备、所有技术性和经济性允许的建筑里,必须安装智能电表测量系统。

智能燃气表也面临着同样的状况。尽管智能燃气表在德国的普及已经走上了正轨,但是对于英国、荷兰、意大利和法国等欧盟国家来说,其正处于即将密集推广的时期。

Elster 的 MES 项目有三个关键的需求。

提供产品的可追溯性,确保客户和产品满足法律对 Elster 的要求。这是 Elster 所处的行业最重要的需求。

建立连锁机制,确保质量门机制得到实施。

收集生产线上的相关数据,通过对制造过程的 KPI 进行监控,实现流程优化。

图 5-7 所示是 Elster 生产线,其工序分为五步:首先是打印条码,然后是产品组装,接下来是密封性测试和功能测试,最后进行产品包装。

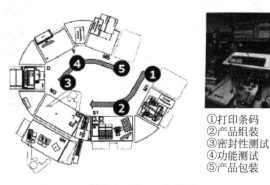

①打印条码
②产品组装
③密封性测试
④功能测试
⑤产品包装

图 5-7　Elster 生产线

由于产品包装是产品下线前的最后一步,所以质量管理是其中最重要的要求,而手工操作是不能 100% 地确保这一要求的。因此,一旦产品进入功能测试这一步,MES 就会检查是否已经完成了密封性测试。

通过 ME,可以确保质量检测过程,无论是密封性检测还是功能检测,都会被执行,并且如果没有通过检测,ME 会将产品送到组装工序,重新进行产品的组装。这一业务逻辑可以在 ME 中通过图形化的流程图方式加以描述和定义。

首先,Elster 设计出整个业务流程,然后将其映射到 MES 和生产线上。基于两者之间的紧密集成,这一映射过程十分直观和简单。换个角度来看,之前通常是在 PLC 层面实现的逻辑,现在可以在 MES 层面来实现,这无疑大大提高了效率,同时也可以通过MES 的引入带来更高的标准化。

Elster 让产品在生产中自行调整生产工艺,同时支持极少批量生产和大批量生产,最大限度地实现了柔性化的生产。

产品自行决定它应该被生产的方式,这是一种无须人工设置的柔性化生产方式。

Elster 在其第一条试点生产线上已经实现了愿景。

在这里,这一实现的关键点在于车间层、MES 和 ERP 之间无缝集成。在每一步,产品通过其独特的车间控制号被辨识。让车间控制系统直接与 MES 匹配起来,这样就可以在一

扩展阅读 5-3　从华为说供应链运营的短板

个流的基础上实现灵活的流程和对每一件产品进行质量检查。另外，无须任何额外的工作，PLC变量轻松地被映射到MES接口中。即便是在复杂的结构下，这种做法也可以实现快速和一致的数据传输。MES通过ERP的订单获得定义在ERP的质量管理模块中的规格，并将完工的产品汇报回ERP中。垂直的集成在这里不是一条单行道，而是一个闭环。在未来，自己带有数据存储的智能产品可以提供比一个车间控制号多得多的信息，还可以将工作计划、参数和质量限制等信息导入产品当中，以实现自治式的生产。

三、数字化物流

互联物流体现的是数字化供应链系统的垂直集成的技术战略，通过在虚拟世界中再建物流，建立垂直集成网络，实现虚拟世界与物理世界之间无缝的物流信息集成和物流执行的自动化，从而为智能制造提供高透明度的物流环境。

（一）数字化物流的含义及解决方案

数字化供应链系统的实现，大大增加了供应链的执行难度。为了应对不断增加的供应链的复杂程度，需要在数字化平台上对物流进行持续的映射。通过在物流中应用CPS，可以在虚拟世界中建立物流的虚拟映射。将这种映射推广部署到整条供应链，可以实时地获取每一件产品、零部件、物料在多个不同总层面的位置和状态信息。从数据流的汇总角度来看，可以建立一个在整条供应链上最高层次的透明供应链的控制塔。用这里的数字化技术可以实现供应链流程（如交货、仓储）的自动化执行，而员工则只需要关注解决系统检测到的问题，对已获得的数据进行分析，从而作出对全局最有利的决策。总的来说，互联物流可以实现产品在整个生产流程中的辨识，让制造企业对变化作出更加快速的响应。这样的物流是透明的、精益的且具有成本效益的，它构筑了数字化供应链系统卓越运营的基础。

数字化物流将发生巨大的变化，其核心就是"物流空间将会变得不再确定"。一件针对客户定制的产品，其制造过程将是动态的，其工艺路线、在工厂内部的生产和加工地点、搬运轨迹都不再是一成不变的。自然，与这件产品配套的零部件或物料，其物流轨迹也将是动态的。整个物流网以及节点必须不断地适应动态变化的生产需要，也包括由此带来的外部环境的变化。因此，在未来，物流网的各个部分应该是能够灵活移动的，而这些都是目前传统的物流技术所不能支持的。

数字化供应链系统中，原有的固定路线的运载工具会被自动化的运载工具所取代，后者将承担厂内的运输任务。由于生产车间里每个工作站的生产要求随时可变，不同的运载工具之间需要能够相互通信、相互学习，利用运载工具上的嵌入式智能，给运载工具分配合适的任务，找出合适的移动路线，并持续不断地更新接受加工任务的工作站的信息和仓储信息。

仓库里的货架、料箱或托盘都附带有CPS，由此成为智能的货架、料箱或托盘。而料箱或托盘则自己承担起了库存管理的任务，它们与仓库管理系统以及运载工具交换信息，以达到控制库存量和及时补货的目的。

在这一构想中，几乎没有固定的物流运输技术。自动化的运载工具自动排队，互相合作,建立起一定的秩序,以类似于蚂蚁搬家的方式,组织完成物流订单。

数字物流下,对于厂外的运输任务,即便依旧是由人工驾驶和操作的运输,也应该具有一定的智能与优化的能力。特别是当货物处于运输过程中的时候,同样会有 CPS 来接管智能的料箱或托盘。在这里,人(驾驶员)的介入更为重要。人依靠移动设备(如手机、车载无线通信设备等)一直处于在线状态。

尽管物联网通过远程监控和维护,在一定程度上实现了虚拟化的服务交付,但是与实物仓储和运输打交道的物流在数字物流与智能制造的背景下,其重要性反而得到了提升。无论是为在制造过程中的智能产品及时供应所需的生产零部件,还是为智能生产设备的运行提供原材料,或是为维修服务提供售后配件,目前的物流能力都需要被提高和优化,才能满足数字物流与智能制造的要求,使其不至于成为短板。物联网可以通过对企业的物流业务进行变革,从现有的物流设施和生态体系中获得更高的效率,来帮助应对数字物流与智能制造对物流提出的挑战。

如图 5-8 所示,在数字化供应链系统的互联物流解决方案中,有四个主要的组成部分,分别是扩展的仓库管理(EWM)、运输管理(TM)、跟踪与追溯和物流网络。

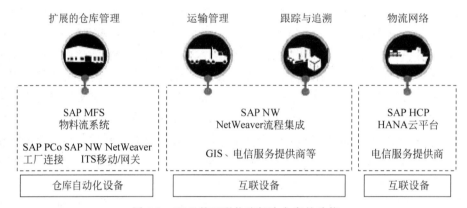

图 5-8　SAP 的互联物流解决方案的功能

扩展的仓库管理:扩展的仓库管理对于数字物流和智能服务的支持,主要体现在设备互联(connected device)和自动化互联(connected automation)两个方面。在设备互联方面,EWM 提供了仓库的物料流系统,可以通过工厂连接功能,与移动设备、RFID 扫描器、虚拟现实、寻呼机和电话、条码打印机连接,实现与仓库底层设备的数据实时传输。在自动化互联方面,EWM 可以提供与传输设备、叉车、机器人、拣货系统乃至制造执行系统的对接,将仓库内部的所有自动化设备与 EWM 连接起来,提高仓库运行的自动化水平。

运输管理:运输管理通过实时的运输计划功能,可以对整个运输过程进行实时的计划和调度,确保货物的按时交付。在这里,TM 的功能主要体现在实时可视的运输过程/运输工具和实时可适应的计划功能两个方面。将这两个方面结合在一起,可以根据运输要求,加上考虑车队的实际状况和运行状态,对运输路线与装载空间进行近乎实时的优化,这样就可以让整个物流在满足实时需求的时候有更少的延迟。

跟踪与追溯:通过事件管理(EM),可以对整个物流过程进行跟踪,并对物流状态进行监控。系统不仅可以跟踪到车辆和集装箱的层面,还可以深入每一笔订单、交货、单元、包裹的细节,对整个物流过程进行端到端的跟踪,并对意外和延迟事件作出报告。系统也可以对一些特殊物流的在途过程,如安全运输、冷链物流等进行全程跟踪和分析。

物流网络:物流网络功能是对企业的整个物流生态系统进行优化,主要包括实时的驾驶人员通信以及基于车联网、地理围栏数据和交通拥堵数据的卡车与交通监控。通过将车辆、驾驶人员与交通数据连接起来,可以实现:对于某一区域的物流网络中的所有交通工具(无论它们是否有直接的业务关系),基于实时的位置数据共享和整合,允许各方进行更加有效的沟通,从而带来显著的成本效益。

(二)基于数字化物流的物流案例

汉堡港是德国最大的港口,也是欧洲第二大集装箱港,始建于 1189 年,至今已有 800 多年的历史,是现今世界上最大的自由港,连接了全球 178 个国家的 950 个港口。整个汉堡港的面积为 7 200 公顷(1 公顷＝10 000 平方米),15.6 万人直接或间接地为汉堡港工作。在汉堡港的港口区域,道路长度为 140 千米,另外,汉堡港自己还拥有 304 千米的铁路。每年有 1 万艘船舶使用汉堡港,它在 2011 年的吞吐量为 1.322 亿吨。每天,汉堡港都有 200 列货运列车和 5 000 辆货运卡车的运输量。在汉堡港,1 700 家运输公司设有办公室。①

和欧洲的其他港口一样,汉堡港的吞吐量在过去的 30 年里迅速提高。2021 年,汉堡港的集装箱吞吐量为 870 万 TEU[20 英尺(1 英尺＝0.304 8 米)标准集装箱]/年,预计到 2025 年会达到 2 500 万 TEU/年。如果要每年处理 2 500 万个集装箱,汉堡港面临的主要挑战是缺乏对应的可供扩大的土地,也就是说其基础设施规模不能同步提升。显然,这将造成交通拥挤问题,并带来更高的运输成本和物流成本。为此,汉堡港制定了智能港口物流的目标,以期提高港口运营的智能化水平,并使用物联网、大数据和云计算等技术来对港口物流进行主动的管理,改变过去被动应对的做法。

汉堡港启动了智慧港口物流项目,其含义为汉堡港智慧交通与贸易流解决方案。该项目设定了四个目标。

(1)用更加有效的方法管理和使用汉堡港目前的设施。

(2)减少与交通相关的空气污染和温室气体的排放。

(3)在汉堡港建立智能的基础设施。

(4)优化信息流,从而更加有效地管理贸易流。

这个项目有三个智能支柱,它们也是这个项目的重点——基础设施、交通流和贸易流。

基础设施:为了确保汉堡港内平顺和高效的交通流,以及进一步惠及贸易流,建立智能的基础设施必不可少。为此需要应用智能的信息技术,包括蓝牙、WLAN(无线局域网)热点、云、移动终端设备、物联网和大数据。

交通流:通过一个具有多种运输方式的联运中心,可以将不同的运输方式连接起来,并且让水运、铁路和道路运输的效率更高。该联运中心可以处理所有在汉堡港内收集到

---

① 汉堡港官网,www.hafen-hamburg.de/de/startseite/。

的交通信息,并分发给所有的用户。

贸易流:如果能够通过统一的来源发布相关的信息(何时、何处有需求),则有助于实现最优的贸易流。为了实现这一点,港区的所有成员都需要参与编辑这些信息。已有的IT 平台必须相互连接起来,并利用这些信息创造增值的价值,以给物流服务提供商、拖车和代理商提供选择货物最有效的运输方式的机会。

港区的道路管理是整个项目的重点。为了实现不同运输模式之间的智能互联,必须能够自动地获取主要道路的交通流量和潜在的变化情况的数据。在收集这些数据之后,需要对它们进行处理,并分发给各个用户。特别是要通过开发手机应用和 Web 应用,可靠和全面地收集交通数据,从而获得交通状况的准确情况。为了实现这一目标,在港口,特别是在港口道路网络上的战略重点交叉道口,安装了大量的交通检测器,以自动获取流量信息。汉堡港将从这些静态的测量点上获得的数据整合到一个系统中,实现对交通状况的有效判定。通过将短期的交通数据和来自其他数据源的中期交通数据结合在一起,还可以对交通状况作出预测。

铁路也是汉堡港区交通的重要环节。汉堡港使用了多传感器技术,对铁路岔口的关和开动作进行测量与集中显示,并用来预测磨损情况。不仅如此,对于频繁的移动,系统也可以进行预测和处理。这样,铁路运营部门可以对铁路岔口的状况保持及时了解,在故障发生之前就及时介入。

 ## 本章小结

经济全球化背景下,供应链管理被广泛应用到企业经营中并取得瞩目的成效。随着消费者消费需求加快改变、新技术创新层出不穷以及环保理念日益深入人心,如何快速满足需求与降本提效的压力再次在供应链管理中得到体现——数字化供应链系统的构建和应用。

本章首先介绍供应链管理的基本概念,阐述了供应链管理的基本含义、目标、基本思想、特征、职能等,并对新时代供应链管理的趋势进行了探讨。在此基础上,介绍了数字化供应链管理的概念和逻辑框架,并介绍了数字化供应链系统的典型应用。

 ## 章尾案例

京东:无人物流时代来临

在 2018 年 5 月 29 日于北京举行的"618 JD CUBE"大会上,京东 X 事业部的无人重卡、无人机、无人超市、JOY'S 智慧餐厅等项目集中亮相,向外界展示了京东积极发力"互联网+物流",以人工智能、物联网、大数据等新一代技术推动物流智慧化转型的决心和勇气。

1. 无人重卡

大会上亮相的无人重卡是京东 X 事业部自主研发的首款 L4 级别(自动驾驶分为L0~L5 六个阶段,其中 L4 和 L5 级别都属于无人驾驶,区别在于 L4 是部分工况下的无

人驾驶,如仅在港口内运行等)无人重卡,长、宽、高分别为9米、2.5米、3.5米,车厢长度约为14米。得益于汽车配备的激光雷达、摄像头等智能传感设备与系统,京东L4级无人重卡能够进行较远距离的物体检测、跟踪及距离估算,对自动驾驶行为进行判断。

京东L4级无人重卡基于高清地图提供的数据支持,运用视觉定位技术能够实现精确到厘米的车辆定位,可以完成自动转弯、自动避障绕行、紧急制动、高速行驶,能够适应隧道等特殊场景作业。传统干线物流存在人工作业劳动强度大、时间成本高、安全性较低等短板,而随着无人重卡不断走向成熟,这些问题将得到有效解决。

京东无人重卡项目于2016年启动,在美国硅谷搭建了无人驾驶、人工智能等领域人才团队,致力于推进无人驾驶技术与物流商业化应用实践。美国硅谷对无人驾驶汽车测试持开放态度,京东无人重卡项目团队进行了大量无人驾驶测试,对有人卡车大数据环境进行模拟,分析卡车与驾驶人的驾驶行为,提高无人驾驶的效率与安全性。截至2018年4月底,京东无人驾驶累计进行智能驾驶超级测试总时长2 400小时。

京东X事业部全面负责京东新物流项目,在京东无人机、京东仓储机器人、京东自动驾驶车辆送货、京东全自动物流中心等领域进行了一系列的探索实践。京东物流正在积极完善"空地一体"三级新物流网络,该网络涵盖了干线、直线、智能终端、智能机场,以及进行末端配送的无人车、无人机等,能够为京东物流配送提供强有力的支持。

2. 自主研发JDY-800无人机

JDY-800无人机由京东自主研发而成,和部分企业选择购买飞机产品进行改造不同的是,京东从零开始,用一年多的时间,依据无人机设计制造技术与工艺研发而成。

JDY-800无人机翼展超过10米,起飞重量可达840千克,巡航高度可达千米,巡航速度达到每小时200千米,可连续飞行1 000千米,具备全天候全自助飞行能力。JDY-800于2020年进入运营阶段。

由于我国现行政策对无人机飞行设置了诸多限制条件,京东无人机应用主要在农村和偏远地区,而且无人机飞行前要提前一天向相关机构报备,提交飞行计划,以便更好地维护空中秩序与安全。

3. 无人配送机器人

无人配送机器人是京东新物流体系的重要组成部分,2017年,京东在清华大学、人民大学、浙江大学、长安大学等部分高校开展无人配送机器人配送实验,目前已经进入常态化运营阶段。由于技术限制,京东无人配送机器人更加适合封闭式园区、校园,以及交通管理有序的生态城,在解决"最后一公里"配送方面有广阔的应用前景。

无人配送机器人的出现,引发了外界关于快递员会失业的担忧,事实上,这种担忧是没有必要的。在相当长的一段时间里,无人配送机器人根本无法完成全部的快递配送工作,其对交通路况、路面平整度等条件有较高要求,配送员与机器人协作是主流方向,人机协作可以有效提高配送效率,减轻配送员工作负担,给用户带来更为良好的购物体验。

4. 无人仓

无人仓是新兴智能物流技术的典型代表,它通过智能算法指导仓库运营,使仓库具备数据感知能力,由机器人完成入库、搬运、分拣、装车等劳动强度大、溢价能力低的工作。

2017年10月9日,京东物流首个全流程无人仓正式在上海落地,商品入库、存储、拣货、包装、装车等工作全部由机器人完成。整个仓库建筑面积 4 万平方米,库房顶部安装了大量太阳能电池板,白天充电,晚上为库房提供能源支持,正式使用后,日均订单处理量超过 20 万单。

京东发展新物流并非简单地集中在某一个细节,而是从完善的物流体系高度进行全方位布局。进货、包装、分拣等环节由无人仓完成,无人机为农村及偏远地区配送,无人车完成干线运输,无人配送机器人解决"最后一公里"配送问题等,使京东物流的智慧化转型具备更为广阔的想象空间。

人工智能、大数据、物联网等智能科技的不断发展与应用,是京东新物流转型的重要推动力量,而物流水平的提升对提高社会供应链运行效率、降低成本具有极为重要的价值。与此同时,政府、高校、技术开发商、服务供应商等也应积极参与进来,对新物流技术研发与应用进行广泛研究,推动我国物流业不断走向成熟,为中国经济持续稳定发展增添新动能。

资料来源:京东物流.www.jdl.com.

讨论题

1. 京东发展智慧物流的压力来自哪些方面?
2. 京东在发展智慧物流领域都做了哪些工作?

【本章思考题】

1. 供应链管理的含义是什么?其目标是什么?有什么特征?
2. 供应链管理的基本思想有哪些?
3. 供应链管理的职能是什么?
4. 数字化供应链的内涵是什么?
5. 数字化供应链管理在采购、生产运营、物流等领域的应用中的关键是什么?

【即测即练】

第 六 章

数字化财务管理

学习目标

1. 掌握财务管理的基本概念、内容、环节,了解传统财务管理模式的弊端及现代财务管理模式的改革。

2. 掌握数字化财务管理的内涵、数字化财务管理的必要性,了解数字化财务管理的发展现状及改良对策、数字化财务管理的特点及转型步骤。

3. 掌握财务变革工具,了解数字化财务管理应用及创新趋势,包含打造大数据系统平台、财务共享、云财务、智能财务及财务数据可视化。

引导案例

新奥集团作为一家业务板块丰富、子公司众多的大型集团公司,推进数字化转型迫在眉睫,其财务共享中心日常业务种类繁多,且有相当一部分业务流程需依靠人工完成,员工工作强度大、耗时久,集团寻求以自动化机器人的方式替代人工,提高工作效率并削减成本。

新奥集团始终致力于成为创新型智慧企业,当下更依托于"互联网+人工智能"技术,用数字重构能源生态与健康生态,助力数字能源发展。面对当今数字时代的机遇和挑战,推进数字化转型迫在眉睫。为落实集团提出的数字化转型要求,新奥集团财务共享中心奋勇当先。

新奥集团将 IBM robotic process automation(RPA,机器人流程自动化)与规则引擎等技术相结合,打造自动化财务机器人。虚拟员工成功在财务共享中心上岗,打通线上线下业务流程,衔接数据断点。

新奥集团自动化财务机器人具有以下优势。

(1) 平均每天完成 2 000~3 000 个任务。

(2) 平均缩短 60% 的工作时间。

(3) 实现超过 400 万/年的成本削减。

(4) 提高准确率。

资料来源:RPA"进阶大作战! AI"王炸"组合让新奥集团逐步实现企业 AI 业务中台建设[EB/OL].(2020-04-11).https://www.163.com/dy/article/F9TAGN0I0518ETKN.html.

第一节　财务管理概述

数字时代的到来引发了席卷各行各业的颠覆性变革,许多企业纷纷举起了数字化变革的旗帜,但是真正能转型成为领军者的企业却寥寥无几。那么,企业数字化转型应该从何入手? 广泛认为应从企业管理的重要生命线开始,即财务转型。

一、财务管理的概念

财务管理是在一定的整体目标下,关于资产的购置(投资)、资本的融通(筹资)和经营中现金流量(运营),以及利润分配的管理。财务管理是企业管理的一个组成部分,它是根据财经法规制度、以财务管理的原则、组织企业财务活动、处理财务关系的一项经济管理工作。简单地说,财务管理是组织企业财务活动、处理财务关系的一项经济管理工作。因此,要理解财务管理的基本概念,就必须先分析财务活动。

(一) 筹资活动

企业组织商品运动必须以一定的资金为前提。也就是说,企业从各种渠道以各种形式筹集资金,是资金运动的起点。筹资,是指企业为了满足投资和用资的需要,筹措和集中所需资金的过程。在筹资过程中,企业一方面要确定筹资的总规模,以保证投资所需要的资金;另一方面要通过筹资渠道、筹资方式或工具的选择,确定合理的筹资结构,以降低筹资成本和风险。

从整体上看,任何企业都可从两方面筹资并形成两种不同性质的资金来源:一是企业自有资金,它是企业通过向投资者吸收直接投资、发行股票、企业内部留存收益等方式取得,其投资者包括国家、法人、个人等;二是企业债务资金,它是企业通过向银行借款、发行债券、应付款项等方式取得。企业筹集资金,表现为企业资金的流入;企业偿还借款、支付利息、股利以及付出各种筹资费用等,则表现为企业资金的流出。这种因为资金筹集而产生的资金收支,便是由企业筹资而引起的财务活动,是企业财务管理的主要内容之一。

(二) 投资活动

企业取得资金后,必须将资金投入使用,以谋求最大的经济效益,否则筹资就失去了意义和价值。企业投资可分为广义的投资和狭义的投资两种。广义的投资,是指企业将筹集的资金投入使用的过程,包括企业内部使用资金的过程(如购置流动资产、固定资产、无形资产等)以及对外投放资金的过程(如投资购买其他企业的股票、债券或与其他企业联营等);狭义的投资,仅指对外投资。企业无论是购买内部所需资产,还是购买各种证券,都需要支付资金。而当企业变卖其对内投资形成的各种资产或收回其对外投资时,则会产生资金的收付。这种因企业投资而产生的资金的收付,便是由投资而引起的财务活动。

另外,企业在投资过程中,必须考虑投资的规模。也就是在怎样的投资规模下,企业的经济效益最佳。同时,企业也必须通过投资方向和投资方式的选择,确定合理的投资结构,以提高投资效益、降低投资风险。所有这些投资活动都是财务管理的内容。

(三) 资金营运活动

企业在日常生产经营过程中,会发生一系列的资金收付。首先,企业要采购材料或商品,以便从事生产和销售活动,同时还要支付工资和其他营业费用;其次,当企业把产品或商品售出后,便可取得收入,收回资金;最后,如果企业现有资金不能满足企业经营需要,还要采取短期借款方式来筹集所需资金。上述各方面都会产生企业资金的收付。这就是因企业经营而引起的财务活动,也称资金营运活动。企业的营运资金主要是为满足企业日常营业活动的需要而垫支的资金。营运资金的周转与生产经营周期具有一致性。在一定时期内,资金周转快,就可以利用相同数量的资金,生产出更多的产品,取得更多的收入,获得更多的利润。因此,如何加速资金周转、提高资金利用效率,也是财务管理的主要内容之一。

(四) 分配活动

企业通过投资(或资金营运活动)应当取得收入,并实现相应资金的增值。分配总是作为投资的结果而出现的,它是对投资成果的分配,有广义和狭义之分。投资成果表现为取得各种收入,并在扣除各种成本费用后获得的利润。因此,广义的分配是指对投资收入(如销售收入)和利润进行分割与分派的过程,而狭义的分配仅指对利润的分配。

企业通过投资取得的收入如销售收入,首先要用以弥补生产经营耗费和缴纳流转税,其余部分为企业的营业利润。营业利润和投资净收益、营业外收支净额等构成企业的利润总额。利润总额首先要按国家规定缴纳所得税,净利润要提取公积金和公益金,分别用于扩大积累、弥补亏损和改善职工集体福利设施,其余利润作为投资者的收益分配给投资者或暂时留存企业或作为投资者的追加投资。值得说明的是:企业筹集的资金归结为所有者权益和负债两个方面。在对这两种资金分配报酬时,前者是通过利润分配的形式进行的,属于税后分配;后者是通过将利息等计入成本费用的形式进行的,属于税前分配。

另外,随着分配的进行,资金或退出或留存企业,都必然会影响企业的资金运动,这不仅表现在资金运动的规模上,而且表现在资金运动的结构上,如筹资结构。因此,在依据一定的法律原则的情况下,如何合理地确定分配规模和分配方式,以使企业的长期利益最大,也是财务管理的主要内容之一。

上述财务活动的四个方面,不是相互割裂、互不相关的,而是相互联系、相互依存的。正是上述互相联系又有一定区别的四个方面,构成了完整的企业财务活动,这四个方面也就是企业财务管理的基本内容。

二、财务管理环节

财务管理环节是根据财务管理工作程序及各部分间的内在关系划分的,主要包括财务预测、财务决策、财务预算、财务控制和财务分析五个环节。财务管理各个环节相互衔接,形成财务管理工作的完整过程,被称为财务管理循环。

(一) 财务预测

财务预测是根据企业财务活动的历史资料,考虑现实的条件和要求,对企业未来的财务活动进行科学的预计和测算。通过预测企业各项生产经营方案的经济效益,可以为决策提供可靠的依据；通过预计财务收支的发展变化情况，可以确定企业经营目标；通过测算各项定额和标准，可以为编制预算提供服务。财务预测的方法主要有定性预测和定量预测两种。定性预测主要是依靠个人的主观判断和综合分析能力，对事物未来的状况和趋势作出的预测；定量预测主要是根据变量之间的数量关系建立数学模型来进行预测。

（二）财务决策

财务决策是在财务战略目标的总体要求下，运用专门的方法对各种备选方案进行比较后，选出最优方案的过程。财务决策是财务管理的核心，关系到企业的兴衰成败。财务决策的方法主要有经验判断法和定量分析法。经验判断法是决策者根据自身的经验来进行判断选择，常用的方法包括淘汰法、排队法、归类法等；定量分析法则主要包括概论决策法、线性规划法、决策树法等。

（三）财务预算

财务预算是运用科学的方法，以财务预测提供的信息和财务决策确定的方案为编制基础，对企业计划期内的财务活动所进行的全面预算。它是财务预测和财务决策所确定目标的具体化，是控制财务收支活动、分析生产经营成果的依据。财务预算的编制方法通常包括固定预算、弹性预算、增量预算、零基预算、定期预算、滚动预算等。

（四）财务控制

财务控制是在日常生产经营中，按照财务规章制度的要求，以财务预算和各项定额为依据对企业的财务活动进行影响和调节，将其控制在制度和预算规定的范围之内，及时发现偏差和纠正偏差，以便实现预算所规定的财务目标的过程。有效的财务控制可以对企业的财务活动加以规范，使企业的财务活动遵循一定的程序和方法，保证企业资金的合理使用和预期目标利润的实现。财务控制的方法通常有前馈控制、过程控制和反馈控制几种。财务控制是财务预算的具体实施阶段，离开了财务控制，财务活动就会流于形式，从而偏离财务目标。

（五）财务分析

财务分析是以历史资料和企业财务报表等信息为依据，运用比较分析、比率分析等方法，对财务活动的过程和结果进行调查研究，评价预算完成情况，系统分析企业的财务状况、经营成果、企业未来发展潜力等的过程。通过财务分析，可以掌握企业各项财务预算和财务指标的完成情况，促使企业改进工作，提高财务管理水平和效率。

综上所述，财务预测、财务决策、财务预算、财务控制、财务分析构成了财务管理的基本环节，这五个环节之间紧密联系、密不可分，形成了财务管理的一个循环过程。财务预测、财务决策、财务预算属于事前控制，财务控制属于事中控制，财务分析属于事后控制，各个环节之间应密切配合，形成科学的财务管理工作体系。

三、财务管理目标

财务管理目标是企业从事理财活动所期望达到的目的,是评价企业财务活动是否合理的标准,它决定财务管理的基本方向。企业财务管理目标具有导向作用、激励作用和考核作用。由于财务管理是企业管理的一部分,因此,企业管理目标决定企业财务管理目标。关于企业财务管理目标的观点较多,如利润最大化、经济效益最大化、每股收益最大化、股东财富最大化、公司价值最大化、利益相关者价值最大化等。有代表性的财务管理目标分为利润最大化、每股收益最大化、股东财富最大化和企业价值最大化四种。

(一)利润最大化

利润最大化观点认为,利润代表企业新创造的财富,利润越多,企业财富增加得越多,越接近企业目标。利润最大化是假定在企业预期投资收益确定的情况下,财务管理行为将朝着有利于企业利润最大化的方向发展。利润最大化作为财务管理目标,简明实用、指标容易计量,但这种观点有四个显著的缺陷:第一,没有考虑货币时间价值因素;第二,没有考虑风险价值因素;第三,没有考虑所创造的利润与投入资本之间的关系;第四,容易导致短期行为,阻碍企业长期发展。

(二)每股收益最大化

每股收益最大化又称每股盈余最大化,每股收益最大化观点认为,应将利润和股东投入的资本联系起来考察,用每股收益来概括企业的理财目标。该观点克服了利润最大化观点中没有考虑所创造利润与投入资本之间关系的缺陷,但该种观点仍存在三个显著的缺陷:第一,仍然没有考虑货币时间价值因素;第二,仍然没有考虑风险价值因素;第三,容易导致短期行为,阻碍企业长期发展。

(三)股东财富最大化

股东财富最大化观点认为,增加股东财富是财务管理的目标。股东创办企业的目的就是增加股东财富,因此,企业要为股东创造价值。股东财富可以用股东权益市场价值来衡量,股东财富增加可以用权益市场价值增加值来衡量。以股东财富最大化作为财务管理目标,其优点表现在:第一,考虑了货币时间价值因素;第二,考虑了风险价值因素;第三,有助于避免企业的短期行为;第四,考虑了利润与投入资本之间的关系。股东财富最大化观点虽然较前两种观点更为合理,但仍然存在一些缺陷:第一,股价高低受资本市场影响大,因此该观点只适用于上市公司;第二,即使是上市公司,由于股价变动不是公司业绩的唯一反映,而是多种因素综合作用的结果,因此,股价的高低有时不能真实反映股东财富的高低;第三,由于该观点坚持股东至上原则,强调股东利益,因此,有可能会导致所有者与其他利益主体之间的矛盾和冲突。

(四)企业价值最大化

企业价值是预计企业所能创造现金流量的现值,它反映了企业预期的获利能力和成长能力。企业价值最大化是指通过企业的合理经营,采用最优的财务政策,充分考虑资金时间价值和风险与报酬的关系,在保证企业长期稳定发展的基础上使企业总价值达到最大。企业价值最大化观点除了具有股东财富最大化观点所具有的优点以外,还具有以下优点:第一,用价值代替价格,克服了价格受外界市场因素干扰的弊端;第二,有效兼顾了企业利益相关者的利益;第三,有利于社会资源合理配置。但是,企业价值最大化的观点在确定企业价值时,未来收益以及风险难以准确计量,其操作性较难。近年来,随着计量经济学在企业财务管理中的广泛应用,企业价值最大化财务管理目标得到普遍的认可。

四、传统财务管理模式的弊端

目前,越来越多企业的经营模式都在逐渐信息化,许多传统的商业运作模式将会逐渐被淘汰,取而代之的将会是电子数据化等模式,这样将会更加方便企业的经营活动,降低费用,此外还可以更好地监管产品的生产和销售,及时地反馈所需的信息。传统的财务管理是建立在传统的经济环境基础上的,但是现如今传统的经济社会环境已经发生了改变,而且在这种改变还将继续扩大的情况下,传统的财务管理将面临许多新的问题。

(一)不能完全适应新型管理模式和工作方式

网络时代最大的特征就是许多工作都可以通过互联网来完成,而这种网络办公有可能需要突破空间的限制来进行,这使企业的财务管理变得迅速、便捷。在传统的财务管理模式中,各职能部门的信息不能相互传递、连接,因而企业的财务资源配置与业务行为难以实现同步,不利于实现企业资源的配置最优化。

(二)不能完全满足电子商务的要求

当前,电子商务发展迅速,同时也对企业的财务管理工作提出了新的要求。电子商务贸易双方从贸易磋商、签订合同到支付等环节均是通过网络来完成,整个交易远程化、实时化,这就对传统的财务管理提出了更高的要求。传统的财务管理没有运用网络在线办公、电子支付等手段,使得财务预测、计划、决策等各环节工作时间较长,不能适应电子商务的发展需要。此外,分散的财务管理模式不利于电子商务的发展。网络信息时代要求企业通过网络对其下属分支机构实行数据处理和财务资源的集中处理,集中调配集团内的所有资金。然而,传统的财务管理由于受到网络技术的限制,不得不采用分散的财务管理模式,造成了监管信息反馈滞后、对下属机构控制不力、工作效率低等后果。

(三)财务信息的真实、可靠、及时性较差

对大的企业集团而言,公司组织结构比较复杂,母公司下面的子公司、孙公司众多,及时掌握下面这些公司的经营及财务情况,对集团总公司来说尤为重要。但是传统的财务管理模式是财务报表层层上报,出于各种原因,分公司的管理者可通过一些方式对财务报表进行合法或非法的操作,从而使财务报表的真实性受到影响,信息失真、滞后,企业的风险难以得到及时有效的控制。再加上企业总部对于分公司的财务管理和控制的力度不

够,以及各分公司地理位置的限制,企业对子公司只能进行事后分析,而难以做到及时的事中控制,以至于不能及时地发现、解决经营过程中的问题,从而作出及时调整。

(四) 传统财务管理模式是事后管理,是一种静态的管理

在静态财务管理中,决策者得到的信息往往是经过基层部门处理后的信息,且滞后了一个会计周期,因此,获得的财务报表难以及时准确地反映企业实际的财务状况和经营成果。

企业的营销、销售、生产、采购、研发等所有能力的叠加,是企业经营、竞争能力的体现。同时,这些能力需要协调运作,使其达到最优,企业需要通过管理来提升这个协调运作的能力。管理过程需要决策,决策需要信息,信息需要财务提供,用数据驱动决策,减少不确定性,这是财务的本质。作为企业天然数据中心,财务部门亦需要应新而变,更多地参与企业经营活动和决策,成为企业的经营伙伴与管理团队的决策支持者,成为企业的"数字神经系统"。

五、现代财务管理变革

新冠肺炎疫情使各大中小型企业将目光再次投向"数字化"——这个不断被提起的概念。以"数字化"的思维和技术来改善工作方式,改善生产场景,摆脱线下的禁锢,成为企业经营者不得不正视的问题。同样地,对于企业财务管理部门来说,如何通过数字化实现在疫情下的转型,并为企业赋能创造价值成为被关注的问题。

企业为它的客户创造价值,财务也要为它的用户创造价值。财务的用户一方面是内部的全体员工、管理者和经营者;另一方面是外部客户,如投资人、各种监管机构、银行、税务部门、审计师以及各种合作伙伴等。对财务来说,用户很多时候就是内部的员工和管理层。如何建立良好的信任关系? 这就需要财务融入业务。财务价值创造的三个阶段,第一个阶段可能只是单纯看风险,第二个阶段开始有效率地管理,第三个阶段更注重用户体验。第三个阶段的财务要真正成为 CEO(首席执行官)和业务的左膀右臂,参与到战略、大决策中去。财务部门针对不同的用户提供产品服务,同时还会推出财务数据、政策文档、观点洞见、项目管理和流程优化,尽可能地提高财务流程效率,提升用户体验,降低转化成本。

第二节　数字化财务管理概述

众所周知,中国的企业信息化是从财务电算化开始的,财务管理是企业管理的生命线,几乎所有的中国企业管理水平和竞争能力的体系都是以财务为核心的。如今,尽管随着"互联网+"的到来,财务管理这一核心没有改变,但是在数字化转型的浪潮下,财务管理的方法方式是时候作出改变了。

一、数字化财务管理的含义

正如本书所说,以大数据、人工智能、物联网等为代表的数字技术已经成为基础工具

和基础设施,为社会经济变革提供了新引擎,成为最大变量。数字技术对企业财务管理也产生了巨大的冲击,财务作为企业天然的数据中心,财务数字化是实现企业数字化重要的一步,也是帮助企业充分把握数字化收益的关键所在。本书认为,数字化财务管理是指通过云计算、大数据、人工智能等新兴技术的应用,进一步加深企业财务管理流程优化、管理的创新。只有将数据与先进的管理模型、工具、方法相融合,才能真正挖掘出数据的价值。通过数字化管理技术在财务中的应用,能大大提高企业财务管理的效率、缩短财务工作时间、简化财务工作人员的工作程序,进而降低财务工作的错误概率,并实现财务智能管理的可能,为管理层决策提供更加及时并精准的财务信息。具体地,数字化财务管理工作内涵体现在四个方面:一是数据记录,二是内部风险控制,三是财务数据分析,四是财务助力企业决策。

(一)数字化提高记录效率,打造数字化"生产力"

传统的财务人员主要承担财务数据整理、核算与分析的职能,而企业员工也要按照财务流程要求完成费用填单、流程申报等工作。在社会数字化的大背景下,纸质单据凭证逐渐被电子单据所取代。财务信息收集及财务核算的"上游"的数字化、智能化报账工作刻不容缓,以进一步帮助财务人员将精力投入洞察分析,制定战略决策,帮助其他员工专注于自己的本职工作,养成利用数字化工具解决问题的习惯,进而提高财务记录效率,打造属于企业自身的数字化"生产力"(图 6-1)。

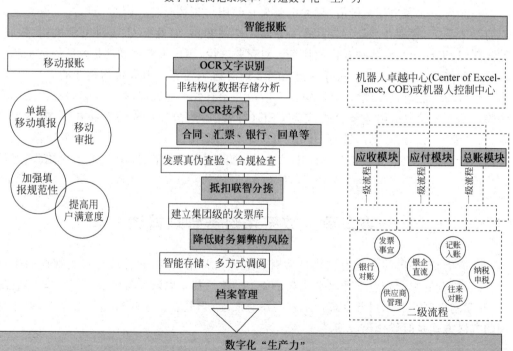

图 6-1　财务管理数字化流程

智能报账可通过 App 完成报销单据的移动填报、领导移动审批,不受时间及地点限制,大大提高用户填写报销单据的效率,在加强管控规范性的同时,用户满意度也有所提升。应用智能采集报销数据,收集非结构化数据进行存储分析,采用 OCR(optical character recognition,光学字符识别)技术进行发票识别,自动进行发票真伪查验、发票合规检查、抵扣联智能分拣的工作,同时建立集团级的发票库,可大大降低财务舞弊的风险。与此同时,智能核算服务提供自动实时的做账、记账、实时账表、财务分析、财务桌面等智能财务服务,并可借助财务机器人 RPA、智能助手等自动智能化财务处理,优化工作流程进行智能核算服务,自动生成凭证以及各种常规政府报表的填报等。

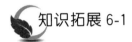 **知识拓展 6-1**

财务机器人

财务机器人是一种软件解决方案,可以模仿各种基于规则而不需要实时创意或判断的重复流程。RPA 可以不间断地执行基于规则、"转椅式"运维的流程,不仅比人类更快,还可以减少错误和欺诈的机会,简而言之,就是"像人类一样工作","把人类从机械劳动中解放出来",让人类自由地开展更高价值的工作。

智能财务机器人通过重新定义、分配工作,将财务共享中心人员从重复性的劳动中解放出来,通过将工作中的机械属性剥离出来,去完成更多具有创造性、挑战性、战略性等需要用心用脑的工作,获取更大的价值提升。一个机器人进程的处理速度往往是人类员工最快速度的 15 倍以上,而且它可以 7×24 小时不间断地工作,有接近 80% 的基于规则的流程可以被其代替,这使它成为一个超级员工。

一项研究预测,到 2025 年 RPA 将取代 16% 的职位。虽然有人认为 RPA 会对低收入工人构成重大威胁,但实际上它可能会提高员工的满意度和参与度。一些研究表明,在员工得到的工作中,多达 50% 都是枯燥的、行政的、人力劳动密集型的、并非让人满意的,这些都是引入实施 RPA 的理想选择。随着技术加速进步,企业正在迎接一个新的时代:机器学习、机器工作。随着财务机器人不断应用到财务管理的各个领域,对财务组织和治理结构,包括建立整合人力和虚拟资源(例如机器人)的生态系统,形成"人工+机器人"的新工作方式,这些都将面临新的问题和挑战。

在一项对全球人力资源专家进行的调查中,65% 的受访者认为 RPA 是一个运营模式,它能够帮助企业引入一个主要处理纯交易活动的"数字化员工队伍"。大规模实施 RPA 将需要新的组织结构(例如,集中和分散的自动化团队与责任承担,解散或削减某些职能部门等)以及适应现有的组织结构(例如,部门能力范围和团队敏锐性的变革)。

虽然一些职能和角色将彻底改变或完全消失,但是新的角色也会出现,如管理调度和流程监控的"机器人控制者",以及在应用程序更改时维护建模流程的"流程机器人开发者",而在问题和状况出现时,流程机器人开发者还可担当机器人控制者的第一个联系人。

资料来源:财资一家。

（二）数字化提高控制效率，拥有企业"鹰眼"防患于未然

众所周知，相较事后审计，事前预警和事中把控更能够帮助企业抢占先机。扑灭一场熊熊大火和扑灭源头"火苗"所耗费的成本差距就是风险管控的意义。在线风控平台如图6-2 所示。

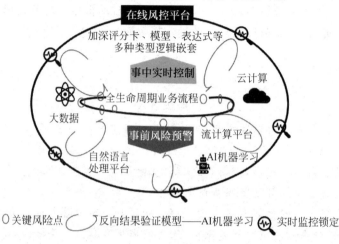

图 6-2　在线风控平台

通过在线风控平台，将风险管控从事后审计延伸到事中实时控制和事前风险预警。利用大数据及人工智能技术，向企业提供全生命周期的风险管理产品及服务。对企业业务发展中的关键风险点构建数据模型，将从各方取得的多维数据输入模型后得到风险的识别结果，并通过不断地反向验证结果、修正模型，让风控系统进行 AI 机器学习，不断提高风险识别的精度。

相较于传统的简单规则逻辑判断，进行评分卡、模型、表达式等多种类型的逻辑嵌套，实现层次更加丰富的逻辑运算，融入自然语言处理（NLP）平台、流计算平台等，进一步提升风险引擎的算力和处理时效。这样实时锁定高风险业务、高风险客户、高风险员工、高风险组织、高风险期间的工作，可提高经营过程的规范性。例如，在银行业通过风险控制系统识别支付/转账欺诈、营销活动作弊，衡量账户风险等。

（三）数字化提高分析精度，"魔方式"数据分析合理配置资源

随着财务中基本核算职能逐渐被智能报账和财务机器人等数字化的工具替代，财务多视角、多维度、多层次的分析能力越发重要，不只是从财务角度分析财务情况，更应拥有业财融合的思维，可以站在业务角度看财务、站在财务角度看业务，从而在风险把控、经营决策等方面为企业管理者提供相关的建议。

通过建立业务财务的决策支持，促使财务转型，财务从以记录为主到协助发掘高价值产品、高价值市场、高价值客户，帮助业务部门更好地协调资源，实现整体价值最大化。利用高级分析（advanced analysis）技术对规模巨大的数据进行分析，根据可视化分析和数据

挖掘结果作出预测性的判断,获得数据驱动的业务洞察。同时应用机器学习与人工智能从海量数据中快速并准确地挖掘数据内部特征和规律,通过模型精准预测,并进行持续的自我优化。对数据进行"魔方式"分析,从多个视角灵活组合,找到数据之间潜藏的逻辑关系,发掘市场规律,从而合理配置企业资源。

(四)数字化增加预测场景,"先发制人"掌握主动权

面对当今业务模式、市场需求、控制环境的快速变化,财务管控不仅要跟上节奏,更要"先发制人"。利用数字化技术预测场景进行决策,成为企业掌握主动权的制胜法宝。同时根据多维度预测场景搭建预算模型,深化业财融合,实现运营一体化,如图 6-3 所示。

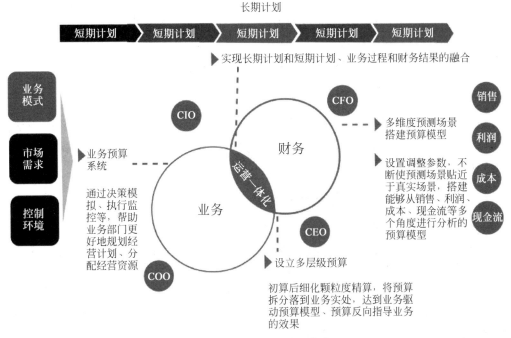

图 6-3　财务业务运营一体化

建立业务预算系统,通过决策模拟、执行监控等,帮助业务部门更好地规划经营计划、分配经营资源,达到长期计划和短期计划、业务过程和财务结果的融合,完成卓越绩效。设置调整参数,不断使预测场景贴近于真实场景,搭建能够从销售、利润、成本、现金流等多个角度进行分析的预算模型。同时设立多层级预算,初算后细化颗粒度精算,将预算拆分落到业务实处,达到业务驱动预算模型、预算反向指导业务的效果。

二、数字化财务管理必要性

21 世纪是信息技术快速发展的时代,尤其是当下人工智能、大数据技术快速发展,在这样的市场潮流下,如果企业仍然坚持以资金流转形式为主的传统管理模式对企业财务进行管理,势必会在快速发展的时代被淘汰。而且,企业财务管理工作在企业中占据极其重要的中心位置,关系到企业经济效益的高低,并关系到企业在市场中的竞争力。因此,

企业要顺应潮流、与时俱进,将数字化变革应用在企业的财务管理当中,财务管理不能局限于内部信息的交流,而是应该立足整个市场,在智能化及数字化中寻求新的发展机遇。

麦肯锡全球研究院(MGI)的报告《数字时代的中国:打造具有全球竞争力的新经济》指出,随着数字化进程的推进,各行各业正在不断拓宽数字技术的应用范围,新一波数字化浪潮已经到来。数字化的三股推动力——去中介化(disintermediation,以数字化技术消除中介)、分散化(disaggregation,将大量资产分解并重新包装成细化服务)和非物质化(dematerialization,将实物虚拟化,如 3D 打印、虚拟现实等),到 2030 年或可转变并创造10%~45%的行业总收入,提升效率、生产力以及中国企业的全球竞争力。

蓬勃发展的数字化技术正在不断改写现有格局,重构行业价值链,这将驱动形成更具全球竞争力的中国新经济,并催生出更多充满活力的中国企业。数据作为数字经济的核心生产资料和生产要素,价值体现需要利用支撑层的技术群落实现:从数据端(App 或智能终端)产生,通过网络传输到云端,在云端的大数据平台上进行存储、处理、共享和分析,通过深度学习人工智能相关算法实现数据在不同业务场景的应用价值。

三、数字化财务管理发展现状及对策

目前,数字化财务管理在我国企业财务管理中的应用越来越广泛,企业都有意识地在尝试财务管理数字化转型,主要体现在智能化数字工具的使用和管理人才的培训培养上,但目前转型还处在摸索当中,主要存在以下问题。

(一)财务管理数字化软件不够先进

企业财务管理数字化的相关软件不够先进是制约企业财务管理数字化转型的重要因素。一套完整的、先进的、适合企业自身发展的数字化管理软件系统能够大大地提升企业财务的数字化管理水平,能提升财务管理的工作效率。但是就目前来说,主流的方法还是使用 ERP 系统软件进行财务管理,这其实是不适应当前发展的。用友、金蝶等公司开发的本地 ERP 系统软件尽管包括了采购供应、生产管理、销售管理、人事管理、财务管理等模块内容,但各个模块之间都是独立的,没有借助网络打通各个模块之间的联系,更不可能说跟外界的信息、市场的数据相联系。所以,构建"云十财务"就显得非常必要且迫切。

(二)企业财务管理数字化人才缺失

企业财务管理数字化人才是提升企业财务数字化水平的核心动力。只有任用业务素质高、操作能力强的数字化管理人才,才能够提高企业的财务管理水平、优化企业的财务管理机制。但目前,关于财务管理数字化方面的培训不多,且大部分财务人员也没有动力去学习数字化技术。因此,企业一定要加强对数字化管理人才的培养,可邀请数字化管理方面的讲师在企业内部定期开展培训工作,以此提升企业财务管理人员数字化的业务素质。企业在招聘数字化人才时务必严把人才质量关,多关注财务与数字化的复合型人才。

（三）企业财务管理人员的数字化意识有待提升

企业财务管理人员的数字化意识薄弱是阻碍我国企业数字化管理水平提升的重要原因。财务管理人员的数字化意识薄弱也就意味着财务管理人员在企业财务管理数字化转型及管理过程中办事效率低下、操作能力不强，不能适应现代企业对财务工作的要求。企业财务管理是一项工作量浩大、工作内容复杂、程序繁多的工作，特别是面对大量基础性、重复性的工作，如果管理人员不具备较强的数字化管理思维，再加上与其他部门、外界配合不好的话，很容易造成工作效率低且影响企业财务数字化管理水平。

四、数字化财务管理的特点

财务管理的数字化转型是新时代财务管理发展的必然趋势。总的来说，要实现财务管理数字化转型，企业需要建立起财务管理系统共享平台，实现财务管理信息资源共享，并通过人工智能技术和大数据分析工具获取更加复杂和及时的财务数据信息，为数字化决策提供数字支持。而且，数字化技术是与计算机相伴而生的科学技术，因此，数字化财务管理主要具有准确性、高效性、安全性、智能性的特点。

（一）准确性

财务数据具有纷繁复杂和对准确性要求极高的特性，而面对复杂的数据信息，安排人工进行处理的准确率偏低，常常会因为数据报错而耽误了经营方案的实施。采用数字化技术之后，将大量复杂的数据交由计算机自动处理，这样能大量节省人力、物力，提升工作效率并提高准确性。

（二）高效性

数字化技术具备优越的高效性能，不仅可以在短时间内对财务数据自动处理，也能辅助工作人员建立数据模型。同时，对已处理的数据进行深入挖掘，客观地反映出某段时间的经济活动状况。

（三）安全性

办公自动化系统常受到软硬件设施的影响，导致处理的数据质量达不到标准要求。数字化技术和计算机技术升级后，不仅具有强大的数据处理功能，也能为财务工作提供良好的操作平台，增强数据交替使用的安全性，财务人员为数据库设置访问权限，非授权人员不得操作数据库的信息，降低了数字化操作过程带来的安全风险。

（四）智能性

数字化财务管理也具备智能性。数字化财务管理能通过海量数据，配合当前计算机的算力，为客户或是企业管理提供基于机器学习等算法推荐最优的下一步行动选择。而这也依靠大数据中心的建设和智能计算模型库的建设，只有基于这两点才可能具备财务管理智能决策和响应的能力。而这个过程发展需要时间，也需要前期一个长周期的数据积累,只有做好了准备,规范了结构化的数据,才具备对数据进行分析、让数据产生价值的能力。

五、数字化财务转型的步骤

在安永 2017 年的《首席财务官的 DNA》调查中,58％的财务主管认为"数字化"是颠覆首席财务官角色的四大力量之一。大批企业势必都会加快财务数字化的进程,本书认为数字化财务转型要经过以下几个步骤。

(1) 完成财务的工业化革命,建立财务共享服务中心和提供财务共享服务,以"五个统一"(统一会计科目、统一会计政策、统一核算流程、统一信息系统、统一数据标准)为管理基础,将财务基础业务不断专业化、标准化、流程化、信息化,实现财务的工业化革命,是企业财务数字化转型的第一步。

(2) 将操作与管理分离,建立业务财务与战略财务,深度参与企业价值链各个环节,多维度支持企业经营发展。战略财务,是企业的"总参谋部",为管理层决策提供正确"情报"。在共享服务的支持下,形成集共享服务、业务财务和战略财务于一体的管理体系,才能够真正帮助业务进行经营管理,真正将数据变成信息、转化成知识、凝结成智慧。

(3) 应用前沿信息技术让财务部门成为自动化的财务、智能化的财务。财务机器人是财务业务流程节点上的自动化应用,以机器人为虚拟劳动力,自动执行基于明确规则的操作,让财务部门成为"自动化的财务"。财务智能化,智能采集海量信息,基于机器学习总结规律,应用算法与模型智能预警财务风险,智能分析助力企业科学决策,让财务部门成为"智能化的财务"。

(4) 实现财务数字化转型,让财务部门成为企业的"数字神经系统"。随着企业的发展,业务活动越来越复杂,企业和利益相关者的连接越来越密切,在经营过程中产生了大量的数据。财务部门的价值在于获取并分析这些海量数据,描绘企业的价值图谱。财务要从最小数据集转化成企业的大数据中心,成为企业的"数字神经系统",帮助企业用数据进行管理、决策和创新。

第三节　数字化财务管理的应用/创新趋势

一、大数据系统平台

对于传统企业来说,过去企业以应用为中心,每个业务都要建立一套独立的系统,而且更多是一种静态的机械体系。面对海量数据,如何进行快速准确的删选并预测信息;面对内外部环境变化,如何打通信息壁垒,提供实时的、持续的决策支持,这都是传统财务管理难以解决的难题。要实现数字化转型,就需要以数据化的新思维建立内外部的连接、共享、协同机制,把各个环节都统一到数字化的协同平台上,以数据为中心搭建起大数据平台,深耕细作大数据,为企业管理运营、客户体验提供精准的决策和有力的支持。

内通外联是实现信息化、自动化、智能化、数字化管理的新模式(图 6-4)。其中,内通指的是企业内的集团层面,将各个部门与业务、不同资源与信息统筹管理起来,形成统一的可复制模式。财务部门本身就具有两大优势:①财务部门是天然的大数据中心。②财务部门天生中立,数据客观、真实。财务部门要充分运用这两大优势,将自己转化成企业的"总参谋部"。如果仅提供会计报表,财务部门就只是"倒后镜",在企业中很难有较高的地位;当财务部门能够展示企业经营状况,包括合同、收入、库存、采购、收款、费用开支和预算执行情况,财务部门就会成为"仪表盘",能够得到管理者的关注。形成统一的模式也能够让不同的企业共享沟通,为外联打好基础。外联,顾名思义,便是将企业对外的触角与外部的供应商、合作商、代理商,以及客户、政府部门、金融机构联系起来。对于财务部门来说,外联要求财务部门能够与外部互联,以不同的视角、更加高远的切入点,提供内部无法接触到的宏观走势预测、行业信息,高屋建瓴地告诉管理者接下来应怎么走,成为企业的"导航仪",这样财务部门才会得到重视,才能实现财务职能化的转型。

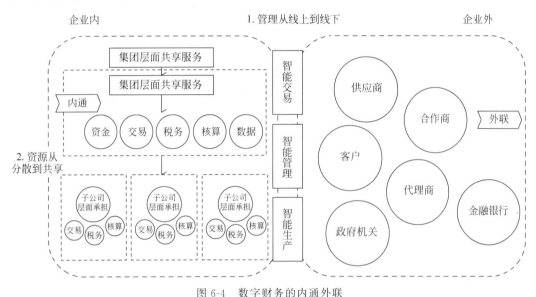

图 6-4　数字财务的内通外联

资料来源:彭娟,陈虎,王泽.数字财务[M].北京:清华大学出版社,2020.

二、财务共享服务

财务共享服务,是指将财务管理工作中的财务核算、资金管理等集中管理,实现财务核算和财务结算的流程化与规模化,从而提高财务管理效率、降低企业成本。财务共享服务被视为财务的"工业化革命",是财务不断标准化、专业化、流程化、信息化和智能化的过程。企业规模发展到一定程度,旧的财务管理模式必然会遇到种种问题,影响企业整体运作,造成成本过高、模式难以规范化统一等问题,影响企业决策。具体而言,通常财务共享中心可以解决以下几个方面的问题。

(1)数据不一致。部分业务缺乏数据支持,因此需要将共同的、重复的流程集中到共享服务中心,采用统一的、标准的核算和报告流程,确保财务信息及时、准确、完整,确保财务、业务数据的一致性。而财务共享中心就具备这样的优势,实现业务数据与财务数据的融合。

(2)数据连接性差。跨部门间数据共享度较差,财务的核算能力(效率、账务质量)赶不上企业发展速度,无法为企业决策提供支持,因此要通过财务共享实现各部门数据共享,采用共享技术及相关设施,提高财务工作效率,体现财务对公司决策的价值,推动财务转型。

(3) 数据价值利用率低。大部分会计人员做的都是烦琐且重复性高的工作,支持战略与决策的财务人员少,因此需要通过核算人员、财务操作的集中,做到人员及结构的有效调整,实现资源的有效分配和共享,消除重复的功能,优化财务管理模式,有效降低公司经营过程中的各种风险。

以上就是目前多数企业建立财务共享系统的原动力,在核算标准化、效率提升、财务转型以及数据共享带来的价值等方面取得一定的进步。

扩展阅读 6-1　美的集团财务共享中心优化研究

在企业面临新时代、新经济的竞争背景下,部分企业出现创新不足、盈利下降以及管理成本过高等问题。因此,财务共享中心的建设,需要具有战略性、前瞻性和高效性,从资源共享、决策支持、重大风险防范、强化战略、打造执行力等角度,对改进战略投资和运营效率及目标等方面进行改进与提升。

(1) 财务共享中心可以实现资源共享,提供决策支持。企业在经济结构改革的过程中,梳理、优化整体性资源,调整业务结构,降低企业成本消耗,增强企业盈利能力,实现持续性的收入增长。

(2) 财务共享系统须抓住资金链条,集中化运行共享资金平台,利用新的融资渠道提升资金运营效率。在实际运作上,瞄准企业主要经济领域和关键领域,为结构调整和转型升级提供"子弹"。

(3) 财务共享可以实现对子公司的管控,防范重大风险,对子公司项目运作、绩效目标的实现程度、收入的质量、成本费用的真实性、是否存在潜在财务舞弊等进行多维度管控。

(4) 财务共享为企业整体性战略提供助力。在企业从高速度增长转向高质量增长过程中,帮助企业脱颖而出的一个重要因素是战略,以及在战略的引领下系统地打造执行战略的能力。因此,财务共享系统必须能够帮助企业强化战略,打造执行力和决策能力。

企业最理想的财务共享系统,能够实现财务资源和数据的共享,同时还能够预防重大的财务风险,尤其是财务舞弊。在企业战略引领下,将战略转化为运营行动和财务目标,运用共享平台监测和改进战略,通过有价值的数据分析实现决策支持,最终实现企业的绩效目标和战略目标;否则,将陷入共享"核算、报账"的陷阱,决策层可能会质疑财务团队的能力和财务共享的价值。

知识拓展 6-2

"数字企业 智能服务——2018 全球企业服务大会"在北京雁栖湖国际会展中心召开。其中,在以"实时会计 智能财务——数字化重新定义财务"为主题的企业财务数字化转型论坛上,来自鞍钢集团、延长石油集团、澳洋集团、CMEC(中国机械设备工程股份有限公司)、人人车、浙江新华书店等企事业单位领导,与 600 多位业内同人齐聚,共同探讨数字化时代大企业财务管理转型升级之路和未来财务发展之道,同时,还有 3.42 万人通过在线直播同步参与此次会议,共享这场振奋人心的智能财务思想盛宴。

就大企业财务管理如何转型的话题,先行者的企业高管与业界同人分享了建设财务共享服务中心的成功实践经验。

鞍钢集团财务共享中心副主任郑良文和与会嘉宾分享了"共和国长子"的财务转型之路:鞍钢财务共享两年之内,完成财务统一核算、财务共享、中央账务仓三大功能,实现了用友 NC65、共享 3.0 与友商系统深度无缝集成,建成新型的集成化、标准化、流程化财务核算体系,实现了财务信息公开、透明、共享,提高了财务管理效率。其中,统一核算体系,实现鞍钢集团 175 户企业财务统一。

延长石油集团财务中心主管程魁先生就"用心服务 共创价值"分享了延长石油集团财务共享中心建设的六大经验。

(1) 试点起步,方案总领,陆续上线;

(2) 立足当下,放眼未来,长远规划;

(3) 职能分工,专业服务,组织再造;

(4) 三流合一,流程再造,规范运营;

(5) 整合系统,跨界融合,数据共享;

(6) 与时俱进,拥抱创新,共创价值。

澳洋集团信息总监王伟和与会来宾分享了澳洋集团优化财务管理之路:澳洋集团财务共享服务信息平台采用互联网、移动应用、大数据、商务智能分析、电子档案、电子发票等新技术和新应用,整体应用架构遵循"四个一"建设目标,即一个平台、业财一体、核算一本账、资金一个池,满足财务共享服务运营模式和集团管控需求。

资料来源:搜狐网。

三、云财务

"云"这个概念其实并不像它的名字一样凭空出现,而是 IT 产业发展到一定阶段的必然产物。人们通过互联网进行诸多操作,如搜索、网购、订票⋯⋯随着服务内容和用户规模的不断增加,对于服务的可靠性、可用性的需求急剧增加,而这种需求又难以通过集群等方式被满足,企业只能通过在所服务的地区单独建设数据中心来达成,费时费力。但是,对于像 Google 和 Amazon 这样有实力的大公司来说,有能力建设分散于全球各地的数据中心用来满足各自业务发展的需求,并且有富余的可用资源。于是 Google、Amazon 等就将自己的基础设施能力作为服务提供给相关的企业及用户,这就是技术领域"云"概念的由来。

对于云财务的解释和定义有多种,有的认为云财务指的是将集团企业财务共享管理模式与云计算、移动互联网、大数据等计算机技术有效融合,实现财务共享服务、财务管理、资金管理三中心合一,建立集中、统一的企业财务云中心,支持多终端接入模式,实现"核算、报账、资金、决策"在全集团内的协同应用。"财务云"一词最早由中兴财务云在 2011 年正式提出,来源于一次讨论中产生的灵感。由于公司全球化业

 扩展阅读 6-2 大华公司财务私有云服务平台模式创新与解决方案

务的快速扩展,出于经营管理对财务转型的要求,中兴通讯将各个业务单位的财务基础工作予以标准化、流程化,并集中至财务共享服务中心处理,国内第一家财务共享服务中心——中兴通讯财务共享服务中心于 2005 年正式成立。2010 年,在研讨云计算技术发展趋势时,中兴通讯财务共享服务领导团队认为:云计算是会计工作未来发展的趋势,云计算和财务结合会推动财务共享服务中心的发展;同时,财务共享服务中心的内核是企业内部财务计算能力的集合,非常符合云计算的特征——无时不在、无处不在且随需取用。你不知道它在哪里、由谁提供,但只要提出服务请求,就会即刻响应,随时获取满足需求的财务服务。2011 年,中兴通讯财务共享服务中心正式更名为"财务云",寓意着财务能像水和电一样无处不在,并唾手可得。

中兴新云 FOL 财务云信息系统,基于中兴新云团队多年沉淀的财务共享服务管理理念及信息化建设经验形成,是企业建设财务共享服务、推动数字化转型的重要工具。FOL 财务云信息系统以财务共享为核心,集合费用、采购、销售、核算、资金和税务六大体系,采用成熟、主流的 IT 框架,通过各个系统的互联互通,实现了业务数据的自动采集与财务处理的智能高效,帮助企业发挥数据价值,如图 6-5 所示。

四、智能财务

随着科技的进步,人工智能、大数据、区块链、AI、RPA 等技术得到了巨大的发展,技术革命正加速开启一个崭新的智能时代。

智能财务是覆盖财务流程的智能化,它涵盖三个层面:第一,基于业务与财务相融合的智能财务共享平台,这是智能财务的基础。第二,基于商业智能的智能管理会计平台,这是智能财务的核心。第三,基于人工智能的智能财务平台,这代表智能财务的发展。

财务工作本身就是复杂且工作量大的。例如,纸质票据流转,手工核对发票抵扣联与网上数据,工作量大,效率低;发票入账后认证难,工作量大;审批流程冗长,权限设置不清晰,人工判断不合规,手工做账效率低;异地报销与审批处理不及时等。企业财务工作面对企业众多的流程以及庞大而复杂的数据,在向财务智能部门提出挑战的同时,也为企业提供了分析业务的重要机会。具备更强大预测功能的分析工具不断推陈出新。例如,四大会计师事务所之一的德勤会计师事务所推出的"德勤财务机器人"就引起了广泛关注。

财务机器人作为一类虚拟机器人,不同于工业机器人等实体机器人,是一种基于规则的软件,它通过执行重复的、基于规则的任务,对手工财务操作或流程进行自动化处理。和人相比,财务机器人的优势就在于,它可以按照既定的流程,不知疲倦地工作 7×24 小时,而且可以减少人为操作误差。财务机器人将财务人员从大量重复性的记账、审核等低附加值工作中解放出来,使他们有更多的时间去做财务决策等高附加值工作,为企业创造更多价值。

基于目前常见的集团财务职能划分,"财务机器人"这样的智能化技术最容易发挥效用的地方是在交易型财务处理和内部风险管控两大部分。尤其对于依托财务共享模式进行企业财务管理转型的企业,财务共享中心的主要职责恰恰就是进行交易型财务处理及部分控制审核,再加上特有的标准化及流程化,使得财务机器人具备了良好的应用环境。

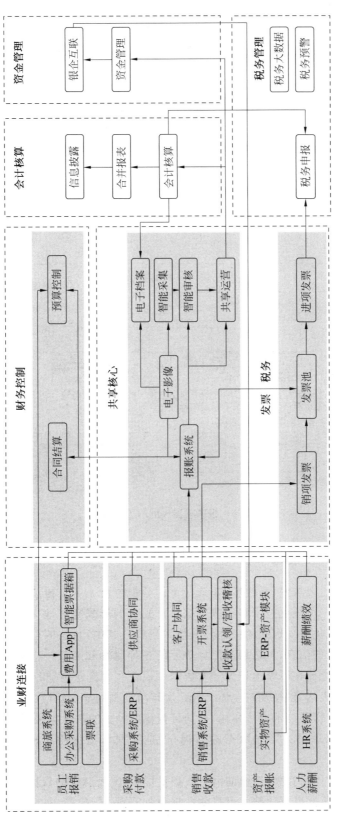

图 6-5 中兴新云 FOL 财务云信息系统

财务机器人的有效应用应该建立在企业内部具备一定标准化、规则化的前提下,而这也正是企业要优先考虑建设财务共享中心的原因。先持续地推进标准化作业,规范业务处理流程,再应用财务机器人,才能收到良好的效益。

智能财务将给财务数字化转型带来两方面的深入影响:从业务视角看,智能财务有助于业务与财务的深度融合,让业务人员懂得他们的每一个动作都会对财务产生影响;从管理角度看,智能财务让管理者心中有一本"明白账",这为下一步管理会计更好地发挥规划、预测、决策、控制、评价等功能提供了大量真实、可靠的信息,进而让分析更精准、管理更高效。

传统的报销不可避免地要经历填单、粘贴发票等烦琐的流程。现在的报销只需要对机器人说"我要报销",接下来的一切都由机器人完成。图 6-6 为报账机器人应用场景示例。

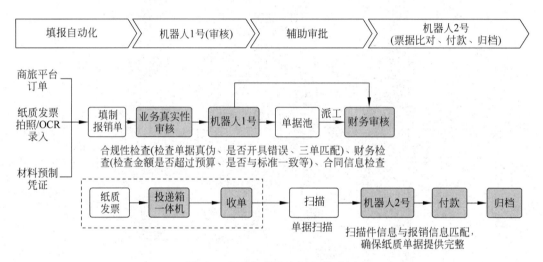

图 6-6　报账机器人应用场景示例

五、财务大数据可视化

在大数据时代,大规模、高维度、非结构化的数据层出不穷。传统的显示技术很难显示大数据,可大数据可视化技术将这些数据以可视化的形式完美地显示出来。大数据可视化是关于数据视觉表现形式的一种科学技术研究。其中,数据的可视化表示定义为以某种汇总形式提取的信息,包括相应信息单元的各种属性和变量。它是一个处于不断演变之中的概念,其边界在不断地扩大。大数据可视化利用图形、图像处理、计算机视觉以及用户界面,通过表达、建模及对立体、表面、属性与动画的显示,对数据加以可视化解释。与立体建模之类的特殊技术方法相比,数据可视化所涵盖的技术方法要广泛得多。那么,大数据可视化可以理解为巨量数据的可视化,是数据可视化的一种,只是数据量更加庞大。

随着大数据时代的到来,企业的财务数据量堆积,密密麻麻的数据的可读性较差并难以抓住重点,利用数据可视化技术可以使数据更加直观、有意义,更易被人们快速理解和接受。另外,人们由于记忆能力的限制,不可能在短时间内记住大量数据,如今信息化发展已经普及、互联网时代已经来临,企业的管理方式必然要从传统的人工流水管理方式过渡到大数据可视化的方式。财务数据可视化,把传统的用表格或数字展现财务数据的方式替换为将财务数据用图表这种更加直观的方式展现出来,使数据更加客观、更具说服力,直观的图表展现财务数据,显得简洁、可靠,更能够适应不同使用者的需要,帮助人们快速理解和掌握。

长期以来,在财务报告目标导向的影响下,企业财务管理的重心主要放在编制财务报告、履行受托责任上,虽然财务报告的编制以确认、计量、记录为基础,然而由于过程管理粗放,数据作为企业的一项重要资源,其价值没有受到应有的重视,有些与企业决策相关的数据并未得到及时、充分的收集。由于数据分类标准差异,数据整合利用难度大、效率低,大量数据生成财务报表之后,便处于休眠状态,直至因销毁而永远丧失价值。另外,大数据存在利用密度低的特点,主要是指海量数据下蕴含的相关信息、有效信息可能只是其很小一部分,信息提纯面广,也就是说需要在海量的数据中去挖掘有限的可用信息。这些都是财务数据可视化存在的问题。

 ## 本章小结

本章对财务管理的基本概念、财务管理的内容及财务管理的环节进行了回顾,对数字化财务管理的内涵、必要性、特点及步骤等进行了阐述,并叙述了数字化财务管理的应用。财务管理环节是根据财务管理工作程序及各部分间的内在关系划分的,其主要包括财务预测、财务决策、财务预算、财务控制和财务分析五个环节,各个环节相互衔接,形成财务管理工作的完整过程,被称为财务管理循环。财务管理包括投资、筹资和运营,以及利润分配的管理。面对新的技术支持及变化的市场环境,不仅内部业务对财务管理提出要求,内外部的财务信息传递、连接也对财务管理提出了新要求。

本书认为,数字化财务管理是指通过云计算、大数据、人工智能等新兴技术的应用,进一步加强企业财务管理流程优化、管理的创新。数字化财务管理主要具有准确性、高效性、安全性、智能性的特点。

当前,各个企业的财务数字化转型的程度不同,主要的数字化财务管理的应用由大数据系统平台、财务共享服务、云财务、智能财务及财务大数据可视化等打造。

企业实现数字化财务管理是实现企业数字化转型的重中之重。企业数字化财务管理转型由内部需求驱动,以新一轮的产业升级为前提,以科技技术变革为实现的基础。特别是新一代的科技技术推动企业财务变革,推动传统财务向共享、互联、智能、大数据的云财务时代发展。

 ## 章尾案例

海尔集团:物联网时代的共享平台和智能财务

物联网时代,海尔集团从传统制造企业转型为共创共赢的物联网社群生态,率先引爆

物联网经济。目前,海尔集团已建立包括日日顺、海融易、顺逛、COSMOPlat等以用户需求驱动的品牌和平台,其中COSMOPlat工业互联网平台让用户全流程参与产品设计研发、生产制造、物流配送、迭代升级等环节,真正实现人人定制和智能制造,在新的时代背景下,海尔财务管理的价值创造、流程管理和服务理念也相应改变。财务部门不再只是交易的处理者,还是风险的管控者和预算绩效的支持者,更是价值的创造者。为探索网络时代下企业的共享平台和智能财务体系,围绕海尔集团"平台+生态"的商业范式,借助智能化的信息技术手段,海尔财务共享平台进行了一系列的体制和机制创新,具体举例说明如下。

1. 基于业财税深度一体化的智能财务共享平台

业财税融合是目前财务领域普遍关注和创新的方面,但是要落实在财务管理当中却不是一件容易的事。原因在于,长时间以来,业务流程、会计核算流程以及管理流程各自为战,缺乏有效的手段将这三者连接起来。海尔集团通过财务共享平台的建设和智能化的技术运用实现了三方面的有机结合,完成了端到端的智能核算。利用"互联网+",海尔财务共享在云端搭建"财务云平台",连接差旅服务、办公用品、大宗采购以及内部资源采购,使之"互联网化、云化",实现企业消费业务和采购业务对供应商的直接结算。同时,基于电子发票信息,实时抽取、归集集团各法人的进、销项数据,为业务用户提供数据及决策支持,规避税务风险和经营风险。

2. 基于大数据和智能算法的全球资金管理平台

全球资金管理能力的提升离不开数字化和数据挖掘、机器学习、智能引擎、人工智能等新技术的应用。技术赋能使得资金管理更加敏捷和智能。海尔集团提倡平台上的各个中心、服务模块通过自动化、智能化的方式来实现。例如"易付宝"和"资金通"等资金平台都在不断优化升级。其中,基于互联网模式的"资金通"平台,利用新模式、新技术连接资源与用户,实现了资源整合、无感体验的需求定制和无缝安全、全面实时的智慧连接。"资金通"平台通过风险评估模型、敏感性分析、用户画像、KPI等,形成资金大数据,制订资金解决方案,降低金融风险,实现高效的融资、全球结算、结售汇和现金池管理,从而为小微企业赋能增值。

海尔集团财务共享中心目前拥有220多名员工。根据集团策略,海尔集团将财务共享中心分为会计平台和资金平台两大部分,包括费用稽核、总账政策、往来清账、税务遵从、资产核算、融资平台、资金管理、社群交互等14个模块,建立了集团120多个云到端的业务流程,为旗下900多家法人公司提供全球财务共享服务,先后经历了国内共享、全球共享和外包服务三个阶段,从国内共享服务到面向全球(海外工厂及贸易公司)的共享服务以及外包社会化服务稳步推进实施。标准统一、流程统一、组织统一、信息化平台统一、资金池统一使得会计交易处理效率多年稳步提升,规避了公司财务信息失真、效率低、经营风险不受控等问题,形成了具有"人单合一"和"小微众创"模式的海尔全球财务共享服务。

无论是大共享平台,还是财务共享平台,"人单合一"无疑是渗透进机体的独特基因。在这种模式下,海尔实现了"企业平台化、员工创客化、用户个性化",开启企业发展的新时代。基于"人单合一"机制创新的有力支撑,财务共享平台从专业、科技、机制、生态四个维度对小微业务进行赋能。

资料来源:财资一家。

讨论题

海尔集团的智能财务创新中有哪些可借鉴的经验？

【本章思考题】

1. 财务管理包含哪些内容？
2. 传统财务管理在新时代面临哪些挑战？
3. 传统财务管理具有哪些弊端？
4. 简述数字化财务管理的内涵和特点。
5. 财务共享的作用有哪些？

【即测即练】

第 七 章

数字化风险管理

1. 掌握风险管理的基本概念、内容、基本目标、过程,了解风险管理面临的挑战和发展趋势。

2. 掌握数字化风险管理的内涵、作用及主要的风险管理工具,了解传统风险管理与数字化风险管理的区别和联系。

3. 熟悉数字化风险管理的主要应用,能够结合实际案例熟练掌握数字化风险管理中用到的方法、软件等。

引导案例

美国安然公司破产从金融体系的风险分类来说属于信用风险、流动性风险、操作风险、战略风险、合规风险和市场风险。美国安然公司由美国休斯敦天然气公司和北方内陆天然气公司合并而成,2000 年世界 500 强位列 16。安然公司的危机主要是公司做假账,从 1997 年以来虚报盈利 6 亿美元,其债券被评为垃圾债券,再加上债券的附加条款,最后导致债券暴跌、股票退市,造成多家关联公司损失、合作公司的电信世通倒闭。究其原因,第一是操作风险和合规风险,安然公司存在大量内部交易,利用内部消息进行内部证券交易;第二是操作风险和战略风险,安然公司存在大量关联交易、离岸公司,利用离岸公司来虚增大量盈利;第三是风险控制不足,安然公司签订了大量的债券附加合约,导致安然公司的债券被评为垃圾债券时背负大量贷款。

安然公司破产主要由于:会计审计风险管理失当、自身战略管理失败;在会计和审计方面,安然公司将债务、坏账转移到分支机构,存在操作风险,秘密交易、圈内人交易违反合规风险,利用政治力量、重写政策条文,制造商业景气报告,误导股民;在自身管理方面,过于急功近利,传统石油公司进军知识经济网络科技,低估市场风险,当经济衰退时存在问题。

第一节　风险管理概述

一、风险管理的概念

风险管理是社会组织或者个人为了降低风险的消极结果的决策过程,在财务、安全、生产、设备、物流、技术等多个方面,进行风险识别、风险分析、风险计划、风险跟踪、风险应对,并在此基础上选择与优化组合各种风险管理技术,对风险实施有效控制,妥善处理风险所致的损失和后果,从而以最小的成本收获最大的安全保障。

风险管理的含义包括以下具体内容。

（1）风险管理的对象是风险。

（2）风险管理的主体可以是任何组织和个人,包括个人、家庭、组织（包括营利性组织和非营利性组织）。

（3）风险管理的过程包括风险识别、风险估测、风险评价、选择风险管理技术和评估风险管理效果等。

（4）风险管理的基本目标是以最小的成本收获最大的安全保障。

（5）风险管理成为一个独立的管理系统,并成为一门新兴学科。

风险管理对现代企业而言十分重要。当企业面临市场开放、内部及外部的信用风险、战略变化风险、运营风险、系统风险、法规风险等时,都会使变化波动程度提高,连带增加企业经营的风险。良好的风险管理有助于降低决策错误的概率、避免损失过大的可能、相对提高企业本身的附加价值,因此,企业应该树立风险意识,及时地对风险进行评估并付诸实际行动,对风险进行衡量并最终找到预防及解决风险的对策。一个企业需要有完备的风险管理政策,同时具备高水平的风险管理人才,而且要建立风险管理系统,才能应对当下变幻莫测的市场,才能在数字化的时代增加公司的价值。图 7-1 所示为公司风险与公司价值的影响关系。

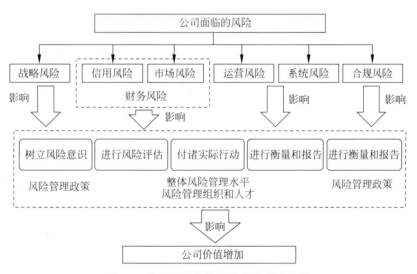

图 7-1　公司风险与公司价值的影响关系

风险管理作为企业的一种管理活动,起源于 20 世纪 50 年代的美国。当时美国一些大公司发生了重大损失,公司高层决策者开始认识到风险管理的重要性。其中一次是1953 年 8 月 12 日通用汽车公司在密歇根州的一个汽车变速箱厂因火灾损失了 5 000 万美元,成为美国历史上损失最为严重的 15 起重大火灾之一。这场大火与 20 世纪 50 年代其他一些偶发事件一起,推动了美国风险管理活动的兴起。后来,随着经济、社会和技术的迅速发展,人类面临越来越多、越来越严重的风险。科学技术的进步在给人类带来巨大利益的同时,也给社会带来了前所未有的风险。1979 年 3 月,美国三里岛核电站发生爆炸事故;1984 年 12 月 3 日,美国联合碳化物公司在印度的一家农药厂发生毒气泄漏事故;1986 年,苏联乌克兰切尔诺贝利核电站发生核事故。这一系列事件大大推动了风险管理在世界范围内的发展,同时,在美国的商学院里首次出现了一门涉及如何对企业的人员、财产、责任、财务资源等进行保护的新型管理学科,这就是风险管理。无论是采取外包还是采取内置的方式,对国际政治风险的跟踪和预警都应该成为中国企业海外运营的日常工作。这些都说明,目前风险管理已经发展成企业管理中一个具有相对独立职能的管理领域,在围绕企业的经营和发展目标方面,风险管理和企业的经营管理、战略管理一样具有十分重要的意义。

二、风险管理的目标

风险管理是一项有目的的管理活动,只有目标明确,才能起到有效的作用。否则,风险管理就会流于形式,没有实际意义,也无法评价其效果。

风险管理的目标就是以最小的成本获取最大的安全保障。因此,它不仅仅是一个安全生产问题,还包括识别风险、评估风险和处理风险,涉及财务、安全、生产、设备、物流、技术等多个方面,是一套完整的方案,也是一个系统工程。

风险管理目标的确定一般要满足以下几个基本要求。

(1)风险管理目标与风险管理主体(如生产企业或建设工程的业主)总体目标的一致性。

(2)目标的现实性,即确定目标要充分考虑其实现的客观可能性。

(3)目标的明确性,即正确选择和实施各种方案,并对其效果进行客观的评价。

(4)目标的层次性,从总体目标出发,根据目标的重要程度,区分风险管理目标的主次,以提升风险管理的综合效果。

风险管理的具体目标还需要与风险事件的发生联系起来,从另一角度分析,它可分为损前目标和损后目标两种。

(一)损前目标

(1)经济目标。企业应以最经济的方法预防潜在的损失,即在风险事故实际发生之前,就必须使整个风险管理计划、方案和措施都最经济、最合理,这就要求对安全计划、保险以及防损技术的费用进行准确分析。

(2)安全状况目标。安全状况目标就是将风险控制在可承受的范围内。风险管理者必须使企业意识到风险的存在,而不是隐瞒风险,这样有利于企业增强安全意识,防范风险并主动配合风险管理计划的实施。

(3)合法性目标。风险管理者必须密切关注与经营相关的各种法律法规,对每一项经营行为、每一份合同都加以合法性审视,不至于使企业蒙受财务、人才、时间、名誉的损失,保证企业生产经营活动的合法性。

(4)履行外界赋予企业的责任目标。例如,政府法规可以要求企业安装安全设施,以免发生工伤,同样,一个企业的债权人可以要求贷款的抵押品必须被保险。

(二)损后目标

(1)维持生存目标。一旦不幸发生风险事件,给企业造成了损失,这时风险管理最基本、最主要的目标就是维持生存。实现这一目标,意味着通过风险管理,人们有足够的抗灾救灾能力,使企业、个人、家庭乃至整个社会能够经受得住损失的打击,不至于因自然灾害或意外事故的发生而元气大伤、一蹶不振。实现维持生存目标是受灾风险主体在损失发生之后,在一段合理的时间内能够部分恢复生产或经营的前提。

(2)保持企业生产经营的连续性目标。风险事件的发生给人们带来了不同程度的损失和危害,影响正常的生产经营活动和人们的正常生活,严重者可使生产和生活陷于瘫痪。而这对公共事业单位尤为重要,这些单位有义务提供不间断的服务。

(3)收益稳定目标。保持企业经营的连续性便能实现收益稳定目标,从而使企业保持生产持续增长。对大多数投资者来说,一个收益稳定的企业要比高风险的企业更具有吸引力。稳定的收益意味着企业的正常发展,为了达到收益稳定目标,企业必须增加风险管理支出。

(4)社会责任目标。尽可能降低企业受损对他人和整个社会的不利影响,因为企业遭受一次严重的损失会影响到员工、顾客、供货人、债权人、税务部门以至整个社会的利益。

为了实现上述目标,风险管理人员必须辨识风险、分析风险和选择适当的应对风险损失的方法与措施。

三、风险管理的过程

风险管理包含风险识别、风险分析、风险计划、风险跟踪和风险应对,是一个循环的过程。

(一)风险识别

风险识别过程的活动是将不确定性转变为明确的风险陈述,包括下面几项,它们在执行时可能是重复的,也可能是同时进行的。

(1)进行风险评估。风险评估在项目的初期,以及主要的转折点或重要的项目变更发生时进行。这些变更通常指成本、进度、范围或人员等方面的变更。

(2)系统地识别风险。采用下列三种简单的方法识别风险:风险检查表,定期会议(周例会),日常输入(每天晨会)。

(3)将已知风险编写为文档。通过编写风险陈述和详细说明相关的风险背景来记录已知风险,相应的风险背景包括导致风险问题是何事、何时、何地、如何及原因。

(4)交流已知风险。同时以口头方式和书面方式交流已知风险。在大家都参加的会议上交流已知风险,同时将识别出来的风险详细记录到文档中,以便他人查阅。

(二)风险分析

风险分析过程的活动是将风险陈述转变为按优先顺序排列的风险列表,包括以下活动。

（1）确定风险的驱动因素。为了很好地消除风险，项目管理者需要标识影响风险因素的风险驱动因子，这些因素包括性能、成本、支持和进度。

（2）分析风险来源。风险来源是引起风险的根本原因。

（3）预测风险影响。如果风险发生，就用可能性和后果来评估风险影响。可能性被定义为大于 0 而小于 100，分为 5 个等级（1、2、3、4、5）。将后果分为 4 个等级（低，中等，高，关键的）。采用可能性和后果对风险进行分组。

（4）对风险按照风险影响进行优先排序，优先级别最高的风险，其风险严重程度等于 1；优先级别最低的风险，其风险严重程度等于 20。对级别高的风险优先处理。

（三）风险计划

风险计划过程的活动是将按优先级排列的风险列表转变为风险计划，包括以下内容。

（1）制定风险应对策略。风险应对策略有接受、避免、保护、减少、研究、储备和转移几种方式。

（2）制定风险行动步骤。风险行动步骤详细说明了所选择的风险应对途径，它将详细描述处理风险的步骤。

（四）风险跟踪

风险跟踪过程的活动包括监视风险状态以及发出通知启动风险应对行动，包括以下内容。

（1）比较阈值和状态。通过项目控制面板来获取与风险相关的指标。如果指标的值在可接受标准之外，则表明出现了不可接受的情况。

（2）对启动风险应对行动进行及时通告。对要启动的风险应对行动，在每天的晨会上通报给全组人员，并安排负责人进行处理。

（3）定期通报风险的情况。在定期的会议上通告相关人员目前的主要风险以及它们的状态。

（五）风险应对

风险应对过程的活动是执行风险行动计划，以求将风险降至可接受程度，包括以下内容。

（1）对触发事件的通知作出反应。得到授权的个人必须对触发事件作出反应。适当的反应包括回顾当前现实以及更新行动时间框架，并分派风险行动计划。

（2）执行风险行动计划。应对风险应该按照书面的风险行动计划进行。

（3）对照计划，报告进展。确定和交流计划执行进展。定期报告风险状态，加强小组内部交流。小组必须定期回顾风险状态。

（4）校正偏离计划的情况。有时结果不能令人满意，就必须换用其他途径。将校正的相关内容记录下来。

四、风险管理面临的挑战

随着"互联网+"的快速发展,企业需应对数字化转型的挑战,尤其是金融行业,面对信息技术和新型人才的更新迭代,新的商业模式、应用技术、业务流程和创新产品,会对企业产生重要影响。因此,传统的风险管理面临统计分析的决策支持、工具和系统不太充分,评估方法不智能和创新性人才不足等方面的挑战。

(一)统计分析的决策支持、工具和系统不太充分

风险管理需要的统计分析工具有 Excel、SAS(statistical analysis system,统计分析系统)和 SPSS 等,面对市场海量数据,尤其是当数据是杂乱的非结构性数据,且不具有规律性时,这些统计工具就显得不太充分了。这就要求企业在进行风险管理预测、评估及处理的时候建立基于大数据分析的人工智能风险管理系统。

(二)评估方法不智能

企业风险评估采用多种方法和工具,包括调查、访谈和历史分析。每一种方法都有其价值,但是,这些风险评估的办法过于依靠人工,而且周期过长,数据采集具有主观性,客观性得不到保障。随着数字技术的发展,其能很好地弥补这一缺点。因此,企业应该更多关注风险评估方法智能化。

(三)创新性人才不足

数字化时代,外部环境变化越来越快,企业的组织模式和运作模式难以快速响应风险管理变化,技术应用的覆盖面及深度在增加,企业需要创新风险管理模式,提升风险管理效能;但不清楚如何提升集约化和专业化的风险管理,以及风险管理模式的演进路线。企业缺少懂业务、懂技术的数字化风险管理人才。

第二节　数字化风险管理概述

一、数字化风险管理的概念

现在企业面临以技术为驱动,专业化、精细化、协同化,商业模式创新的高质量发展转型关键期,尤其是金融行业,这一时期风险管理尤为重要。数字化时代,企业要想取得可持续竞争优势,在数字化风险管理方面必须具备一定的能力。目前,对数字化风险管理的定义还没有系统的论调。想要理解数字化风险控制,就一定要知道什么叫数字化、什么叫风险管理,数字化的定义在这里不需赘述,风险管理的过程大致可以理解成风险识别、风险分析、风险计划、风险跟踪和风险应对。那么,本书认为数字化风险管理的定义大致可以理解成:通过云计算、大数据、人工智能等新兴技术的应用,进一步深化优化风险管理的各个环节,即数字化风险库,以有效识别和量化风险、创新管理,为管理层准确提供风险管理决策的信息。

二、数字化风险管理的特点

（一）数据驱动

数据驱动,指的就是通过数据采集、数据建模、数据分析及数据反馈来进行智能决策,而这些环节也构成数据驱动的闭环。高速、大容量存储使得海量数据保存成为可能,数据仓库技术的运用使快速数据分析、筛选和挖掘成为可能。数字化风险管理同样具备数据驱动这一特点。不管是个人信用风险管理、银行风险管理还是互联网金融,都需要大数据技术方法,用以采集大量的用户数据并进行建模分析,最终为风险管理提供数据依据。基于数据驱动的数字化风险管理模型如图 7-2 所示。

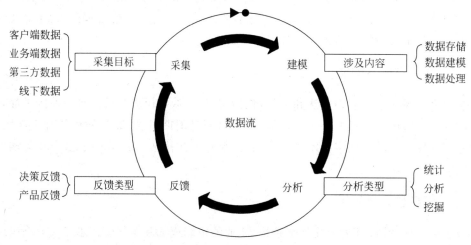

图 7-2　基于数据驱动的数字化风险管理模型

（二）模型驱动

只有通过高效算法和模型的结合,才能不断拓展风险管理体系的深度和广度。在风险管理领域,尤其金融机构对模型是从理念上的接受发展到在业务中逐步使用,并随着大数据和消费金融的蓬勃发展,在风险管理中变得必不可少。目前,风险管理的算法很多,如一般线性回归模型、Logistic 回归模型、神经网络、决策数、支持向量机、深度学习等。其模型一般是由欺诈模型、申请评分卡模型、定价模型、初始授信额度模型、行为评分模型等组合而成。但是,所有的数据分析要先确定商业目标,基于商业目标、自身数据以及能获得的数据,在数据之上进行数据清洗加工,而后选择合适的算法模型。

（三）系统保障

风险管理信息系统是运用信息技术对风险进行管控的系统,它是管理信息系统的重要组成部分,管理人员可借用信息技术工具嵌入业务流程,实时收集相关信息,从而对风险进行识别、分析、评估、预警,并制定对应的风险管控策略,处理现实或者潜在的风险,控制并减少风险所带来的不利影响。数字技术时代的风险管理同样也需要系统提供保障,如自动识别风险系统、风险预处理系统,甚至是代替人工的客户服务系统等。

三、数字化风险管理工具

（一）大数据

大数据风控技术目前较多应用于 P2P(点对点网络借款)和网络小贷等互联网金融领域,针对的主要风险类型是以违约风险为主的信用风险。其优点在于与传统风控手段相比,数据来源更为广泛,识别速度更快且成本更低,从而有助于更好地解决信息不对称问题。其缺点在于受制于我国信用数据分散且质量不高的现状,一些风控模型过度依赖互联网和手机抓取数据进行分析,而对借款人财务状况和偿债能力等关键变量分析不足,这可能是"现金贷新规"中有针对性地指出要"谨慎使用数据风控模型"的主要原因。

1. 运用大数据技术进行欺诈识别

进行欺诈申请的客户由于编造了全部或部分信息,很可能在自行申报的相关信息中存在不符合常理的情况,这些信息项可以成为欺诈识别模型的重要变量。

(1)基于地理位置信息的欺诈识别:将客户填写的地址信息定位为地址位置坐标,并与客户常用物流地址位置坐标进行比对,如果发现客户提供了一个距离过大的地址,则该地址信息存在虚假的可能性。针对移动端渠道,可以定位互联网客户的具体申请位置,与申请信息中填写的地址信息或职业信息进行对比验证。

(2)基于申请信息填报行为的欺诈识别:通过收集分析客户填写申请过程的行为信息,如填写了多长时间、修改了几次、修改了哪些内容等进行识别。

(3)基于客户填报信息与公司存量信息交叉比对的欺诈识别:多个申请件填报的单位电话相同,而对应的单位名称及地址不同,则批量伪造申请件的可能性就很大。

(4)基于外部信息的交叉对比的欺诈识别:恶意申请会隐瞒对其不利的事实,如负债、运营存在问题、法院执行信息等,而抓取互联网上申请人的企业经营信息、法院执行信息可以核实申请人的真实资质。

2. 运用大数据技术进行授信评分

被排除欺诈可能并进入评分规则引擎的客户,会按类型被分发到不同的细分模块,以适应不同的细分模型,包括不同的产品、不同的行业、不同的客户群,如车贷、消费贷、抵押贷、个人经营贷等。不同类型的借款申请调用不同的信用评分规则引擎,该引擎将根据用户授权许可自动抓取的数据,通过特定模型转化为个人授信评分数据与商户授信评分数据。

(1)基于个人信息抓取的授信评分:抓取用户在互联网上的购买数据、搜索引擎数据、社交数据、账单邮箱信息等多个维度的数据,得到用户性格、消费偏好、意愿、学历等个人信息。

(2)基于商户信息抓取的授信评分:抓取商户的交易数据(物流、现金流、信息流数据)和电商的经营数据(如访客量、交易量、用户评价、物流信息等)来对商户进行授信评分。

3. 运用大数据技术进行贷后管理

针对"还款意愿差"和"还款能力不足"两大客户逾期的主要原因,大数据技术通过违约信息排查和监测预警及时跟踪违约风险。

（1）违约信息排查：通过实时监测存量客户早期逾期、连续多期不还欠款、联系方式失效等情况，并将存量客户与新增的黑名单、灰名单数据匹配，及时发现潜在违约客户。

（2）小微商户流水监测预警：利用从数据合作方获取的商户交易流水信息，对其交易流水进行监测预警。突然出现的资金流入、流出，不符合经营规则的交易流水下滑情况，正常营业的大额交易等均可以触发预警。

（3）负面信息监测预警：通过大数据实时监测，一旦发现客户的负面信息、公安违法信息、法院执行信息、税务缴税信息、行业重要新闻、借款人社交关系网中的负面情况等，及时触发预警。

（二）区块链

目前区块链技术主要应用于操作风险管理中的身份验证、支付安全等领域，重点针对的是人工操作中验证困难带来的风险。

1. 身份验证

当身份证件需要取消或者重新签发时，在跨国操作的情境下，金融机构需很长时间才知道该身份撤销了，区块链技术使此类敏感信息的传递过程更加便捷和高效。身份验证系统利用区块链特有的智能合约，可有选择地显示身份信息，实现信息在相关者范围内局部共享，防止身份被盗和加强用户隐私保护。

2. 票据业务风险管理

票据业务具备低频大额交易及存在人工操作风险的特点，基于区块链技术的数字票据具有独特的风险防控优势：一是能够有效防范票据市场风险，避免了纸票"一票多卖"、电票打款背书不同步等问题；二是可以大大降低监管的调阅成本，完全透明的数据管理体系提供了可信任的追溯途径。

3. 保险公司道德风险防范

传统的保险行业模式是这样的，保险公司是一个有足够资金支持的中心组织，它与个人签订合同，共担风险。保险是建立在信用基础上的，但传统的信用建立和维护的成本相对较高，而且还容易出现不公平、逆选择和道德风险等问题。区块链技术的出现为保险行业的信用重构提供了可能。

通过区块链的点对点互助保险平台，区块链技术可以让人们更加直接地管理自己的风险，而且只要部分资金来支持。这样一来，保险公司的角色就逐渐发生了变化，不直接吸收风险，而是变成专业咨询和互惠池管理机构。这种技术也可以发展个人与保险提供商之间互动的新模式，最终有利于增加保险业的透明度和可靠性，提高客户的满意度、忠诚度和信任度。

区块链技术的出现可以促进合约自动化的进程，通过使用智能合约来实现效率的提升，并使得某些保险产品随着时间的推移实现自我管理。例如，通过区块链技术储存了一个智能车险合约，又通过技术与互联网相连，获取公开数据。在这种情况下，车辆事故一旦发生，即为事实，是公开的记录，不会被伪造或者修改，也不依赖于个人主观意识的判断，事故发生了就是发生了。一旦车辆发生事故，智能合约即被触发，开始进入理赔阶段。

自动和及时的保单处理,既实现了高效的理赔,也降低了理赔处理的成本,同时提高了客户和保险公司双方的满意度。

另外,区块链技术也可以减少保险欺诈——各方都可以使用区块链验证各方信息,这将极大地增加彼此的交互信任。此外,这种交互的保险也会增加客户对保险的需求和传播,降低保险行业中再保险的概率。

区块链技术可以提高保险产业的安全性,并且将极大程度地降低保险公司的经营成本。在经营保险业的过程中,保险公司持有巨大的资产,而管理这些资产所付出的成本恐怕也不容小觑。因此,区块链技术对保险行业的应用,将有举足轻重的作用。

在传统的航空意外险中,一直存在着保险造假、中间商抬价等问题。正所谓"羊毛出在羊身上",这些成本,最终还是会转嫁到消费者身上,而区块链技术则可以提供有效的手段来解决这些问题。

 **知识拓展 7-1**

布比区块链在阳光保险的合作

2016 年 7 月,布比区块链(国内领先的企业级区块链基础服务商)同阳光保险合作,推出了"区块链+航空意外险卡单",这是国内首个将金融资产放在区块链上流通的项目。多数航空意外险只有在飞机发生意外时才会理赔,所以在大多数情况下,客户买到假保险不易被发现。为了防止买到假保单,布比区块链依托其多方数据共享的特点,可以追溯保单从源头到客户流转的全过程,各方不仅可以查验保单的真伪,确保保单的真实性,还可以方便后续理赔等流程。

为了防止中间商把成本转嫁到消费者身上而提高价格,航空意外险卡单设立在布比区块链上,去掉中间商这一环节,保险卡单价格会明显降下来。资料显示,这款针对高频乘机用户的保险产品保费 60 元,可使用 20 次,当事人身故可获得高达 200 万元的航空意外保障,相当于每次花费 3 元就可以获得 20 万元的保障。这款产品最大的特色是可以将电子卡单以红包的形式分享给好友,对方在出行前登记乘客和航班信息即可成为保单的受益人。

由此可见,保险行业通过区块链技术可以数字化管理个人数据、简化信息认证,更清晰地披露历史情况,保险公司和个人之间的关系将变得更直接、有效。数字化带来的无纸化运营将降低保险公司的管理成本,这些优势都是传统保险行业远远比不上的。

区块链技术在保险行业的应用仍在探索发展中,很多保险公司还没有准备好运用区块链技术。非保险机构更可能首先创建保险或者保险相关的应用。区块链在保险方面的应用很有可能从数字身份识别系统和个人数据管理方面开始,就让我们拭目以待未来的发展吧。

资料来源:知乎。

(三) 人工智能

与互联网领域相比,金融场景中的数据具有两大独特性:一方面可用数据比互联网要少,另一方面又比传统评分卡体系多了很多不可解释、高维稀疏的大数据。机器学习要解决的问题主要是模型构建和训练、性能监控与自迭代的机制,包括深度学习、半监督学习、在线学习等技术,核心都是将互联网级别的机器学习技术"降维"应用到金融领域。目前人工智能和大数据技术的紧密结合已成为风险管理的核心技术,其基本逻辑是在深度学习和数据挖掘中自我更新、自我调整和自我迭代,进而从更多维度的大数据中把握风险规律。

1. 提取数据深层特征

在数据繁杂的大型风控场景中,运用基于深度学习的人工智能特征生成框架,对时序、文本、影像等互联网行为、非结构化数据深层特征加工提取,大大提升了模型效果。比如消费信贷风险管理通过知识图谱、自然语言处理、机器学习等人工智能技术,发现借款人、企业、行业等不同主体间的有效信息维度关联,深度挖掘企业集团、上下游合作商、竞争对手、管理人员信息等关键信息。

2. 提高风控模型与数据的匹配度

不同数据需用合适的模型才能挖掘出最大价值。机器学习方法在互联网广告、搜索、推荐等应用中可以对不同类型的数据用不同的机器学习模型处理,金融场景中,采用复杂集成模型也可以处理上千个维度的弱变量,精准地估计违约风险。

3. 加快风控模型迭代速度

互联网每天都生成海量用户数据,搜索、推荐模型需要持续频繁地优化,自迭代频次比金融领域更快、更准确,通过机器学习可以解决模型人工迭代慢的问题。在金融风险管理中,通过对模型特征性能、借贷群体和业务反馈等多方面的监控,机器学习模型能有效地快速自迭代。

4. 无监督机器学习反欺诈

欺诈风险量化也使用智能模型,如无监督机器学习模型,基于可观察到的交易特征变量和案件数据,学习什么是好的、什么是坏的,并进行风险预测;在没有标签数据的情况下,交易、账户登录等场景应用无监督机器学习模型,通过分析欺诈和正常用户行为模式的异同,识别欺诈风险。

第三节 数字化风险管理的应用场景

一、信用风险管理体系

关于信用,人们的理解经常停留在道德层面,认为与诚实守信规范相关。但是,随着市场经济的发展,经济层面的信用由此展开。古人常说:一诺千金。这说明,信用跟钱一样重要!虽然这是个比喻,但是放在现在这个时代,信用不仅跟钱一样重要,更重要的是信用就等于钱!因此,信用被认为是经济行为者以未来财富为支付方式而获得资金、物资、服务的禀赋。尤其是当代社会,现代市场经济发展成为建立在错综复杂的信用关系之上的信用经济。

针对不同的主体,信用可以分为商业信用、银行信用、国家信用、消费信用等。不论是哪一种主体,信用都无处不在,影响着每个人、每个企业、每个国家每一天经济的正常运转,其中任何一个"齿轮"的损坏都会对经济本身造成严重的负面影响。信用是经济活动的命脉,信用风险分析和管理的重要性也因此凸显出来。

　　芝麻信用分系统就是属于这样一种信用体系,是支付宝通过采集用户的各种数据,综合评定出的一个信用分,具体信用等级及得分如图 7-3 所示。这种信用体系很好地解决了个人消费者的信用风险的分析与管理。当个人消费者有较好的信用时,就会享受信用所带来的优待,涵盖生活的方方面面,如办理信用卡、现金借贷、消费分期、移动信用套餐等,还有一些精选服务包括免押租车、送电影票等。而这一系列的信用风险管理是依靠完善的数字化技术来支撑的,以大数据、人工智能为代表的新兴技术为征信体系建设带来了新的思路,原来庞杂无章的数据经过清洗、整合、挖掘、分析,可以转换为信用数据,在一定程度上提升信用评估效率和准确率。

图 7-3　芝麻信用等级及得分

　　那么,具体的信用分是怎么计算得来的呢?芝麻信用评分体系分为身份特质、信用历史、行为偏好、履约能力、人脉关系五个维度,如图 7-4 所示。

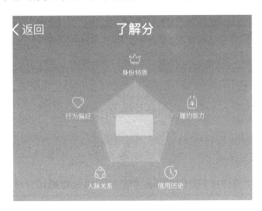

图 7-4　芝麻信用分评分维度

　　(1) 身份特质(15%):指用户的年龄、性别、职业、家庭状况、婚姻情况、收入水平等基本信息。

　　(2) 信用历史(35%):指用户在过往发生的债务活动中的表现,主要是过往信用卡的还款记录以及信用账户历史。

　　(3) 行为偏好(25%):指用户在购物、缴费、转账、理财等活动中的偏好及稳定性。

　　(4) 履约能力(20%):指用户在进行各类信用服务中的履约表现,如使用打车应用最终是否完成和司机的约定,预订酒店后是否按时到店等。

　　(5) 人脉关系(5%):指用户好友的信用等级以及用户和好友的互动程度。

　　由于芝麻信用拥有较为丰富的评估数据来源,因此其评估指标也非常多样,经过分析,芝麻信用的评估指标分为基本信息、消费偏好、支付和资金、人脉关系、黑名单信息等五类,详细情况如下。

(1) 基本信息类指标。基本信息类指标主要包括用户的身份信息和注册信息两方面。其中,身份信息包括用户的年龄、性别、家庭状况、职业等指标,注册信息包括用户在芝麻信用注册时的注册方式、是否实名认证、注册时长等指标。基本信息类指标主要是反映用户的大致形象,让授信机构对用户的身份特质有初步了解。

(2) 消费偏好类指标。消费偏好类指标主要包括消费场景、消费层次、是否进行消费分享等指标。其中,消费场景是指用户网络消费时购买的商品或服务的类型,如出行是乘坐飞机还是火车、预订什么星级的酒店、购买服饰的种类等;消费层次是指用户一定时间段内(周、月、年)的消费总额,以此来反映用户的经济水平以及其经济能力的变化情况。

(3) 支付和资金类指标。支付和资金类指标主要包括信用卡数量、信用卡开户时长、银行卡数量、银行卡种类、信用卡额度等,通过这些指标来反映用户的资产状况以及还款能力。

(4) 人脉关系类指标。人脉关系类指标主要包括人脉圈信用度(即社交圈内其他用户的信用水平)、微博活跃度、微博粉丝数、微博影响力(即微博转发评论数量)等指标。人脉关系类指标是互联网征信独有的评估维度,可以反映用户的社会资产状况。

(5) 黑名单信息类指标。黑名单信息类指标主要包括是否有过公检法不良记录、信用卡是否有逾期还款行为、网络消费时是否有过欺诈行为、水电气缴费是否及时、预约酒店出租车是否有违约行为等,主要用来反映用户的个人品行及履约能力。

芝麻信用分的核心价值之一在于其繁复的信用评估体系,所以阿里巴巴内部针对芝麻信用分信用评估体系实行强保密制度,非涉内人员必定难知一二。

 **知识拓展 7-2**

美国信用分的体系

目前美国三大信用局(Equifax、TransUnion 和 Experian)都在使用信用分(FICO Score)体系。FICO Score 体系和芝麻信用评级体系类似,两者指标比较见表 7-1。

表 7-1　FICO Score 和芝麻信用的指标比较

FICO Score	芝麻信用
违约历史(35%)	身份特质(15%)
债务负担(30%)	信用历史(35%)
信用历史的长度(15%)	行为偏好(25%)
信用种类(10%)	履约能力(20%)
新申请信用(10%)	人脉关系(5%)

FICO Score 的主要评级要素如下。

(1) 违约历史(payment history),权重35%。其涉及过去的违约记录,如支付历史显示客户的历史偿还情况,以帮助贷款人了解该客户是否存在历史的逾期还款记录。这些记录主要包括:

① 各种信用账户的还款记录,包括信用卡(例如:Visa、MasterCard、American

Express、Discover)、零售账户(直接从商户获得的信用)、分期偿还贷款、金融公司账户、抵押贷款等。

② 公开记录及支票存款记录,该类记录主要包括破产记录、丧失抵押品赎回权记录、法律诉讼事件、留置权记录及判决。其中,涉及金额大的事件比金额小的事件对FICO得分的影响大。在同样的额度下,晚发生的事件要比早发生的事件对得分的影响大。例如,一个发生在上个月逾期60天的记录对FICO得分的影响会大于一个发生在5年前的逾期90天的记录。

③ 逾期偿还的具体情况,包括逾期的天数、未偿还的金额、逾期还款的次数和逾期发生时距现在的时间长度等。据统计,大约有不足50%的人有逾期30天还款的记录,大约只有30%的人有逾期60天以上还款的记录,而77%的人从来没有过逾期,90天以上不还款的,仅有低于20%的人有过违约行为而被银行强行关闭信用账户。

(2) 债务负担(debt burden),权重30%。对于贷款人来讲,一个客户有信用账户需要偿还贷款,并不意味着这个客户的信用风险高。相反地,如果一个客户有限的还款能力被用尽,则说明这个客户存在很高的信用风险,有过度使用信用的可能,同时也就意味着他具有更高的逾期还款可能性。该类因素主要是用于分析对于一个客户,究竟多少个信用账户是足够多的,从而能够准确反映出客户的还款能力。

(3) 信用历史的长度(length of credit history),权重15%。一般来讲,使用信用的历史越长,越能增加FICO的信用得分。该项因素主要指信用账户的账龄,既考虑最早开立的账户的账龄,也包括新开立的信用账户的账龄,以及平均信用账户的账龄。据信用报告反映,美国最早开立的信用账户的平均账龄是14年,超过25%的客户的信用历史长于20年,只有不足5%的客户的信用历史短于2年。

(4) 信用种类(types of credit used),权重10%。在现今的经济生活中,人们总是倾向于开立更多的信用账户,以及选择信用购物的消费方式,FICO评分系统也将这种倾向体现在信用评分维度中。据调查,在很短时间内开立多个信用账户的客户具有更高的信用风险,尤其是那些信用历史不长的人。这项因素主要考察内容包括:

① 新开立的信用账户数,系统将记录客户新开立的账户类型及总数,新开立的信用账户账龄;

② 目前的信用申请数量,该项内容主要根据用户被查询信用的次数得出,查询次数在信用报告中只保存两年;

③ 贷款人查询客户信用历史的长度;

④ 最近的信用状况,对于新开立的信用账户及时还款,会在一段时间后提高客户的FICO得分。

(5) 新申请信用(recent searches for credit),权重10%。其主要分析客户的信用卡账户、零售账户、分期付款账户、金融公司账户和抵押贷款账户的混合使用情况,具体包括用户持有的信用账户类型和每种类型的信用账户数。申请信用的过程,就是提高杠杆的过程,如要买房买车,都是需要申请贷款的,贷款的时候,是需要对你的信用进行一次查询的,即所谓hard pull。申请一次,会扣一定的分数,对信用分数造成一次负面影响。

资料来源:知乎。

思考：

1. 对比芝麻信用评分体系与 FICO 评分体系，指出两种评分体系的侧重点及其原因。

2. 总结芝麻信用征信模式的不足。

二、银行风险数字化管理

商业银行面临多种多样的风险。例如，自然灾害带来的财产损失，利率汇率变动带来的资产损失，以及信贷风险、系统风险等。本节从商业银行业务经营的角度来分析商业银行的风险管理。通常，银行遭受信贷风险有很多原因，其中信贷信息的不对称性是不可忽视的重要原因。首先，商业银行与客户之间的信息不对称，大体可分为商业银行与存款客户的信息不对称，以及商业银行与贷款客户的信息不对称两个方面。而商业银行与贷款

扩展阅读 7-1 AI 辅助银行贷款风险评估

客户的信息不对称，是信贷风险产生的主要原因之一，这种不对称主要表现在银行不能获得足够的信贷信息，或者获得这种信息的成本很高。其次，银行间的信息不对称。由于我国银行没有建立信息共享制度，对信贷信息，有的银行掌握得多，有的银行掌握得少。同时，又没有一个健全的信用制度来对贷款者进行初步的筛选和鉴别，导致有的恶意贷款人可以重复骗贷，直接带来坏账。因此，如何科学地审查贷款、对风险业务及时地预警成为银行亟待解决的问题。

招商银行在数字化风险管理方面作出探索，利用大数据和人工智能工具，融合外部数据和内部数据，完成了客户关联图谱建设，实现了包括股权投资关系、对外投资关系、控制人关系、集团关系、交易关系、担保关系、诉讼关系等十大企业关联关系的自动识别。

（一）打造基于机器学习的综合智能预警体系

2017 年末，招商银行启动了人工智能在风险预警领域的应用，研发完成基于机器学习算法的对公智能预警体系，通过大数据降低客户"信息不对称"水平，建立中台直接甄别客户风险的路径。智能预警的设计以"准"为首要目标，区别于行内外传统的预警手段，在智能算法部署、指标工程构建、运行迭代频率、预警触发机制上均采用了新技术、新思路，推动预警准确率步上新台阶。2018 年智能预警正式推广应用以来，经过一年的检验，首期发布预警名单，出现风险信号的准确率达 75％以上。自动化预警模型如图 7-5 所示。

（二）建设基于机器学习的新智能评级系统

基于大数据、机器学习的新一代对公客户评级系统，相对于传统评级具有诸多优势。

（1）算法更有效。采用机器学习算法，对规律的学习更准确，处理信息的效率更高。

（2）迭代更快速。每月可根据最新数据重新学习规则，自动形成新版模型，以适应客户不断变化的风险规律。

（3）特征指标更丰富、维度更新颖。系统由原先一个模型 10～20 个指标扩展至 400 多个指标，不仅有更丰富的财务指标与非财务客观指标，还挖掘了诸多创新维度指标，如

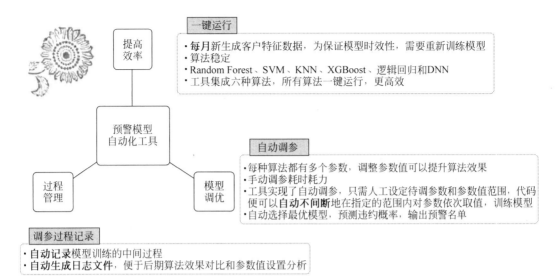

图 7-5   自动化预警模型

基于图计算技术建立的客户资金交易网络信息、客户知识图谱的信息、基于信用卡行为反推企业风险的信息等。

（4）评级波动性更小、抗干扰能力更强。系统不易受单一指标的影响造成评级大幅波动,对部分指标的错误录入能够得到相对较少的干扰评级结果。

（三）基于具体场景的风险分析能力建设

不同业务、不同客群拥有不同的风险特征,对具体场景建立相应的风险特征模型对风险判别至关重要。

1. 担保圈风险识别

担保圈一般指因借贷担保关系形成的网络,圈内成员往往通过亲朋好友、区域、行业、客群、银行产品等因素被联系在一起。圈内担保关系结构复杂,潜在风险巨大。

另外,保证类业务的不良率也远高于平均水平。针对保证类业务,招商银行基于担保数据,借助图计算技术,构建担保关系图谱,建设担保风险监控工具体系。目前,招商银行已开发出担保圈自动梳理算法,梳理出多个担保圈。机器梳理替代之前担保圈烦琐的人工梳理工作,而且机器识别在范围、准确性、及时性三个方面远远超过人工识别,大大提高了银行对担保圈的风险管理能力。

2. 金融司法纠纷

司法诉讼是重要的外部风险信息,客户涉诉能够在一定程度上反映其信用状况。司法信息包括法院公告、开庭公告、裁判文书、行政处罚、执行信息、失信人等多种文书。为了从大量且不断增加的司法文书中识别出真正体现客户还款能力和还款意愿的有效信息,招商银行基于司法数据,利用 NLP 技术,构建文本极性分类模型,剔除无效信息,提高司法数据揭示风险的效率。

在此基础上,针对有效信息构建文本多分类模型,实现司法文书的案由分类,如银行借款、民间借贷、权属纠纷、劳务纠纷等。通过对不同类型的司法信息进行分析,对重大风险类型予以主动触发式风险提示。同时,对于司法文书中的重要信息,如涉案金额、判决结果等,通过结构化自动提取来提高司法文书表达信息的效率。

3. 风险传导

客户发生违约除了其自身经营问题之外,外部风险也不容忽视。近年来,因关联企业的风险冲击、股东纠纷、上下游行业萧条、担保公司倒闭等外部因素导致的违约案例屡见不鲜。由于外部关联风险的多样性、复杂性,外部风险传导的规律一直难以有效地预测。招商银行通过实施客户关联图谱项目,逐步厘清客户的担保关系、交易关系、集团关系等关系,再利用图计算、机器学习、深度学习等技术,改进风险传导预测工作。

4. 风险舆情

在互联网时代,企业舆情已然成为企业形象和企业盈利的重要影响因素,突然发生的舆情危机事件往往会对一个企业产生"生死攸关"的影响。然而企业舆情信息散落在各类网站,由人工逐一筛选浏览,效率非常低下。

文本批量处理是 NLP 技术的强项,招商银行利用 NLP 技术,完成了企业负面舆情信息自动化监控平台的建设,实现了对新闻舆情标题、正文、日期信息的自动抽取和分类,并实时对接预警系统,推送预警信号。

5. 涉小贷公司融资

客户融资行为是风险关注的重点内容。若客户融资渠道涉及小额贷款公司、信托公司、民间借贷等,往往表明其资金情况不容乐观。为对涉小贷公司融资风险进行量化,招商银行通过对交易数据进行大数据分析,筛选出与小贷公司出现交易的客户,结果显示该部分客户出现预警和违约的概率远远高于一般客户(约占 30.9%),其中与小贷公司发生过转贷交易的客户,出现预警和违约概率更高。

6. 宏观政策智能化研读与制定

行业信贷政策是银行开展公司业务的重要依据。招商银行将客户所处行业分为优先支持、适度支持、审慎介入和压缩退出四类,并对行业白名单以及行业准入标准进行明确。

由于行业信贷政策内容丰富,银行在信贷政策的制定以及宣导贯彻方面往往因系统化程度较低而效率不高,行业政策制定费时、费力,政策意图较难触达前端业务人员。招商银行通过搭建行业线上化研究平台,丰富行业政策线上化工具,逐步达成宏观政策智能化研读与制定的目标。

(1)建立政策行业信息平台,支持最新政策推送及检索查询,并利用自然语言处理技术,形成行业、地区、热点领域的焦点政策图谱,协助业务人员第一时间获取行业管理动态,提高政策的分析效率。

(2)上线客户行业分析及智能问答,支持用户关于信贷政策相关问题的快速回答,提升信贷政策查询效率。

知识拓展 7-3

国内银行在区块链应用的探索

在金融体系中,对于借贷而言,最重要的是对借款人的信用进行调查和评估,从而保障信贷业务的安全性,并且信贷企业能够获利。因此,信用两个字对于借贷而言至关重要。目前,由于技术因素、管理能力、法制环境、信用环境等多方面的欠缺问题,借贷的信用风险越来越突出。

对贷款人进行信用调查分析是需要经过一系列的流程才能完成的,这个流程不但工作量大,而且还存在信息不完整、数据不准确、使用效率低、易被恶意篡改等诸多问题。区块链技术在信用贷款业务中应用后,其程序算法自动记录海量信息,并且将海量信息存储在区块链网络的每一台计算机上,使得这些信息更加透明化、公开化,这样就提高了信息的篡改难度,同时还在很大程度上降低了使用成本。各个借贷机构以加密的形式存储并共享客户在本机构的信用状况,这个时候,客户申请贷款就可以不像以往一样再到央行去申请征信查询,即实现了去中心化,借贷机构通过调取区块链的相应数据信息就可以快速完成全部的征信调查分析工作。

当前国内还有很多银行都在探索区块链的应用,且在一定范围内得到认可并提高了某些方面的效率,区块链技术对银行业的改变正从概念走向广泛应用,未来区块链或将能够替代效率低下的银行系统。

2017 年 1 月,中国邮政储蓄银行与国际商业机器(中国)有限公司推出了基于区块链的资产托管系统。

2017 年 1 月,浙商银行发布基于区块链的移动数字汇票平台,为企业与个人提供在移动客户端签发、签收、转让、买卖、兑付移动数字汇票的功能。

2017 年 2 月 4 日,中国人民银行推动的基于区块链的数字票据交易平台测试成功。

2017 年 5 月,中国银联与京东金融联合宣布,双方合作打通区块链技术底层并测试成功。作为双方战略合作协议的一部分,此区块链平台的落地,意味着未来双方将有条件在底层平台的基础上实现更多商业应用。

2017 年 6 月,中国农业银行对区块链平台项目进行招标,并计划基于此区块链底层平台,落地数字票据等众多银行核心系统应用及其他创新业务。

2017 年 7 月,中信银行和中国民生银行合作推出银行业国内信用证区块链应用。

2017 年 7 月,中国建设银行等 22 家国际银行加入 SWIFT(国际资金清算系统)区块链试点程序 PoC(概念验证)。

资料来源:财资一家。

三、互联网金融风险数字化管理

互联网金融的形式有很多种,如平台型互联网金融产品、支付型互联网金融产品、借贷型产品等。目前市场上有京东白条,支付宝的余额宝、花呗、借呗、财富通、拍拍贷等。所有的类别都会涉及风险管理,甚至说风险管理是核心中的核心,因为风险管理水平影响平台自身收益。风险管理本质上是对风险和收益的平衡,随之而来的是风险性收入。最简单的逻辑,互联网金融公司要赚钱,其资本收益必须高于其资金成本加各种运营成本。较好的风险管理水平直接体现为业内水平以下的坏账率,从而给平台带来更高的利润。

在个人信贷与企业信贷方面,数字化都发挥了重要的作用。一方面,利用大数据个性化营销,针对不同类型的客户开发适合他们的信贷产品,提升客户体验。另一方面,通过智能获客,在获取具有信贷需求的客户基础上,借助智能技术构建强有力的风控体系,准确评估客户信用风险,成为促进个人信贷健康发展的重要环节。此外,在贸易融资、供应链金融、企业信用贷款等对公信贷业务方面,智能金融将起到完善企业信用体系、补充企业经营状况信息和降低放贷机构单据确权难度的作用。数据可以改善客户与金融机构之间信息不对称的情况,改变传统的信用评级方法,有效解决小微企业融资难问题。大数据在采集过程中会出现很多不可控的因素,因而真实性的有效验证十分重要。物联网可以获取企业的动产与不动产数据,补充企业经营状况信息。

以京东数字科技为例,目前其所有业务中95%都是智能化、自动化运营。在这背后,京东数字科技已建立起覆盖数据、模型、策略、系统等全方位风控体系,其"风控超脑"包含天启——风险运营监测、天盾——安全与反欺诈、天策——信用决策、云处——资产处置、银河——数据仓库、模盒——自动建模六大模块,实现了对5亿用户的信用风险评估,同时数字化风险管理能力已经向百余家金融机构输出,帮助金融机构搭建以数字化风险管理为核心的资产生成及经营体系,如图7-6所示。

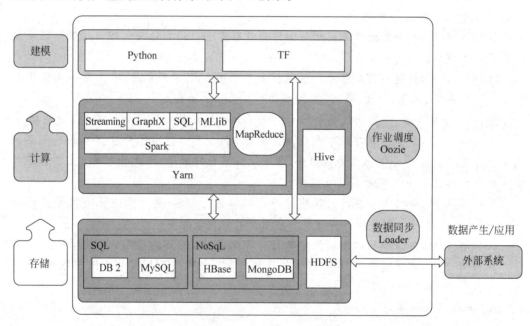

图7-6　风险大数据离线平台

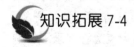 **知识拓展7-4**

京东金融的数字化风控

随着互联网应用的普及,不法分子利用互联网技术将黑手伸向用户,其作案手段也更加专业化、团伙化。京东金融自主研发了天盾账户安全与反欺诈系统。该系统聚焦实时账户行为,基于账户历史行为模式、当前操作行为和设备环境,使用指纹技术,对白条账户实现账户安全等级、环境安全等级、行为安全等级的评价,防范账户被盗等风险。

中国互联网协会发布的《2016 中国网民权益保护调查报告》显示,我国网民因垃圾信息、诈骗信息、个人信息泄露等遭受的经济损失高达 915 亿元。在互联网金融的高速发展和巨额利益的驱动下,窃取个人信息手段的科技含量也越来越高。

京东有关负责人表示,打击互联网金融犯罪仅靠企业单打独斗是行不通的,为此,京东金融通过与其他企业共同合作发起联盟的形式,共同打击互联网金融犯罪链条。2015 年,"白条"走出京东布局京东体系外更多消费场景,包括旅游、租房、装修、教育、购车等,都可以使用"白条"分期。同时,京东消费金融还推出了业内首款积分资产管理产品"京东钢镚",以及和银行联名合作推出业内首款"互联网+"信用卡——"小白卡"。此外,还有服务于项目采购、账期管理的企业定制化消费金融产品"京东金采"。2016 年 3 月,京东金融推出现金借贷产品"金条",依托"白条"的大数据模型和信用评估体系,同时作为"白条"在产品和场景中的延伸,给有现金需求的"白条"用户更丰富的消费金融产品体验。目前,消费金融搭建了一套底层大数据风控和信用生态系统,包括:四大数据模型体系,即风险控制模型、量化运营模型、用户洞察模型、数据征信模型;四大风控系统,即"天网系统"实施拦截风险订单、"天盾系统"实时防范欺诈安全、"天机系统"实时分析信用数据、"天策系统"实时部署风险决策。在征信领域,京东金融已完成了接近 2 亿用户的信用评分。

资料来源:搜狐视频;王军伟.风控:大数据时代下的信贷风险管理和实践[M].北京:电子工业出版社,2017.

四、资产投资风险数字化管理

一切的投资都存在风险,虽然风险不可能完全被消除,但是及时地识别、理解并充分准备应对风险显得尤为重要。尤其是在当今充满不确定性的世界,利用科技手段、数字化的方法预测和有效管理不断变化的风险就更加必需了。数字化投资又称为数据化投资,是一种量化投资的分析手段,是结合数据、AI 技术和统计等总结出市场规律进行量化投资的方式。量化投资最大的特点是它在风险控制下获得超额收益。同时,风险管理是量化投资业务的重要环节,量化投资业务应始终把防范和控制风险、确保资金安全放在首位,在风险可测、可控、可承受的前提下开展工作。

互联网多维的行为特征大数据,可低成本深刻理解用户投资需求,立体刻画用户特征,包括人生阶段、消费能力、风险偏好等。此外,通过响应模型和多渠道主动、适时、多次地智能触达策略高效获客。资管市场产品多样,结构复杂,资产方、资金方具有较多痛点。智能技术将解决跨期资源配置中的信息不对称问题,全面提升资金和资产流通效率。一方面,国内的资产证券化市场并未实现本质上的"主体信用和债项信用的分离",传统尽调方式尚难穿透资产、识别风险。而智能金融通过反欺诈、大数据风控能力的积累,可穿透资产,提供详尽、实时的资产信息和资产评估。另一方面,区块链技术可应用于资产证券化全流程,通过"联盟链""智能合约""穿透式监管"等技术,增强交易和资产信息的透明度,做到资产全景跟踪和交易全环节可追溯,可减少人为操作风险和效率低下的问题,更可大大提高存续期信息交互的频次与质量。

在投资决策领域,人工智能技术能够赋能资产管理机构。智能金融在资产管理领域的应用有着"软硬结合"的特点。"硬"指系统服务,如 Orbit EAM 提供的企业资产管理系统。百度也已基本建成与销售系统对接较为完善和标准的资管系统体系；而对于建立在持续的大数据、AI 技术服务，以及收托资产管理能力上的"软"能力方面，OCR、知识图谱和特色因子等技术应用尚在探索中。

同时，基于 OCR＋NLP 技术的智能研报读取工具能够替代人工进行金融信息收集与整合，大幅提升投研效率。

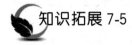 **知识拓展 7-5**

Twitter 与对冲基金

对冲基金通过剖析社交网络 Twitter 的数据信息，可以来预测股市的表现，这已经成为事实。

早在 2011 年，英国对冲基金 Derwent Capital Markets 便建立了一个规模为 4 000 万美元的对冲基金，利用 Twitter 来帮助公司投资。这个世界首家基于社交媒体的对冲基金会通过关注 Twitter 内容（Tweet），即时地感知市场情绪，然后再进行投资。

"很久以来，投资者都已经广泛地认可金融市场是由恐惧和贪婪所驱使的这一事实，但是我们此前从未拥有一种可以量化人们情感的技术或者数据。"Derwent Capital Markets 的创始人保罗·霍汀在其发给《大西洋月刊》的邮件中表示。他认为有了 Twitter，投资者终于有了一扇可以了解"恐惧世界"的窗。

老到的投资者为什么会放弃他们的专业知识转而相信 Twitter 来进行高达几百万美元的投资？来看一下该基金的运作方式。

如果 Twitter 可以预测公众情绪，而公众情绪可以预测股票市场，那么 Twitter 可以预测股市吗？

多年前，股票交易者就已开始通过了解人们的共同情绪来预测股价的走势。但是现在，专家们发现，Twitter 中的消息由于具有直接性的特点，因而可以更准确地测量人们的情绪。以前，人们以为股市的跌落会导致人们产生负面情绪，但是，现在看来事实正好相反。

位于英国伦敦中部梅菲尔的基金公司的分析师，通过一套分析程序来评估人们的共同情绪是高兴、悲伤、焦虑，还是疲惫，从而确定他们的投资行为。他们相信这样做能够预测到股市的涨跌行情。

这套分析程序原本是由印第安纳州大学信息和计算机系教授约翰·博伦设计的。它随机抽取 10％的 Twitter 消息，然后利用两种方法整理数据：其一，比较正面评价和负面评价；其二，利用谷歌设计的程序确定人们的六种情绪——冷静、警觉、确信、活跃、友好和高兴。

在之前发布的一项研究中，博伦利用社交网站来预测纽约道琼斯指数的走势，结果准确率达到了 87.6％。"我们记录了在线社区的情绪，但是我们无法证实它是否能够作出准确预测，于是，我们观察道琼斯指数的变动，从而验证它们之间是否有某种联系。我们原以为如果股市下跌，人们在 Twitter 上的情绪将会表现得很低落。但是，我们后来意识到，事实正好相反——如果在线社区的情绪低落，股市就会出现下滑。这真是一个让人豁然开朗的时刻。这意味着,我们能够预测股市的变化,并让你在股市中获得更多的胜算。"他说。

那么,具体怎么实施呢?

图 7-7 所示的浅色线条代表 Twitter 中"平静"指数,深色线条表示 3 天后的道琼斯指数变化。在这两条线段重合的部分,"平静"指数预测了 3 天后道琼斯指数的收盘指数。

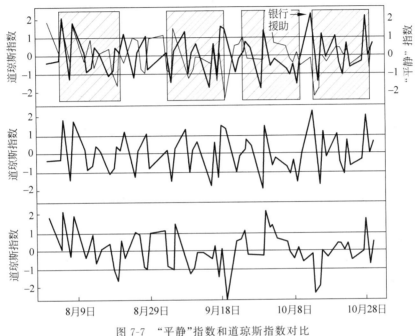

图 7-7 "平静"指数和道琼斯指数对比

两线经常走势相近,这暗示出 Twitter 可以预测股市。但是此种预测同时也存在一些非常惊人的分歧。在 2008 年 10 月 13 日"银行援助计划"前后,Twitter 的"平静"指数处于全年的一个低位,但是股市却出现大涨。研究者解释称:"'平静'指数与道琼斯指数在那一天的背离阐释了出乎意料的新闻——美联储的援助计划。"

换言之,Twitter 不可以预测未来的事件,但是它却可以预测今天的情绪会如何影响明天的股价变化,特别是在没有令人震惊的事件发生的情况下。

"利用 Twitter 来跟踪股市是不是学术观察,就像通过晴雨表来预测阴雨天和晴天一样,投资者在理论上可以依据民众广泛的情绪来预测股市走向、决定他们投资组合的动作。"保罗·霍汀表示。

"在我们看到这份学术报告之前,我们就已经决定建立一个量化的对冲基金。在我见到报告的一刹那,它坚定了我的想法,所以我约见了约翰·博伦教授——这份报告的作者之一。"保罗·霍汀称。

这个 4 000 万美元的对冲基金刚刚成立几天,便已经为投资客户设定了 15%、20% 的年回报率。

资料来源:新浪财经。

五、保险风险数字化管理

在新时代下,"互联网＋保险"模式的优势越来越明显,在互联网保险快速发展的同时,也面临加强风险防控的巨大挑战。互联网保险种类的多样化以及线上投保的便利程度会滋生恶意骗保的用户欺诈行为,大数据风控技术可以根据投保行为以及互联网平台的多种操作行为综合判定是否存在保险欺诈风险,在投保和理赔环节进行有效风险控制;同时可以结合互联网的多维信息对保险行业数据进行有效补充,结合传统保险公司精算方法和大数据分析方法,补充客户行为方面的信息,提高现有定价模型预测精确度和风险区分度,精准识别风险,进行有效差异化保险定价。保险公司风险管理的最主要作用就在于最大限度地降低保险公司所存在的风险,实现风险成本最小化,而企业价值最大化包括对风险的控制、衡量、识别的技术方法。

大数据在 B 端业务的应用主要在精准营销、智能定价、反欺诈黑名单等方面。企业凭借自有海量数据对用户进行行为分析建立用户画像,进而针对不同用户和不同的保险产品进行精准匹配,实现千人千面的智能化营销和按需定制。同时在保险定价领域,随着电商、车联网等行业的技术发展,传统的费率表和广义线性模型的精准性也不能满足新兴的业务需求。信用保证保险需要在贷前审核、贷中和贷后监控方面通过大数据风控技术识别团伙欺诈、恶意骗保等行为。比如,有疾病的客户,不管是大病、小病,只要在医疗机构检查过,保险公司都能够通过后台数据查询到,而且医疗机构的档案保存期长达 30 年,这样有疾病的投保人就被排除了。

 **知识拓展 7-6**

众安保险的数字化风险管理

众安在线财产保险股份有限公司(以下简称"众安")于 2013 年 11 月揭牌开业,2017年 9 月在香港联合交易所主板上市。由"保险＋科技"双引擎驱动,众安专注于应用新技术重塑保险价值链,围绕健康、消费金融、汽车、生活消费、航旅五大生态,为其提供个性化、定制化、智能化的新保险。众安作为一家在线互联网保险公司,具有互联网公司的特性,不可避免地面对各类风险,所以如何准确地识别保险产品的风险并提供管控策略变得尤为重要。

银保监会在 2018 年 9 月发布的《中国普惠金融发展情况报告》白皮书中指出,应对普惠金融现有的问题和挑战,要突出抓好普惠金融风险防范和监管体系,不断拓展普惠金融服务的深度与广度。因此,信保是否能发挥普惠金融风险"稳定器"的作用,风控能力是关键。

"众安保险在信用保证保险的风险管理的全流程中,引入了保前识别、分析风险,保中实时监测风险并及时预警,保后风险控制与应对的机制,同时结合了传统的 KYC 原则(know-your-customer),即了解用户,多维度识别用户身份,作为风险管理的关键信用评估依据。"在亚洲银行家主办的"2019 中国未来金融峰会"上,梁玉苹着重介绍了众安独家打造的"三体双生命周期风险管理体系",该风险管理体系获得了 2019 年度亚洲银行家中国年度信贷风控技术实施大奖。

"三体双生命周期风险管理体系"中的"三体"覆盖了用户消费信贷生命周期的X、Y、Z三个维度。其中,X指众安保险通过庞大的客户群,在取得借款人授权前提下积累的数亿级用户行为数据,用以提炼借款人的有效特征信息,作为信用风险评判依据;Y即是用户多种行为的表现结果,基于X数据特征组合,通过建立从客户准入、反欺诈、风险评级、保中账户管理到保后风险管理的端对端风险管理流程,实现动态、差异化的准入规则和风险定价;而Z则利用上述数据特征工程及自动归因系统对信贷全流程各环节的策略进行持续迭代与优化,形成在线精准决策引擎,如部署精准营销策略、风险评估策略、保后监控策略等。

除了个人信贷周期外,梁玉苹还认为,外部宏观经济环境同样会对信贷风险产生影响:"为应对宏观经济风险,众安将用户信贷周期与外部经济周期紧密结合,加入X和Y的强周期关联,建立了基于宏观经济风险预警机制的抗周期信贷风险管理策略体系,即双生命周期策略。"

资料来源:众安保险"三体双生命周期风险管理体系"助力普惠金融[EB/OL].(2019-07-26). http://finance.sina.com.cn/stock/relnews/hk/2019-07-26/doc-ihytcitm4818060.shtml.

本章小结

风险管理是社会组织或者个人用以降低风险的消极结果的决策过程,风险管理是风险识别、风险分析、风险计划、风险跟踪和风险应对的循环过程。企业各个环节都需要具备风险管理的技能,尤其是在科技变革的当下,如何在数据驱动、模型驱动和系统保障的基础上,利用大数据分析工具、区块链技术、人工智能等实现风险管理显得尤为重要。

就目前来说,数字化风险管理应用转型较多的场景在于信用风险管理体系的建设,为信用社会体系建设提供了良好的借鉴基础。除此之外,银行风险数字化管理、互联网金融风险数字化管理、资产投资风险数字化管理和保险风险数字化管理是相对应用较成熟的领域。

总而言之,数字化风险管理的变革已改变社会,改变企业管理过程。这为企业更安全、更智能地进行风险管理提供良好的基础。

H汽车集团数字化转型下的财务风险

2020年8月,H集团一系列债券开始暴跌,同年10月份,H集团发行的10亿元私募债到期违约,随之引发蝴蝶效应。11月13日,其供应商G汽车有期债券到期却未获清偿,G汽车提供的H集团资产负债表显示,H集团已无力还款。11月16日,H集团发布公告,债务违约金额合计已高达65亿元,逾期利益金额达1.44亿元。H集团的半年报也显示,截止到2020年6月30日,H集团总资产金额为1 933.25亿元,总负债为1 328.44亿元。其中,总负债中流动负债高达1 026.61亿元,占比77.28%,一年内到期的非流动负债为 53.94 亿元。法院判定,H 集团不能清偿到期债务,明显缺乏清偿能力,但鉴于 H 集团具有挽救价值与可能性,开启破产重整程序。业界相关人员分析称,H 集团此次违约事件暴露了企业内部经营管理的缺陷,H 集团长期经营管理不善,旗下自主品牌业绩差,连续多年亏损,仅倚靠合资品牌,"以市场换技术"战略的失败、企业资产负债率高居不下等问题都导致 H 集团最终走向破产重整的道路。

H 集团出现财务风险,有以下原因。

(1) 短期债务积压,筹资困境难逃。H 集团作为国有企业,在筹集资金的方式选择上,多采用的是债务筹资,我国大多数汽车国有企业均采用负债经营的方式,背负沉重的债务。其公司的借款对象多来自同一家银行,且短期债务多,当企业无力偿还债务时,信用越来越低。公司在发展时需要大量资金,信用低会导致筹资难上加难。在此次债券违约之前,H 集团存在着银行贷款、保险监管、信托计划方面的违约情况,企业的流动性风险也长期较大。

(2) 自主品牌丧失,疫情冲击难防。根据疫情期间的销量对比,2020 年上半年自主品牌的销量之和仅占合资品牌销量的 4%,2020 年上半年华晨中华销量仅为 3 186 辆,金杯汽车销量为 7 661 辆,华颂的销量更是让人大失所望,2020 年上半年销量为零。而在 2022 年,H 集团将会把合资品牌 25% 股份转让于宝马集团,此次股份转让很可能将会成为压死 H 集团的最后一根稻草。

(3) 信用风险加剧,现金流断裂。H 集团的债券主要由大公国际和东方金诚两大资信评级机构进行评级,2020 年,H 集团的债券评级发生了较大的变化,大公国际将 H 集团主体及相关债项信用等级由 BB 调整为 CCC,后将上述主体、债项等级由 CCC 下调至 C。H 集团的资产负债率也是居高不下,虽说汽车行业的负债率整体较高,但 H 集团的资产负债率是远高于行业平均水平的。

(4) 落后时代潮流,未积极数字化转型。H 集团旗下控股的两家自主品牌都在行业内被边缘化,公司的生产制造只局限于能生产什么,而不关注市场需要什么,最终只能落后于时代的潮流。尽管 H 集团在 2019 年 10 月宣布开启数字化转型的战略,但其实际状况还不足以支撑"转型"这一大步。而数字化转型早已成为行业的必然趋势,因此对于 H 集团来说,这些劣势终将反映在报表上,反映在企业的现金流以及偿债能力上。

资料来源:葛畅,钟雨萌. 传统汽车企业数字化转型下的财务风险分析——以 H 集团为例[J]. 湖北经济学院学报(人文社会科学版),2021,18(9):66-69.

讨论题

以 H 集团为典型案例,传统汽车企业财务风险防范措施有哪些?

【本章思考题】

1. 风险管理的过程包含哪几个环节?
2. 数字化风险管理的特点有哪些?
3. 描述数字化风险管理用到的工具。
4. 举例银行业的风险管理措施。

【即测即练】

第 八 章

大数据管理与应用

学习目标

1. 掌握大数据的基本概念、数据分类、数据源，了解新时代企业大数据面临的挑战和发展趋势。

2. 掌握企业大数据管理的需求、企业大数据的获取以及采集，了解传统大数据与企业大数据的区别和联系。

3. 掌握企业大数据的主要应用，了解企业大数据分析工具及储存工具，掌握企业大数据管理中用到的方法、软件等。

引导案例

一场疫情，倒逼着各行各业不得不转型，让企业清晰认识到数字化的价值。仅 6 个月产生的数字化转型，比过去 10 年还要多。

扩展阅读 8-1 中国的数字化转型

在数字化转型的浪潮下，大数据在深刻地影响并改变着各行各业，数据作为一种重要资产，开始受到越来越多的企业的重视。机遇总是与挑战并存的。当前，家电制造企业普遍面临产品利润空间不足、信息流通滞后、客户复购率难以保障等问题，严重制约了企业的可持续健康发展。

扩展阅读 8-2 数字化转型知识方法：数字化转型的五个发展阶段

智米科技作为小米生态链内最早利用信息化平台提升企业运营管理效率的企业，将数字化平台的建设作为解决问题的终极方案。小米通过构建数字化管理平台，加强了对公司生产经营管控、企业运营决策的管理能力，并打造业财一体化稳态平台，实现对供应链、费控和人员绩效的管理等，从而降低了公司运营成本，提升了管理效率，提高了对关键流程分析与风险识别的能力，全面防范风险。

各个企业开始探索数字化转型之路。如何利用大数据思维来重塑行业，实现转型升级？如何有效挖掘数据背后隐藏的巨大价值，提升企业管理效率？这些是每个企业需要思考的问题。

资料来源：https://baijiahao.baidu.com/s?id=1618451996750404204&wfr=spider&for=pc.

第一节　大　数　据

自工业革命开始,公司便一直在使用数据分析利润和制定业务战略,使得大数据及其分析成为现代科学和商业的中心。这些数据产生于在线交易、电子邮件、视频、音频、图像、点击流、日志、帖子、搜索查询、健康记录、社交网络互动、科学数据、传感器和手机及其应用。它们被大量存储在数据库中,并且越来越难以通过典型的数据库软件工具来捕获、形成、存储、管理、共享、分析和可视化。本节主要从大数据的概念及数据的分类来介绍大数据的相关知识。

一、大数据的概念

大数据仿如昨天的云计算一样,扑面而来。无论是重新思考数据的存储,还是进行数据管理,抑或是利用新的技术和工具对数据进行分析与挖掘,各家各抒己见,让人眼花缭乱。而作为大数据领域的领导者,IBM、微软、Oracle、英特尔、SAP 等国际巨头在全球范围内已经将大数据及其分析带进各行各业,并开花结果。

究竟何为大数据?“大数据”一词可以从字面上理解为“巨大的数据量”。Manyika 等认为“大数据是指数据的集合,其大小已经超出了现有典型数据库获取、存储、管理和分析数据的能力”。

“数据管理”是指对详细数据的直观介绍和适当的分析,以澄清基本的操作条件,发现业务工作中的缺点,为管理人员提供准确的决策,并促进管理层改善管理,从而作出有效的决定,这是科学管理的基础。

大数据不是纯粹的技术概念,而是商业价值。如果公司有很多数据,但对企业没有帮助,那就没有意义了。解释大数据应该从这个维度出发,大数据“大”的标准是可以为企业产生价值,不管你用什么方法、什么数据,只要最后能产生业务价值,就是有“大”价值的数据。大多数人对大数据有各种各样的误解,如果从业务角度来看待大数据,这些误解就会减少。这些误解主要包括以下四个方面。

(1)新时代的大数据必须再次取代所有旧系统。不对。大数据完全可以先用传统的方法分析,并不是推倒重来,而是在原来的基础上进行延伸。

(2)大数据平台只有 Hadoop。不对。Hadoop 是开源的、免费的,由 Apache 和 Google 的一组科学家发起,后来成为开源项目,许多公司现在免费使用 Hadoop 来构建大数据平台。但问题是开源的效率更低,支持能力更低,业务要求比较高,必须由技术人员来做。而成熟完整的商业产品可更好地维护,也更容易使用,但成本相对较高。

(3)传统的数据没有价值。这也是不对的看法。传统数据也很重要,有助于找到事物之间的因果关系。此外,大数据不仅可以预测,在很多情况下也可以准确解决问题。

(4)传统业务和大数据无关。这种观点非常错误,大数据不仅属于互联网企业,也属于传统企业。

综上所述,大数据不仅关注数据规模大小,更重要的是通过各种数据平台获取传统及互联网的数据,并基于以上数据,对企业提供预测及解决问题的帮助。表 8-1 是两种服务的对比。

表 8-1　两种服务的对比

项　　目	传统数据服务	大数据服务
数据来源	企业内部数据及外部市场数据	企业内部数据、外部市场数据及环境数据
数据采集方法	人工采集	传感器采集、SDK(软件开发工具包)采集、运营商采集、网络及 App 采集等

　　与传统数据服务相比,大数据服务拥有企业内部、外部市场、环境等不同来源的大量数据,可以通过传感器采集或在互联网上搜索等方法获得。快速发展的分布式计算及多样的数据分析模型使海量数据处理成为可能。

二、大数据的特点

　　由上可见"大数据"概念的提出建立在信息技术进步的基础上,有其特定的社会历史背景,是人类测量、记录和分析世界的必然产物,顺应了时代的发展潮流。当文字、图像、音频,甚至世间万物都可转变成数据,一切都可量化时,大数据就能创造出巨大的新型价值,渗透并服务于人类生产生活的方方面面。大数据需要在传统数据分析的基础上迈出革命性的一步,其特点由以下五部分组成。

　　(1) 数据体量(volumes)巨大,一般数据库的大小在 TB 级别,而大数据的起始计量单位在 PB(1 PB＝1 024 TB)级别,有的甚至跃升至 EB、ZB 级别,包括采集、存储和计算的量都非常大。百度资料表明,其新的主页导航每天需要提供超过 1.5 个 PB 的数据,如果打印出这些数据,它将超过 5 000 亿份 A4 纸。到目前为止,一些数据显示,人类生产的所有印刷材料的数据量仅为 200 PB。而当前,典型个人计算机硬盘的容量为 TB 量级,一些大企业的数据量已接近 EB 量级。数据的庞大规模和崛起令传统的存储与分析技术完全无法适应。

　　(2) 数据类型(variety)繁多,多样性使大数据变得非常大。大数据来源多种多样,一般分为结构化、半结构化和非结构化三种类型。结构化数据,从名称中可以看出,是高度组织和整齐格式化的数据。它是可以放入表格和电子表格中的数据类型。它可能不是人们最容易找到的数据类型,但与非结构化数据相比,无疑是两者中人们更容易使用的数据类型。另外,计算机可以轻松地搜索它。结构化数据也被称为定量数据,是能够用数据或统一的结构加以表示的信息,如数字、符号。在项目中,保存和管理这些数据的一般为关系数据库,当使用结构化查询语言时,计算机程序很容易搜索这些术语。结构化数据具有的明确的关系使得这些数据运用起来十分方便,不过其在商业上的可挖掘价值方面就比较差。典型的结构化数据包括信用卡号码、日期、财务金额、电话号码、地址、产品名称等。半结构化数据可以通过灵活的键值调整获取相应信息,且数据的格式不固定,如 JSON,同一键值下存储的信息可能是数值型的,可能是文本型的,也可能是字典或者列表。非结构化数据本质上是结构化数据之外的一切数据。它不符合任何预定义的模型,因此它存储在非关系数据库中,并使用 NoSQL 进行查询。它可能是文本的或非文本的,也可能是人为的或机器生成的。简单地说,非结构化数据就是字段可变的数据。非结构化数据不是那么容易组织或格式化的。收集、处理和分析非结构化数据也是一项重大挑战。这产生了一些问题，因为非结构化数据构成了网络上绝大多数可用数据，并且它每年都在增长。随着更多信息在网络上可用，并且大部分信息都是非结构化的，找到使用它的方法已成为许多企业的重要战略。更传统的数据分析工具和方法还不足以完成工作。

（3）处理速度（velocity）快，在数据量非常大的情况下，还可以实现实时数据处理和分析，这与传统数据挖掘技术基本不同。数据量的增加对数据的处理速度和及时性提出了更高的要求。例如，搜索引擎要求几分钟前的新闻能够被用户查询到，并且个性化推荐算法要求尽可能满足不同个性的需求。而大数据技术正好能满足这一需求，这也是其区别于传统数据挖掘技术的显著特征。不仅大数据需要速度，所有处理流程都需要速度。对于时间有限的流程，应该在大数据流入组织时使用，以实现其价值的最大化。

（4）价值（value）密度低。随着互联网以及物联网的广泛应用，信息感知变得无处不在，且数据量大、类型多、处理速度快，但这些大量信息的价值密度很低，真正有价值的数据很少。以视频为例，大规模的视频中，真正有价值的数据可能只有一两秒。如何结合业务逻辑并通过强大的机器算法来挖掘数据价值，是大数据时代亟须解决的问题。

（5）数据是在线（online）的，这是大数据区别于传统数据最大的特征，即其随时能调用和计算。在互联网高速发展的背景下，数据资源不仅仅是体量大，更重要的是表现出在线这一显著特征。数据只有在线，即数据在与产品、用户或者客户产生连接的时候才有意义。如用户在使用某互联网应用时，其行为能够及时地传给数据使用方，数据使用方通过数据分析或者数据挖掘进行加工，对该应用的推送内容进行优化，把用户最想看到的内容推送给用户，就能提升用户的使用体验。

大数据时代的来临和经济全球化趋势改变了企业所处的外部环境。企业要在激烈的市场竞争中获得优势，并且在这种形势下立于不败之地，必须与时俱进，不断通过大数据改进管理模式，因此企业大数据成为一个新的研究重点。本节着重介绍企业经营和管理所需要的资源与记录资源活动的企业数据以及这些企业大数据的采集、分析与管理。

三、大数据发展阶段

熟知大数据发展历史，才能更好地理解其产生的缘由，再去学习技术知识，定会明朗很多，同时更深入技术的本质。大数据发展的主要时间节点如图 8-1 所示。

图 8-1　大数据发展的主要时间节点

20 世纪 90 年代，随着数据挖掘理论和数据库技术的逐步成熟，一批商业智能工具和知识管理技术（如数据仓库、知识管理系统等）开始被广泛应用，大数据概念开始萌芽。此时关于大数据的研究主要聚焦于数据挖掘技术方面，其他方面涉及较少。

2003—2006 年是大数据开发的决定性阶段,也是非结构化数据的自由挖掘阶段。Facebook 成立于 2004 年,产生了大量的非结构化数据;非结构化数据的爆发导致了大数据技术的快速突破。

2006—2009 年为大数据发展的成熟期,大数据技术并行运算与分布式系统基本形成。

2010 年,随着智能手机应用的日益广泛,数据碎片化、分布式、流媒体特征更加明显,移动数据量急剧增加。

2011 年,《大数据:创新、竞争和生产力的下一个前沿》被麦肯锡全球研究院发布,经 Gartner 技术炒作曲线和 2012 年维克托·舍恩伯格《大数据时代:生活、工作与思维的大变革》的宣传推广,大数据的概念开始风靡全球。

2012 年《大数据研究和发展倡议》的发布,标志着大数据已经成为时代特征,这一倡议也意味着大数据从商业行为上升到国家科技战略这一更高层面。联合国在纽约总部发表了关于"大数据政务"的白皮书,概括说明了各国政府如何利用大数据更好地服务和保护公民,实现了"按部就班前进",实现了迅速应对。

2013 年,"大数据"监管进入公众视野。我国证监会利用各个异动指标数据,将交易异常数据和股价异动联系起来,构建证券市场监控的综合数据模型,全面提升对内幕交易、市场操纵、证券欺诈等文本信息的挖掘和监管。大数据也成为政府监管对象之一。

2014 年,云计算的爆发推动智能科技加速发展,大数据产业从理论迈向实际应用。2014 年 5 月,工业和信息化部电信研究院发布了《大数据白皮书(2014 年)》,第一次全面深入且系统完整地阐述了我国大数据产业发展与学术研究的大方向,从国家主权、政府政策、产业发展、数据科学、投资理念和企业战略等方面分析了我国大数据市场的发展现状和未来发展趋势,是我国大数据产业走向产业化、系统化的重要一步。

2015 年,大数据逐步迈向独立发展阶段,其市场化和规模化程度进一步提升,已经成为一种新兴行业,数据租售服务大量出现,数据分析企业更加专业化,数据决策外包服务企业更加高效,推动更多传统企业向科技智能化转型。

2015 年,全球大数据市场规模将近 1 500 亿元人民币,同比增长 24.2%;我国大数据市场规模为 160 亿元,仅占全球总市场规模的 10.7%,但同比增长率为 65.3%,是全球增长率的 2.7 倍。2022 年 8 月,IDC 发布了《中国数字政府大数据管理平台市场份额,2021》报告,报告显示,2021 年中国数字政府大数据管理平台整体规模达 49.6 亿元人民币,年复合增长率 25.3%,处于稳步增长阶段。从竞争格局来看,华为云、阿里云和浪潮云在 2021 年中国数字政府大数据管理平台市场排名前三,新华三/紫光云、中国系统、数梦工场和烽火分列第四到第七位。同时,联通数科、软通智慧、星环科技和中兴等企业都是此领域重要的参与者。

四、数据的分类

分类是人类认知的基本方法。通过对事物进行分类,人们可以根据每个类的特点快速识别出每个具体的事物。通过对事物进行分类,我们可以识别出什么是有益的、你能用什么、需要避免什么。分类后,按类别进行深入研究是科学研究的基础。分类也是数据分析的基本方法之一。

为了更好地理解数据、控制数据和使用数据,我们需要对数据进行分类。在分类之前,我们必须有分类标准。分类标准实际上是我们认识事物的角度。例如,我们把人分为男性和女性,那么我们的分类标准就是性别;我们将人分为成年人和未成年人,我们的分类标准就是年龄。

接下来,我们将按数据存储方式、数据存储格式、数据对象以及数据产生源头对数据进行分类。

1. 按数据存储方式分类

在电子数据存储方式日益普及,成本越来越低,存储格式越来越先进、方便、安全、高效的今天,数据按存储方式可以分为手工统计在白纸表格上的数据、存储在计算机电子表格中的数据、存储在管理信息系统或 ERP 系统服务器中的数据以及存储在云数据库中的数据。

2. 按数据存储格式分类

从存储格式的角度来看,数据可以分为数字类型(包括日期类型等)、文本类型(包括字符类型、简短的文字、长文本等)、视频类型(包括图像类型、音频类型、视频类型等)等。越先进的存储格式中,存储的信息越丰富,将来会有更多数据存储格式。

随着数据存储设备和采集技术的发展,越来越多的数据采用多媒体存储格式。但是,目前的数据处理技术还处于发展阶段。可以直接计算的数据通常是数字类型、日期类型(具有特殊含义)和字符类型的数据。文本数据中的文本挖掘技术近年来发展迅速,但受到计算机解释自然语言能力的限制,文本挖掘必须与数据字典相结合。即便如此,基于文本的数据处理技术也不足以达到数值数据处理技术的精度。

图像识别技术近年来发展非常迅速,普及速度也很快,但仍局限于一些领域,如头像识别技术、生物特征识别技术、车牌识别技术等。大数据图像信息挖掘技术已经起步,音频识别、视频识别技术也在发展,但与数值数据处理能力相比,这些技术还比较初级。

随着数据计算能力和数据处理技术的发展,各种存储格式的数据得到了更好的利用。如果公司有足够的经济实力的话,从现在开始,存储相关数据,为将来数据处理技术成熟后做准备,是值得的。

3. 按数据对象分类

按描述的对象,数据可分为静态数据和动态数据。

描述对象本身的数据称为静态数据,描述对象活动的数据称为动态数据。

静态数据又称横切数据,是指给定时间节点上的事态。动态数据又称时间序列数据,是对不同时间节点上事物状态的记录,反映事物的动态变化或不同时间节点上的差异。

将数据分为静态数据和动态数据有助于对数据源进行分类。静态数据是企业资源的描述性数据,比较静态,不经常变化,一旦收集,不断更新即可。动态数据用于描述企业的经营管理活动。随着企业管理活动的进行,形成了重叠的记录,新记录不能覆盖旧记录,从而形成时间序列数据集。

员工基本信息表是一组静态数据。静态是一个相对的概念,静态数据不是静止不动的数据。随着新员工的加入,员工基本信息表将继续增加数据。当员工在公司内部工作时,除了一些需要更新的数据,基本信息不会有太大变化,如名字、员工编号、学历、出生地、国籍等。员工的年龄和司龄会发生变化,但年龄由一个人的生日决定,他的生日不会改变,可以通过生日计算一个人的年龄,以便年龄自动更新;员工的司龄也会发生变化,但员工的入职日期通常不会发生变化,可以根据员工的入职日期计算员工的司龄,这样可以自动更新员工的司龄数据,不需要人为地每年更新一次。

企业的动态数据是一个时间序列上的数据集,记录着公司的经营管理活动,只要公司的经营管理活动每天都在发生,数据就会不断地记录着。例如销售订单表,企业每销售出一个产品都会添加一条数据。

企业经营必须产生价值,价值往往通过静态数据之间的差异来衡量,动态数据记录企业的资源转换行为,所有结果都是由行为产生的。将数据分为静态数据和动态数据的主要目的是便于研究行为与结果之间的关系,这是数据分析和挖掘最重要的目的。如果我们能找到行为与结果的关系,那么我们就能根据这种关系来指导企业的生产实践,从而有效地控制生产结果。

4. 按数据产生源头分类

按产生源头可将数据分为原始数据和处理数据。我们在媒体上看到的数据往往是经过处理的数据,是对原始数据进行统计汇总后形成的数据指标。

原始数据的定义有广义和狭义之分。

广义的原始数据是第一手数据,直接从负责数据采集的机构获得。例如,直接从公司收集的数据、部门内统计后报告的数据。这种广义的原始数据,有可能是在源头采集之后经过处理和汇总统计得到的。

狭义的原始数据是指直接采集的数据,即通过人工记录、观察、设备自动采集和电子媒体识别直接形成的最原始的数据。在此基础上,收集和汇总的数据都是经过处理的数据。例如,员工上下班时指纹打卡机直接记录的数据就是原始数据。人力资源助理将储存在指纹打卡机中的数据导出后,统计了每个人在该月的正常工作天数、迟到天数和早退天数。这些统计汇总后的数据是狭义上的处理数据。在广义的原始数据中,出勤统计的数据称为原始数据。

一般而言,原始数据是指原始数据责任主体直接提供的数据。人力资源助理直接负责考勤数据,因此他们提供的数据可以视为原始数据。

从数据分析的角度来看,纠结原始数据和处理数据哪种定义更准确,没有多大意义。原始数据和处理数据之所以被定义,最根本的价值在于数据质量的控制和数据形成与传输过程的可追溯性。

数据质量决定了数据分析结论的准确性,在数据分析过程中,如果你遇到数据问题,或者你对数据本身有疑问,可以跟踪数据生成机制,跟踪数据源、数据传输过程、数据处理过程和数据处理方法,甚至跟踪数据采集方式、数据采集人或采集设备,以找到问题的根源,解决数据质量问题并确保后续数据的准确性。

第二节　企业大数据需求及采集

当下,"大数据"几乎是每个 IT 人都在谈论的一个词语,这不单单是时代发展的趋势,也是革命技术的创新。大数据对于行业的用户也越来越重要。掌握了核心数据,不仅可以进行智能化的决策,还可以在竞争激烈的行业当中脱颖而出,所以对于大数据的战略布局,越来越多的企业引起了重视,并重新定义了自己在行业的核心竞争力。

在社会发展中,几乎人人都在制造数据,几乎处处都在产生数据,各类型数据以迅猛的速度增长,对企业、产业乃至整个经济社会都开始产生革命性影响。面对爆炸式增长的庞大数据,"大数据""大数据时代"等相关概念被提出。大数据,它在未来学家阿尔文·托夫勒所著的《第三次浪潮》书中首次被提及。大数据自出现,就引起了各界的热议,得到企业的普遍关注,各行各业对"大数据价值"有各自的预判和期待。

一、用户需求

大数据的出现给企业生产、运营等多方面带来巨大的变革。大数据相关的企业已意识到只有科学合理地评估与使用大数据,才可以获取数据资源价值与回报。因此,获取有效的数据正被企业广泛关注。

获取有效数据最重要的一个方面是如何有效地获取用户的需求。因此,用户需求在如今越来越被企业所重视。努力了解用户需求的商家往往能获得很好的收益、持续的发展。大数据潮流中,商家更不能忽视用户需求。在营销活动中,如果商家一味地追求大数据,而对用户需求视而不见,就会本末倒置。对于不关注用户需求的企业而言,即使运用到大数据,也只是虚有其表,不会增加企业的收益。

用户至上,首先要了解用户。传统的方法更多的是依靠用户来做调查,许多公司每年都会聘请国际研究公司进行抽样调查。这种方法不是真实的、实时的和完整的。抽样方法耗时且费力,且有不愿意参与样本的群体,因此样本量不一定具有代表性。样本研究只让你看到冰山一角。那么怎样才能看到冰山的全貌?要查看冰山的全貌,必须使用大数据,必须查看全部或接近全部,不能采样。更重要的是,使用问卷调查,你只能听到用户说他们做了什么。而参与研究的人可能会撒谎,也可能不知道他们的实际需求是什么。丹尼尔·卡尼曼在他的《思考,快与慢》一书中提出了两种人类思维模式:快思考和慢思考。"快思考"意味着人类在作出决定时没有意识到他们是如何作出决定的。他们依靠情感、记忆和经验迅速作出判断。这是人类在进化过程中形成的本能,它能在危险的环境中自然快速地作出反应,消耗更少的能量。"慢思考"意味着人类通过动员他们的注意力来分析和解决问题,并作出虽然较慢但不易出错的决定。大多数消费者使用"快思考"的模式进行购买决策,默认情况下,这种模式是自动的、无意识的。但是,当用户收到问卷时,大多数人使用"慢思考"的模式回答问题。很多时候,同一个人在"快思考"和"慢思考"的不同模式下,对同一个问题很可能给出不同的答案。因此,用大数据来了解用户的真实行为和想法,比传统方法要准确很多。

企业的营销人员想利用大数据做到对营销的精准预测,就要首先了解用户的需求。

企业的营销人员只有清楚用户需求，才能最大限度地满足用户，企业才能实现利润的大幅增长，这就需要营销人员分析用户特征和行为数据。

分析用户特征与行为数据有什么用？当然是能分析和找出用户的需求。例如，用户在天猫搜索引擎搜索护肤品，天猫通过用户搜索护肤品的行为，就可以判断用户对化妆品有需求，于是系统可以在搜索引擎上收集更多该用户的行为数据，然后根据用户行为向其推荐最合适的护肤品，从而让商家和用户实现快速成交。

为了更好地反映用户的需求，通常采用用户特征和行为数据。比如从用户的年龄特征，就可以判断用户需不需要某商品。在商场推销化妆品的促销员会对一个六七岁好奇地看着她的小孩视若无睹，却会主动向经过的年轻女子热情地推销产品，并送上试用品。促销员通过用户的年龄特征能准确判断哪些用户一定不会买化妆品，她确定儿童不会买化妆品而年轻女子需要化妆品，于是把儿童从自己的目标用户中排除，把年轻女子作为自己的目标用户，并对其加大营销力度。一位卖玩具的商家则会向领着小孩的家长推销玩具，因为他知道小孩子喜欢玩具，而家长对孩子的要求多数时候是有求必应，他也因此总能推销成功。企业、商家在应用大数据营销时也应如此，通过分析用户特征与行为数据，便可为用户贴上标签，为用户画像。找到了用户需求，就能够实现精准营销，也让企业从中获得源源不断的利润。大数据经济分析如图 8-2 所示。

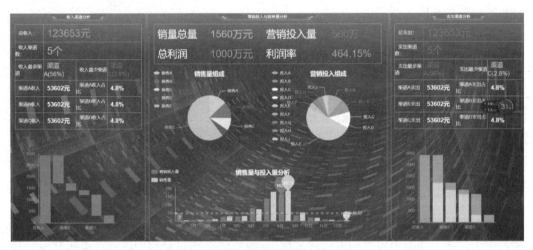

图 8-2　大数据经济分析

（一）流量聚集之处，即是用户兴趣所在

互联网创业者嘴上经常挂着一句话，"我们无论追求流量还是用户兴趣，都没有错。"这是很有道理的一句话，数据分析人员得出一个结论：流量聚集之处，即是用户兴趣所在。

很多互联网创业者投入高成本来增加网站的流量，但是效果很差。例如，有的创业者用苹果手机作为奖品吸引用户访问网站，但是获取用户的效果不尽如人意，网站的流量增加仍然很少。

有一位创业者投入很大的财力与人力进行聚集流量的营销活动，却都以失败告终。

有一次，他在浏览自己的朋友圈时惊讶地发现，他的 10 多位朋友参加了"The Color Run"（彩色跑）活动，他们在朋友圈晒出了自己从头到脚被洒上五彩缤纷颜料的照片，这吸引了很多好友的互动、评论、分享。之后他详细地了解了"The Color Run"活动。他发现，这个活动没有实物类的奖品，也没有奖金，可以说是个"得不到好处"的活动，但这个活动却吸引了很多用户参加，走红互联网，该活动所到之处，总能为网站聚集到许多流量。他经过研究发现互联网上有很多类似的吸引用户主动参与的活动。而这种几乎没有奖品的活动有一个共同的特点，就是用户对其感兴趣。"The Color Run"活动抓住了人们自由奔跑、快乐运动的兴趣，从而吸引了对此感兴趣的用户主动参与。于是这位创业者总结出，用户兴趣与网站流量存在关系。

网站的营销活动针对用户的兴趣开展，就能轻松吸引用户参与，网站便可聚集到源源不断的流量。互联网创业者用这种方法，既可以降低营销成本，又能获得满意的流量。

互联网创业者要想让自己的网站、应用快速获得丰富的流量，就要围绕用户的兴趣来开展营销活动。众所周知，百度贴吧每天能为百度聚集到海量的流量，它的成功正是由于按照用户兴趣来细分贴吧，让用户很容易找到自己感兴趣的贴吧，并与兴趣相同的群体畅所欲言，获得了交流与分享的需求。

业内人士说，在互联网与移动互联网上，用户基于兴趣创造话题，基于兴趣阅读、互动。用户面对海量信息、应用和不计其数的网站不知如何选择，只需在搜索引擎里输入自己感兴趣的关键词，便能迅速找到自己感兴趣的信息、应用、网站。

如图 8-3 所示，用户对感兴趣的内容会产生三个层次的行为，最初用户会阅读感兴趣的内容，其次会对它进行点评，最高层次的用户创建自己感兴趣的内容。引导用户创造内容是无数网站与应用追求的最高目标。例如用户在贴吧里发表帖子，是因为他对该贴吧的内容感兴趣；用户主动回答百度知道里的问题，也是基于兴趣；用户到美丽说里评论某件时尚服装，就是对时尚服饰感兴趣。所以，现在的企业

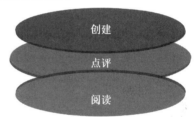

图 8-3　用户兴趣内容的三个层次的行为

在营销的时候，只需要做好一件事就可以了，那就是了解用户的兴趣，聚集具有同类型兴趣的用户，便可实现精准营销，也会为自己的网站聚集海量的流量。

企业掌握"流量聚集之处，即是用户兴趣所在"的大数据营销要点，通过分析用户的浏览、评论等数据，给用户贴上准确的兴趣标签，便可为企业的网站聚集源源不断的流量，企业变大、变强指日可待。

（二）了解用户特征与行为，为精准推送信息提供支撑

企业营销人员收集体现用户特征与行为的大数据，是进行大数据精准营销的前提。业内专家也说，用户行为特征的大数据，能为精准推送信息提供支撑。可见，企业营销人员掌握用户特征与行为的大数据，无疑能使大数据营销活动事半功倍。了解用户特征与行为，是大数据营销的又一个重要切入口。

企业了解用户特征与行为，可以实现良好的用户体验，这无疑会增加企业的用户数

量,企业也会成为更受用户欢迎的企业。

电商企业掌握了用户特征与行为的大数据,就能获知用户的需求,向用户推荐其喜欢的商品,提高商品的成交率。只要在淘宝上搜索和购买过商品的用户,都对淘宝如何推荐商品感到很好奇。

经常逛淘宝的用户会发现,在淘宝上看过一些商品后,只要上网时打开有淘宝联盟广告的网页,总会看到在网上搜索过的商品或类似商品的推荐。例如,用户在淘宝上搜索了某品牌慢跑鞋,并浏览了很多款该品牌慢跑鞋的页面。接下来他浏览资讯类的网页,其中有些网页上有淘宝联盟的广告,里面推荐的都是慢跑鞋相关的商品信息,用户这时通常会多看几眼,有的甚至可以从中找到自己满意的慢跑鞋,促成交易。

用户无不纳闷,淘宝推荐的商品,怎么都是自己喜欢的、正想购买的呢?淘宝怎么知道自己的需求呢?原来当用户登录淘宝账号搜索、浏览商品时,淘宝就立即储存了用户在搜索引擎搜索、点击商品的大数据,通过对这些大数据进行分析了解用户的特征和行为,分析用户的年龄、性别,还能知道用户的消费习惯、近期想购买什么商品,甚至准确预测用户喜欢什么样的商品。根据这些收集、分析的信息,淘宝便从数亿的商品中挑选出用户喜欢的,并精准地推荐给用户,从而极大地提高淘宝商品的成交率,让卖家、淘宝平台都获得丰厚的收益。

企业和创业者了解用户特征与行为,能够透彻了解用户的需求,有时甚至比用户自己想得更全面。沃尔玛通过消费者的购物数据了解到来购买纸尿裤的爸爸们通常都会给自己捎上几罐啤酒,于是沃尔玛就把啤酒摆在纸尿裤旁边,方便用户购买,既提高了沃尔玛啤酒的销量,也成为沃尔玛营销的经典案例。

电商企业、互联网企业掌握了用户特征和行为的大数据,就可以进行精准的商品推荐、广告投放。例如,微信公众号了解了用户的特征,实现了信息的精准推送,让自己的微信公众号获得了越来越多的粉丝。企业和创业者了解用户特征与行为,便可利用大数据进行精准营销,获得满意的用户与流量,促进企业飞速发展,让企业有望成为大数据浪潮中的大赢家。

二、引导产品及营销活动,投用户所好

企业、创业者想做好产品及营销活动,其实有一个讨巧的办法,那就是投用户所好。企业、创业者掌握用户的喜好,并努力满足用户的喜好,就能获得用户的关注,吸引用户的主动参与,从而实现产品推广,获得营销成功。那么,企业如何才能知道用户的喜好呢?这就需要企业在进行产品研发之前,了解用户的特征、获知用户想要获得什么样的产品。企业根据用户的特征、需求来研发产品,就能投用户所好,生产受用户欢迎的产品,也能保证产品畅销,令企业快速获得丰厚的利润。

(一)查找重点用户,提升营销效果

很多企业都知道大数据营销具有巨大价值,可以提升企业、产品的营销效果,这是千真万确的,但是知道如何具体操作的企业和创业者并不多。众口难调,企业难以让每一类用户都满意,这导致企业的很多营销活动,既不能获得普通用户的欢迎,又不能获得重点

用户的欢心,使企业的营销效果不尽如人意。有了大数据技术,企业的这一难题,就可以迎刃而解。

企业分析用户消费次数、消费金额的大数据,对用户进行细分,可以把用户划分成普通用户和重点用户,找到当中的重点用户,集中精力了解他们的特征和需求,并不遗余力地满足他们的需求,这样既能提升营销效果,又能增加企业产品销量,进而促进企业的快速发展。

重点用户是对企业贡献最大的一批用户,查找到这一批用户对于企业发展的重要性不言而喻。企业只需要根据用户的大数据,就可以查找到重点用户,提升自己的营销效果。具体的做法就是,企业收集用户最近访问的各类网站,分析用户在这些网站上的浏览数据,判断用户在网上看的信息与自己的企业是否有关联,如果用户查看的信息与自己的企业、产品相关,便把用户作为企业的重点用户来培养,并进行个性化的营销。企业还可以收集用户在社交媒体中互动、评论等内容的数据,分析这些数据是否有关联,如果与企业、产品有关联,便可把此用户作为企业的目标用户,通过这种方法,企业就可以找到自己的重点用户。企业有了重点用户,开展营销活动就有了更强的针对性,无疑能提高营销活动的成功率。

（二）想用户所想,急用户所急

企业通过分析用户大数据,便能了解用户喜欢什么样的产品以及用户想要获得什么样的服务。了解了用户需求,才能做到"想用户所想,急用户所急",并为用户提供个性化的服务。

国美在线（真快乐）便是做到这一点的商家之一。国美在线利用大数据平台,留住了很多老用户,吸引了很多新用户,让国美在线在大数据浪潮中获得了快速发展。

国美在线运营以来,积极利用大数据技术,并用大数据进行产品营销,提高了服务用户的能力,给国美在线带来了较好的收益。国美在线通过分析用户数据来为用户推荐合适的家电。国美在线把自己的用户分为新用户和老用户两类,通过分析用户的首次购买数据、用户所在地域数据、访问时间数据,获得了用户的购买习惯报告和用户个性化属性报告。国美在线把此报告作为其首页改版、制定团购业务、个性化推荐的依据,让国美在线的营销更加个性化、精准化。

国美在线通过用户的大数据,可以随时了解用户想买什么产品,可以在几秒钟内就能知道用户在找哪个品牌的家电,于是把该品牌的家电知名度、美誉度、用户关注点、关注度、搜索引擎呈现率展现在用户面前,节约了用户寻找相关数据的时间,提高了用户购买家电的效率,深受用户喜爱,做到了"想用户所想,急用户所急"。

俗话说,"没有做不到,只有想不到"。在互联网大数据时代,企业只要能"想用户所想,急用户所急",不断满足用户的需求,就会提升用户忠诚度,从而使企业获得长足发展。企业利用大数据平台,努力做到"想用户所想,急用户所急",随时随地向用户精准推荐其"最需要"的商品,配合精准的营销策略,便可提高用户主动购买商品的概率,增加电商自动销售商品的机会。

（三）发现新市场和新趋势，满足用户的新需求

用户的需求不是一成不变的，而是随着时间的变化而变化的，用户现在的需求满足了，就会产生新的需求。手机生产企业对这一点最有体会，用户从仅需要能打电话的手机，到需要功能齐全的智能手机，手机生产企业就是了解用户的需求在不断变化，并能及时了解用户的新需求，发现新市场，从而抢占先机。小米公司通过不断地与用户交流、分析用户的交流数据，了解到手机用户对低价高配智能手机的新需求，发现了低价高配智能手机的新市场和新趋势。小米公司立即针对这一需求展开行动，并获得了巨大的成功，成为手机企业中的新秀。

企业要想长期获得用户的喜爱，就要不断地发现用户的新需求，并且矢志不渝地去满足用户的新需求，这样才能让用户心甘情愿地做企业的忠实用户。

企业对用户需求的数据进行分析，就可以发现新市场和新趋势。很多互联网企业通过分析平台大数据，预测商业发展趋势、洞察新市场。例如，阿里巴巴通过分析其交易大数据，预测到了国际金融危机即将爆发。于是，阿里巴巴向广大外贸企业公布了该信息，并提供了一些应对国际金融危机的措施，如建议外贸企业加快结构调整，努力提高产品竞争力，想方设法稳住已有的用户、积极开拓新市场。这样做增强了外贸企业抵抗金融危机的能力，让很多外贸企业顺利渡过了国际金融危机。

企业分析用户使用的大数据可以从中发现新市场和新趋势，抢先进入新市场，以全新的产品，满足用户的新需求，使得企业快速做大做强。

大数据不是一句随便喊喊就能奏效的口号，而是一粒拥有巨大生命力的种子，它需要落地才能长成参天大树，才能为企业的发展遮风挡雨、添柴加薪。阿里巴巴集团数据委员会的负责人车品觉说过一句经典的关于大数据的话："大数据的本质就是还原用户的真实需求。"

三、企业大数据获取渠道

大数据已不再仅仅是一种替代或选择，而是必需品。数字内容于当下互联网环境而言正处于巅峰期，其中包含大量关键和更新的信息，这使得每个企业获取数据的速度与响应能力都至关重要。利用大数据改善用户体验，被越来越多的企业、创业者所重视，他们不遗余力地用大数据来改善用户体验，为用户创造价值，为企业寻求更多商机，促进企业更好地发展。

将大数据与用户需求联系起来，才能让企业的发展如虎添翼。小米科技的创始人雷军很早就洞察到了大数据与用户需求的关联，他积极收集用户需求的数据，了解用户的真实需求，并根据用户的需求设计产品，产品因此获得了成千上万的"粉丝"，同时也传播了品牌，让小米科技获得了快速发展与成绩。小米科技从此成了互联网创业人士效仿的楷模。

大数据走进了人们的生活，改变了人们的生活方式，大数据渗入工作之中，改变了人们的工作方式，大数据冲击着商业现状，变革着商业模式。大数据影响着个人和企业，业内人士高调地说："大数据时代属于掌握大数据的企业。"很多手中没有数据的企业幡然醒悟，开始想方设法地获取数据。

如何获取数据成为无数企业亟待解决的问题,企业加大人力、财力来收集数据,却苦于不知道从何着手,归根结底就是不知道获取数据的渠道。一位业内人士说:"你在找数据之前,要确定你要找哪方面的数据,如果你要找销售数据,可以从客户管理系统库中导出;如果你想找用户体验的数据,可以到社交网站上与用户交流获取,等等。把数据分门别类,企业就可以迅速获取想要的数据。"

越来越多的企业想获取数据,而获取数据的渠道成为企业的痛点。专家经过研究与实践总结出来四条获取数据的有效渠道:第一,与运营商合作;第二,布局移动互联网入口的软硬件;第三,在不涉及敏感及保密信息及在国家法律允许的前提下,购买各移动互联网大型企业的数据;第四,在各移动网站或者 App 中嵌入能执行发送附带请求信息的元素。企业掌握这四大获取数据的渠道,获取海量数据便再也不用发愁。

(一) 与运营商合作

大数据营销的精确性让企业爱不释手,企业都想通过大数据营销获得更好的营销效果、更多的用户。企业想要进行大数据营销,必须先获取大数据、拥有大数据。与运营商合作,可以让企业快速获取自己迫切需要的数据。

运营商手中的数据资源丰富、价值高,很多企业主动与运营商合作。于是专家预言,运营商的好运来了。大家熟悉的电信运营商,主要经营数据业务、语音业务、位置及商务等增值业务。这些业务让运营商在大数据产业链中扮演着数据传递的角色,同时让运营商获得了海量的数据资源。电信运营商看到了自己在大数据时代的重要地位,开始积极转型,充分利用手中详细的用户数据来增加收入。

运营商在用户使用手机网络时,可以获得并储存用户多个方面的数据,如用户的手机号码、使用的操作系统、地理位置、关系网等。这些数据能帮助企业实现精准营销,让企业获得更多用户,想要获得更好的营销效果不再是难事。企业能否获得更多、更有价值的数据,则取决于企业与运营商合作的密切程度。

企业有分析处理数据的能力与优势,企业想尽快获取数据,与运营商合作便是最便捷的渠道;运营商在发展的过程中遇到了营销效率低下的困惑,急需找到一个精准营销的突破口,而大数据营销就是一个这样的突破口,开发自己手中的大数据资源成为运营商的首要任务。于是运营商也迫切想与有数据处理能力的企业合作,从大数据中挖出金子,这令运营商与能处理数据的企业不谋而合。它们都想利用大数据营销提升营销效果,它们有共同的目标,于是它们之间的合作是必然的。企业想获得更多、更有价值的数据,就需要与运营商建立密切的战略伙伴关系。企业对用户进行大数据分析,从而能了解到用户需要什么产品、服务,针对分析结果进行大数据的精准营销,用户获得了满意的产品、服务,企业也能在大数据浪潮中获得更好的发展。

(二) 布局移动互联网入口的软硬件

互联网时代是"得用户者得天下",而移动互联网时代则是"得移动互联网入口者得天下"。企业想快速获得有价值的数据,就绝不能忽视移动互联网入口,企业需要在移动互联网入口狠下一番功夫。互联网企业纷纷开发软硬件来布局移动互联网入口,以期抢占先机。四个公认的移动互联网入口如图 8-4 所示。

图 8-4　移动互联网入口

手机本身就是企业布局移动互联网入口的硬件，这也是企业、创业者纷纷涌入手机行业的一个动机。通过手机端，企业就可以获得丰富的移动大数据资源。随着移动互联网浪潮的迅猛发展，移动互联网入口的软硬件如雨后春笋般涌现出来，如苹果的 iOS 操作系统、苹果智能手表 watchOS、谷歌的 Android 操作系统、谷歌的可穿戴设备 Android Wear、小米 MIUI 操作系统、华为路由器、阿里盒子以及兼容各系统的各种 App 等。这些软硬件可以分为深度定制的系统、移动互联网设备、各种第三方 SDK 嵌入、手机 App。这些软硬件布局的范围有限，只存在于移动互联网的某一领域、某一层面，获取数据的广度和深度有限，于是企业通过层层布局来获得更广泛、更有深度的数据。

企业布局移动互联网的入口大致可分为四个层面：系统层、内容层、流通层和应用工具层。系统层由谷歌的 Android 与苹果的 iOS 称霸，国内的企业难以撼动，于是它们便在 Android 系统的基础上想办法给用户提供更好的操作服务，它们认为只要给用户提供更好的体验就会吸引用户使用，事实上也的确如此。

企业拥有移动互联网入口的各种软硬件，就能获得源源不断、有价值的且丰富的大数据，便能拥有进行大数据分析所需的数据资源，最终实现大数据精准营销。

（三）购买各移动互联网大型企业的数据

企业没有数据资源，在大数据浪潮中就寸步难行，但是企业也不要太悲观，只要你拥有大数据思维、想获得大数据，就在不涉及敏感及保密信息及在国家法律允许的前提下通过采购等方式获得大数据资源。如今拥有大数据资源的企业越来越多，移动互联网大型企业都拥有丰富的大数据资源，它们把大数据当作了商品，企业可以向各移动互联网大型企业购买大数据，如此便能快速获得自己需要的大数据。

目前，移动互联网的大型企业有 Twitter、腾讯、阿里巴巴、百度、京东、掌趣、移动互联网广告公司、陌陌、猎豹移动等，它们都是掌握数据的"富豪"，企业通过它们，可以方便快速地获取自己需要的数据。

但是企业向移动互联网大型企业购买数据可能存在一个问题，这些数据大多是经过二次加工的数据，不能确保真实性。向移动互联网大型企业购买数据只是企业解决眼下大数据匮乏的权宜之计。企业要想获得真实的大数据，仍需从现在开始积累数据，才能不被数据拖了发展的后腿，在移动互联网浪潮中顺利前进。

（四）在各移动网站或者 App 中嵌入能执行发送附带请求信息的元素

许多企业和创业者都在不遗余力地提升用户体验，但是，在提升用户体验的路上，很多企业走得并不顺利，它们虽在苦苦探索提升用户体验的方法，但自己的产品、服务还是不能满足用户的需求。而大数据的出现,让很多正在探索提升用户体验的企业看到了光明。

很多成功的企业利用大数据提升了用户体验。业内人士从成功的企业案例中总结出,企业要想提升用户体验,必须深入、随时随地了解用户的需求和用户使用企业产品的情况,了解用户使用中是否遇到问题、是否用完了商品、是否在继续使用商品等,根据用户的反馈,向用户及时提醒或提供解决方案。例如,汽车企业在汽车上安装传感器,便可随时随地收集车辆的运行数据,提早知道车辆存在的问题,及时地向车主和4S店发出警报,便可让用户的汽车获得及时的维修,更重要的是可以避免交通事故,保障车主的生命及财产安全。汽车上的传感器之所以能及时发现车辆的问题、及时地向车主发出警报,主要利用了大数据预测分析系统,大数据的这一预警作用,极大地提升了用户开车的体验。如阿里巴巴推出了手机淘宝App、支付宝钱包App,阿里巴巴就可以通过它们获取海量移动数据。还有京东推出京东微信App,也是通过布局移动互联网入口来收集移动大数据。手机App数量增长很快,如苹果公司的App Store刚开始的App应用数量还不足500个,3年之后,App Store中的App应用数量就达到了500 000个,获得15亿次的下载量,这无疑是一笔宝贵的数据资源,也引起别的企业开始重视App应用。企业开始认识到App产生的数据对于企业营销的重要性,于是想方设法利用手机App营销。唯品会在发展之初大力推广唯品会App,根据移动数据,它们瞄准了二、三线城市市场,最终扭亏为盈,并获得了持续盈利和飞跃发展。一些微信自媒体,只要发布的信息内容足够好就能获得数量不菲的用户,便可获得海量用户数据,帮助自己实现大数据营销。

企业在各移动网站或者App中嵌入能执行发送附带请求信息的元素,是获取移动数据的有效途径。由于大多数App功能单一,获取数据有限,企业想获取更多的数据,不妨使用不同功能的App。

四、识别有价值的数据

要对大数据资源的价值进行分析,则要先确定大数据是资源。而经济学理论中讲生产要素就是社会在进行生产活动时所需要的种种社会资源。所以要将大数据界定为资源,首先要界定其为一种生产要素。界定某种事物为生产要素,要看其在已有的经营决策下是否参与企业价值创造,有利于降低成本、提高收益率。在这个充满信息数据的时代,大数据一方面有助于人们科学决策,另一方面会导致具体的项目活动成本以及收益的变动,可以说大数据促进了企业价值创造。

(一) 大数据的价值

信息技术在当代社会的飞速发展,促进了数据环境的转变,"数据"已逐渐成为一种宝贵的资源和财富。在IT行业、金融市场上的企业、与生产生活息息相关的产业等,每天的业务操作和生产运营都产生巨大的数据量。企业对于存在的海量数据,不仅涉及大数据的收集、处理和应用,还涉及数据分析、再挖掘和交易,大数据的商业价值和社会价值逐渐显现。

企业通过大数据可以低成本地了解用户的真实需求、了解产品的使用情况,为企业生产产品、改进产品提供依据,这就是大数据蕴含的无限商机。正因为如此,商家才会不畏艰难、坚持不懈地去寻找有价值的数据。大数据在企业中的价值有六大维度,具体如图8-5所示。

图8-5 大数据的价值

1. 优化运营

在"全球化"及"大数据"时代背景下,企业有着越来越强烈的实时性、全范围数据的需求。企业通过构建业务运营的数据体系,形成业务数据资源,可以实时监控关键数据的异动,并快速定位数据异动的原因,及时发现业务运营中的问题,辅助运营决策,在全面多维度数据的支撑下,实现对企业业务运营的监控,从而推动企业的日常运营与未来发展。进一步,大数据还可以帮助企业和管理者提升极其关键的企业洞察能力和行业洞察能力。

(1)企业洞察。通过数据支持决策和运营优化,管理者可以更好地了解业务,很多时候管理者甚至没有信心说他们真正了解业务。公司的市场份额是多少?过去一年公司与竞争对手之间的差距是什么?数据使管理人员更准确地了解他们的业务和市场。

(2)行业洞察。在信息繁杂的网络中,商家识别的是与用户相关的信息。而我们所说的"有价值的数据",是指同一个用户的相关数据,这样的数据才有挖掘的价值。众所周知,现在的用户既使用智能手机,又使用台式电脑,有时还使用平板电脑,他们在不同的设备上都会留下数据。怎样从这些数据中识别出有价值的数据呢?如果是同一个用户使用的手机、台式电脑、平板电脑,这些数据都有关联,都是有价值的数据;如果多个用户使用了同一手机、台式电脑、平板电脑,就较难识别其中有价值的数据了,但这也不是完全没有办法,我们可以通过用户的账号找到同一个用户在不同设备上的相关数据。

购物网站掌握了用户的住址、手机号;社交平台知道用户的邮箱、QQ号、手机号;支付平台知道用户的信用卡、个人信息。我们也许会把自己的手机、电脑借给别人,但几乎不会把自己的信用卡借给别人。习惯使用信用卡的用户,往往会使用多张信用卡,如果用户同时使用两张信用卡,并在支付宝上经常使用这两张信用卡,支付宝网站就能很容易地识别出用户的身份,让有价值的信用卡大数据显现出来。

很多企业在进行大数据应用时,往往是通过识别用户身份,让有价值的数据快速显示出来。如某商城在使用大数据的过程中,就是通过识别用户身份,快速挖掘到有价值的数据的。

现在,很多大商场,都开始为用户提供免费的Wi-Fi,这令很多用户费解:"想办法在用户身上多赚钱的商家,什么时候变得肯为用户花钱了?"他们这可就是想错了。只要用户登录了商家的免费Wi-Fi,商家就能识别出用户的身份,从海量的大数据中获得有价值的数据,进行精准营销。

当用户走进商城,用免费的Wi-Fi上网,商城的网络系统就能获取用户的手机号码,然后在后台数据中寻找该手机号的相关数据。例如,找到某用户以往的购买数据后,商家发现该用户购买过婴儿奶粉、儿童玩具、烟酒,于是商家就可以把这些商品的优惠券、促销信息、所在位置发送到用户手机上，将用户引入相应的购物区，这极大地提高了商场的成交率，为商城带来了收益。

2. 分析客户、降低成本

企业通过对企业客户数据资源的积累，依托客户的自然属性和行为属性记录数据，较全方面深入地分析了解客户，来监控和优化客户的体验问题。通过应用各种客户体验监测的模型或者工具来获取结构化数据，利用微博、论坛和企业内部的客户反馈系统获取非结构化数据，以针对客户地域、喜好、要求等，及时地优化产品或服务。并通过客户数据资源进行客户生命周期管理，做到实时对不同生命周期的客户进行标记和预警，并把有效的活动及时推送给不同生命周期阶段的客户，由此留住老客户、增添新客户。

3. 精准营销

企业一直寻求瞄准特定群体而后进行营销和服务活动，从而获得事半功倍的效果。而大量存储的数据资源和数据分析技术使得企业实现对顾客实时精细的划分成为可能。企业在大数据资源背景下，可以对企业的顾客群体依据特征进行细分，并对各群体进行有针对性、独特性的行动。企业依托顾客喜好进行产品和业务推荐是较为常见的。其一，用户精准营销，基于用户的数据（如移动网络、社交网络等数据）条件配置，如选择女性、18～24 岁以及特定兴趣爱好，对数据背后的用户进行针对性营销或运营活动。其二，客户个性化推荐，主要是用个性化推荐实现根据用户不同的兴趣和需求推荐不同的商品或者产品，形成精准推荐个人定制方案，以实现推广资源效率和效果最大化。

4. 应用于企业战略分析

成功的企业离不开准确的战略定位，准确的战略定位可以加速企业的成长。基于企业大数据资源的采集与分析，预测市场的变动及业务的大发展方向，从而帮助企业进行战略分析与决策制定。企业一方面通过大数据资源的共享，增强企业管理与经营链条的联系，加强企业内部沟通，提升战略分析及制定的准确性；另一方面通过对大数据资源的分析处理形成科学合理的战略方案，从而通过战略实施推动企业健康发展。

5. 应用于企业创新开发

创新是企业发展的不竭动力。随着论坛、点评网等媒介在 PC 端和移动端的创新与发展，公众分享信息变得自由，由此形成了网评数据资源。企业要想对消费倾向、消费新需求、产品改进意见等信息有所了解，可通过对网评数据资源进行聚类分析、情感分析等而获得数据支撑，并以此为依据发现需求、开发需求，创新企业的产品和服务，抢先占据市场份额，从中获得更大收益。

6. 大数据促进企业安全

通过大数据技术手段促进企业安全，成为企业管理及生产的保障条件，为企业处理各流程提供安全保障，确保管理制度要求在实际工作中得到切实执行。

（二）识别有价值的数据

通过分析企业大数据资源以哪些方式体现价值，可以看出，无论大数据资源被应用到企业发展运营中还是经过数据资源交易被应用到其他企业中，都是大数据资源价值传播的途径，其作用都是向企业提供所需的数据信息，找到作出决策的依据，从这个角度寻找大数据资源价值的影响因素存在一定的难度。所以,还需要从数据本身分析中找出对其影响程度较大的多种因素。

1. 数据容量

数据资源价值最直接的影响因素即为数据本身,数据容量的大小导致数据价值的增值或是折价。一般情况下,数据资源容量越大,数据资源价值越大,但价值与容量并非呈线性关系。数据容量包含数据规模及数据维度。数据规模是指数据资源的数据量。随着数据积累的增加,数据量级别由 TB、PB、EB 至 ZB,数据量越来越大。虽然数据规模是数据价值的基本保证,但没必要过度追求数据规模大小,而需依据企业及行业特点进行合理限定。数据维度是指数据资源包含信息的丰富性。数据资源维度越多,企业从多角度进行处理,获得的信息及结论越确切,从而采取针对性措施获得越多利益,则其数据资源价值越高。

2. 数据成本

评估数据资源的价值不单单要考虑其数据本身特性,数据资源的数据成本也应考虑在内,即形成数据资源所花费的成本,如在获取阶段、存储阶段、处理阶段等支出的费用。一般来讲,数据资源初始成本越高,其数据价值越大。因大数据资源无实体形态,故影响数据资源成本的关键要素,不是办公楼等实体物质,而是在数据资源收取、处理、整合等过程中投入的人力、物力费用。

3. 数据质量

数据资源价值与其数据质量紧密联系。数据质量主要体现在数据的完整性、有效性、冗余性等方面。数据的完整性是指数据来源、类型、取值等是否完整。数据越完整,对其主体表达越详细,其价值也就越高。数据完整性是持续管理的过程,要在数据资源形成的过程中,对其实时追踪并适时进行备份,以保持其完整性。数据的有效性是指企业数据资源中符合有效性判别的数据。当数据有效性强时,其数据价值及其利用率都非常高,但当有效性较弱时,则效果相反。企业需要的是与经营决策高度相关的数据资源而非任意数据资源。数据的冗余性是指企业数据资源中同一数据存储的重复程度。对数据资源应降低冗余度,减少数据重复,从而提升数据质量。数据质量越高,提供的信息越精准,数据资源价值也就越高。

4. 数据应用

数据资源价值固然受其容量、成本、质量的影响,但数据应用对其价值的影响也不可忽略。数据应用主要通过数据的应用频率、应用对象、应用产权等方面体现。数据应用频率指数据资源能重复使用的次数。随着大数据使用次数的增加或是技术挖掘的深入,其潜在价值提高,从而获得更高收益。数据的应用对象是指对同一种数据资源使用的对象不同,其数据的用途及带来的价值也会不同。数据的应用产权是指数据产权在买方和卖方的权利程度,在市场上进行数据交易时,购买者所得到的产权比重越大,其对数据的支配权就越大,企业也就可以根据自身发展的需要,尽可能地利用大数据的潜在价值,产生最大的经济效益。从应用的角度,大数据还应从以下两方面考虑,以体现大数据的价值。

(1)利用大数据找出用户的痛点和痒点。能找到用户的痛点和痒点就不愁营销不成功,这成为越来越多商家的共识。但关键是如何才能找到用户的痛点、痒点呢?

商家首先要了解用户的痛点。用户对不同的产品有不同的痛点。帮助用户解决关键的"痛点"问题,用户就会记住这个商家,并向周围的朋友主动推荐,企业便可获得高质量的用户。

用户在日常消费中,经常不能获得良好的用户体验。例如,用户在使用手机时经常接到骚扰电话,屏蔽陌生人来电的功能就帮助用户解决了这一烦恼,让用户拍手叫好;用户缴水电煤气费要到银行排队等候,支付宝让其用户缴水电煤气费时再也不用排队了;用户到外地出游,大众点评马上能告诉用户哪家饭店人气高。手机用户的痛点是"骚扰电话",缴水电煤气费用户的痛点是"银行排队",出游用户的痛点是"选择好吃的饭馆","屏蔽陌生来电""支付宝"和"大众点评"正是找到并解决了用户的痛点,极大地提升了用户体验,因此受到了用户的喜爱,并获得了成功。

比如,中国移动推广 4G 时向用户宣传"上网速度快",就是"挠"在了手机上网慢的用户的痒点上。大多数上网的用户总抱怨"网速太慢",移动 4G"挠"到了用户的这个痒点,改善了用户的上网体验,也成功推广了 4G。

不同的用户总有不同的痛点、痒点,企业做好的产品如果不能帮助用户"止痛、挠痒",就会失败。企业通过处理用户的大数据,从中找准用户的痛点、痒点,"对症下药"地帮助用户解决问题,便能逐步获得用户的欢迎、购买、使用,实现企业的利润。

(2) 利用大数据发现产品的缺陷、漏洞。企业只有不断改进产品,才能为用户提供更满意的服务,才能更好地提升用户体验。企业利用大数据可以查找出产品的缺陷、漏洞,从而有针对性地改进产品,创造出更完美的产品,给用户提供极致的体验。

企业通过分析,总结用户反馈产品问题的大数据,可以精准地找到产品的缺陷、漏洞。例如,很多汽车企业收集用户驾驶汽车的问题,从而及时发现某一批次汽车的缺陷、漏洞,并积极地召回,解决汽车的这些问题,维护了消费者的利益,保障了用户的人身安全,更维护了企业的品牌形象,让企业不断进步,朝着名企的方向发展。

沃尔沃集团在卡车产品中安装了传感器和嵌入式 CPU(中央处理器),从而让沃尔沃集团总部获得了每一辆卡车行驶的大数据。数据分析人员处理这些数据找到了车辆的缺陷、漏洞,这些数据指导企业优化生产流程,提升了用户体验和用车的安全性。数据分析人员分析不同用户使用车辆的数据,让产品部门的人及早发现汽车潜在的问题,并及早提醒用户车辆存在的问题,提醒用户及时修理车辆。

第三节　企业大数据采集

数据是企业在生产经营活动中形成的或者从外部渠道获取的,获取的大量数据信息经过一系列的加工整合,成为企业可以应用的数据资源,所以数据资源的生命周期划分为数据生成、数据保存、数据传播等过程,数据资源具有的价值在数据生命周期的传播阶段才会被体现出来。企业大数据资源的价值界定类比于专利价值的概念,是在现有的市场状态下,能为企业带来的经济回报,其价值通常来源于数据本身、数据技能、大数据思维,并结合数据生命周期体现。

大数据采集是指从传感器和智能设备、企业在线系统、企业离线系统、社交网络和互联网平台等获取数据的过程。数据包括 RFID 数据、传感器数据、用户行为数据、社交网络交互数据及移动互联网数据等各种类型的结构化、半结构化及非结构化的海量数据。不但数据源的种类多，数据的类型繁杂，数据量大，并且产生的速度

拓展阅读 8-3　企业大数据到底是什么？如何积累运用？

快，传统的数据采集方法完全无法胜任。所以，大数据采集技术面临着许多挑战，一方面需要保证数据采集的可靠性和高效性，另一方面还要避免重复数据。

一、采集工具

什么是大数据采集技术？大数据采集技术就是对数据进行 ETL 操作，通过对数据进行提取、转换、加载，最终挖掘数据的潜在价值。然后提供给用户解决方案或者决策参考。ETL，是英文 extract-transform-load 的缩写，是数据从数据来源端经过提取（extract）、转换（transform）、加载（load）到目的端，然后进行处理分析的过程。用户从数据源提取出所需的数据，经过数据清洗，最终按照预先定义好的数据模型，将数据加载到数据仓库中去，最后对数据仓库中的数据进行数据分析和处理。数据采集是数据生命周期的重要一环，它通过传感器数据、社交网络数据、移动互联网数据等方式获得各种类型的结构化、半结构化及非结构化的海量数据。由于采集的数据种类错综复杂，对这种不同种类的数据进行数据分析，必须采用提取技术。将复杂格式的数据进行数据提取，从数据原始格式中提取出我们需要的数据，这里可以丢弃一些不重要的字段。对于提取后的数据，由于数据源头的采集可能存在不准确，所以我们必须进行数据清洗，对于那些不正确的数据进行过滤、剔除。针对不同的应用场景，对数据进行分析的工具或者系统不同，我们还需要对数据进行转换操作，将数据转换成不同的数据格式，最终按照预先定义好的数据仓库模型，将数据加载到数据仓库中去。

（一）离线采集

工具：ETL。在数据仓库的语境下，ETL 基本上就是数据采集的代表，包括数据的提取、转换和加载。在转换的过程中，需要针对具体的业务场景对数据进行治理，如进行非法数据监测与过滤、格式转换与数据规范化、数据替换、保证数据完整性等。

（二）实时采集

工具：Flume/Kafka。实时采集主要用在考虑流处理的业务场景。比如，用于记录数据源的执行的各种操作活动，又如网络监控的流量管理、金融应用的股票记账和 Web 服务器记录的用户访问行为。在流处理场景中，数据采集会成为 Kafka 的消费者，就像一个水坝一般将上游源源不断的数据拦截住，然后根据业务场景做对应的处理（例如去重、去噪、中间计算等），之后再写入对应的数据存储中。这个过程类似传统的 ETL，但它是流式的处理方式，而非定时的批处理 Job，这些工具均采用分布式架构，能满足每秒数百 MB 的日志数据采集和传输需求。

（三）互联网采集

工具：Scribe、Crawler、DPI（深度包检测）等。Scribe 是 Facebook 开发的数据（日志）收集系统，又被称为网页蜘蛛、网络机器人，是一种按照一定的规则，自动地抓取万维网信息的程序或者脚本，它支持图片、音频、视频等文件或附件的采集。

（四）爬虫

除了网络中包含的内容外，爬虫还可以使用 DPI 或 DFI（深度/动态流检测）等带宽管理技术进行网络流量的收集。

通过网络爬虫和一些网站平台提供的公共 API（如 Twitter 和新浪微博 API）等方式从网站获取数据，并将其提取、清理、转换为结构化数据，存储为统一的本地文件数据。目前常用的网页爬虫系统有 Apache Nutch、Crawler4j、Scrapy 等。Apache Nutch 是一个高度可扩展和有可伸缩性的分布式爬虫框架。Apache 由 Hadoop 支持，通过提交 MapReduce 任务来抓取网页数据，并可以将网页数据存储在 Hadoop 分布式文件系统（HDFS）中。Nutch 可以进行分布式多任务爬取数据，并存储和索引。由于多个机器并行做爬取任务，Nutch 充分利用多个机器的计算资源和存储能力，大大提高了系统爬取数据能力。Crawler4j、Scrapy 都是一个爬虫框架，提供给开发人员便利的爬虫 API。开发人员只需要关心爬虫 API 的实现，不需要关心具体框架怎么爬取数据。Crawler4j、Scrapy 框架大大提高了开发人员开发速率，开发人员可以很快地完成一个爬虫系统的开发。

（五）数据库采集系统

部分企业会使用关系型数据库（如 MySQL 和 Oracle 等）来存储数据。除此之外，Redis 和 MongoDB 这样的 NoSQL 数据库也常用于数据的采集。企业每时每刻产生的业务数据，以数据库一行记录的形式被直接写入数据库中。数据库采集系统直接与企业业务后台服务器结合，将企业业务后台每时每刻都在产生的大量业务记录写入数据库中，最后由特定的处理分析系统进行系统分析。

Hive 是目前流行的大数据采集分析技术之一。Hive 是 Facebook 团队开发的一个可以支持 PB 级别的有可伸缩性的数据仓库。这是一个建立在 Hadoop 之上的开源数据仓库解决方案。Hive 支持使用类似 SQL（结构化查询语言）的声明性语言（HiveQL）表示的查询，这些语言被编译为使用 Hadoop 执行的 MapReduce 作业。另外，HiveQL 使用户可以将自定义的 map-reduce 脚本插入查询中。该语言支持基本数据类型、类似数组和 Map 的集合以及嵌套组合。HiveQL 语句被提交执行。首先 Driver 将查询传递给编译器 compiler，通过典型的解析、类型检查和语义分析阶段，使用存储在 Metastore 中的元数据。编译器生成一个逻辑任务，然后通过一个简单的基于规则的优化器进行优化。最后生成一组 MapReduce 任务和 HDFS Task 的 DAG 优化后的 Task，进一步执行引擎使用 Hadoop 按照它们的依赖性顺序执行这些 Task。

在大数据采集技术中，有一个关键的环节就是 transform 操作。它将清洗后的数据转换成不同的数据形式，由不同的数据分析系统和计算系统进行处理与分析。将批量数据从生产数据库加载到 Hadoop 分布式文件系统中或者从 Hadoop 分布式文件系统将数据转换到生产数据库中,这是一项艰巨的任务。用户必须考虑确保数据一致性、生产系统资源消耗等细节。使用脚本传输数据效率低下且耗时。Apache Sqoop 就是用来解决这个问题的,Sqoop 允许从结构化数据存储(如关系数据库、企业数据仓库和 NoSQL 系统)轻松导入、导出数据。使用 Sqoop,可以将来自外部系统的数据配置到 HDFS 上,并将表填入 Hive 和 HBase 中。运行 Sqoop 时,被传输的数据集被分割成不同的分区,一个只有 MapperTask 的 Job 被启动,MapperTask 负责传输这个数据集的一个分区。Sqoop 使用数据库元数据来推断数据类型,因此每个数据记录都以类型安全的方式进行处理。

(六)其他数据采集方法

对于公司生产经营数据、财务数据和其他具有高机密性要求的数据,可以与数据技术服务提供商合作,使用特定的系统接口和其他相关手段收集。数据的采集是挖掘数据价值的第一步,当数据量越来越大时,可提取出来的有用数据必然也就越多。只要善用数据化处理平台,便能够保证数据分析结果的有效性,助力企业实现数据驱动。

二、数据库工具

信息时代的今天,随着信息传播速度越来越快,人们在认识到信息的重要性时,也为铺天盖地的海量信息所苦恼。如何有效管理越来越多的信息,从中挖掘有用的信息,如何实现协调工作和协调管理,每一个企业都在不同程度地考虑这些问题。今天,在计算机和互联网不断发展与普及的过程中,数据库几乎无所不在。

(一)自由型的 MySQL

MySQL 是目前 Unix 服务器上广泛使用的 Web 关系数据库,上自著名网站,下至全世界无数网络爱好者自己建立的个人网站,人们都可以看到 MySQL 的身影。

从设计思想上来看,MySQL 秉承高效、快捷、实用的原则,其速度比一般常用数据库还要快 2~3 倍,在注重功能强大的同时,语法却相对简单,无论是初学者还是老手都可以得心应手地使用;从稳定性和平台支持上来看,MySQL 由于采用的是 C 和 C++ 语言编写,并使用了大量编译器进行测试,因此能被目前大多数操作系统支持,稳定性也是相当不错的;从编程应用角度上来看,MySQL 提供了 C、C++、Java、PHP(超文本预处理器)等多种语言的 API,并具有 MyODBC 接口,这样使得任何可以使用 ODBC(开放式数据库互联)接口的语言都可以使用它,使 MySQL 具有广泛使用的可能。

此外,MySQL 有如此大的影响力还因为其开放的源代码。只要你遵循 MySQL 的协议,在多数情况下都可以免费使用它,根据自己的需要对其进行修改。同时,全世界很多 MySQL 的爱好者也在不断完善它的功能,为其提供更好的功能和编程接口。

MySQL 的"自由"性也使它具有了一定的缺点,MySQL 虽可以完全胜任一般的 Web 数据库的工作,但它对 SQL 标准的支持并不完善,如不支持事务处理、不支持子查询,这些缺点使得其数据库管理能力受到一定限制,如网易的邮件服务器就是因为 MySQL 不支持分布应用而最终改为 Oracle 的。

对于仅需要数据库基本功能的人来说,MySQL 是一个既经济又实用的选择。

(二) 普及型的 SQL Server

SQL Server 2014 中最吸引人关注的特性就是内存在线事务处理(OLTP)引擎,项目代号为"Hekaton"。内存 OLTP 整合到 SQL Server 的核心数据库管理组件中,它不需要特殊的硬件或软件,就能够无缝整合现有的事务过程。一旦将表声明为内存最优化,那么内存 OLTP 引擎就将在内存中管理表和保存数据。当它们需要其他表数据时,就可以使用查询访问数据。事实上,一个查询会同时引用内存优化表和常规表。

SQL Server 2014 增强内存相关功能的另一个方面是允许将 SQL Server 内存缓冲池扩展到固态硬盘(SSD)或 SSD 阵列上。扩展缓冲池能够实现更快的分页速度,但是又降低了数据风险,因为只有整理过的页才会存储在 SSD 上。这一点对于支持繁重读负载的 OLTP 操作特别有好处。LSI Nytro 闪存卡与 SQL Server 2014 协同工作,可降低延迟、提高吞吐量和可靠性,消除 I/O(输入/输出)瓶颈。

在 SQL Server 2014 中,列存储索引功能也得到更新。列存储索引最初是在 SQL Server 2012 引入的,目的是支持高度聚合数据仓库查询。基于 xVelocity 存储技术,这些索引以列的格式存储数据,同时又利用 xVelocity 的内存管理功能和高级压缩算法。然而,SQL Server 2012 的列存储索引不能使用集群,也不能更新。

SQL Server 2014 引入另一种列存储索引,它既支持集群,也支持更新。此外,它还支持更高效的数据压缩,允许将更多的数据保存到内存中,以减少昂贵的 I/O 操作。

(三) 云整合

微软一直将 SQL Server 2014 定位为混合云平台,这意味着 SQL Server 数据库更容易整合 Windows Azure。例如,从 SQL Server 2012 Cumulative Update 2 开始,就能够将数据库备份到 Windows Azure Blob 存储服务上。SQL Server 2014 引入智能备份(smart backups)概念,其中 SQL Server 将自动决定是执行完全备份还是执行差异备份,以及何时执行备份。SQL Server 2014 还允许将本地数据库的数据和日志文件存储到 Azure 存储上。此外,SQL Server Management Studio 提供了一个部署向导,它可以帮助将现有本地数据库轻松地迁移到 Azure 虚拟机上。

SQL Server 2014 还增加了一个功能,允许将 Azure 虚拟机作为一个 Always On 可用性组(availability groups)副本。可用性组特性最初在 SQL Server 2012 引入,提供了支持高可用性数据库的故障恢复服务。它由 1 个主副本和 1~4 个次副本(SQL Server 2014 增加到 8 个)构成。主副本可以运行 1 个或多个数据库,次副本则包含多个数据库副本。Windows Azure 基础架构服务支持在运行 SQL Server 的 Azure 虚拟机中使用可用性组。这意味着用户可用一个虚拟机作为次副本,支持自动故障恢复。

可以这样说,无论是建立一个很小的数据库系统,还是建立一个复杂的数据库应用系统,或是建立一个商业网站的数据库系统,都可以将 SQL Server 列入考虑对象。

（四）航母型的 Oracle

Oracle 被称为全球首创的能在互联网上实现的数据库，由此可见 Oracle 在现在数据库领域的重要性。

Oracle 对目前数据信息处理存在的关键问题都给予了比较完善的处理：决策支持系统、海量数据管理、提供和其他软件连接的开放式接口、良好的保密机制、专门为数据仓库设计的空间管理方法、将数据丢失的可能性降到最低以及将故障排除的时间缩到最短，允许几乎每时每刻不间断地访问数据。Oracle 以其强大的功能和解决方案赢得了大型数据库应用系统的青睐。Oracle8i 以上版本在原有的基础上有了更为强大的功能，比如：内置的 JAVA 虚拟机，允许使用者在数据库内编写、存储、执行 JAVA 代码；允许用标准的浏览器建立和部署动态数据驱动 Web 站点；其特色的互联网文件系统（IFS）和 Oracle interMedia 甚至可以允许简单地拖放任何类型的文件，从网页、普通字处理软件到图像、视频、音频文件以及直接存储在数据库中的其他类型文件都可以，这样将大大简便多媒体内容的管理。因此，在网络数据库领域，特别是高端数据库，目前几乎还是 Oracle 的天下。

航母型的 Oracle 虽功能无可匹敌，但因其价格昂贵和专业性较强，且功能复杂，掌握难度较大，需要有较强的数据库专业知识，因此普通用户很难有机会问津。目前它主要用在大型数据库应用系统以及很多商业网站数据库系统中。

上述四种数据库系统在体系上、操作上都具有很多相似的地方，但又各有不同。考虑选择合适的数据库系统，首先应该从实际应用的角度出发。因为不同的数据库价格差异极大（同品牌的数据库也会因为其支持程度的不同存在很大的价格差异），完全没有必要为不需要的功能付出过多的费用。除此之外，还需要考虑数据库的易用性（人机界面）、稳定性、兼容性以及技术支持等方面的因素。

（五）非关系型数据库

NoSQL，泛指非关系型数据库。随着互联网 Web 2.0 网站的兴起，传统的关系数据库在处理 Web 2.0 网站，特别是在处理超大规模和高并发的 SNS 类型的 Web 2.0 纯动态网站时已经显得力不从心，出现了很多难以克服的问题，而非关系型数据库则由于其本身的特点得到了非常迅速的发展。NoSQL 数据库的产生就是为了应对大规模数据集合多重数据种类带来的挑战，特别是大数据应用难题。

NoSQL 一词首先是 Carlo Strozzi 在 1998 年提出来的，指的是他开发的一个没有 SQL 功能、轻量级的、开源的关系型数据库。这个定义跟我们现在对 NoSQL 的定义有很大的区别，它确确实实字如其名，指的就是"没有 SQL"的数据库。但是 NoSQL 的发展慢慢偏离了初衷，我们要的不是"no SQL"，而是"no relational"，也就是我们现在常说的非关系型数据库了。

另外，还必须考虑数据库系统与操作系统及原有（或者是技术人员熟悉的）编程工具以及原有系统之间的配合，对于有商业价值或者对数据库有特殊要求的数据库系统，还必须考虑到数据库的速度、所提供的最大访问量以及备份和恢复能力等因素。但是无论采用哪一种数据库，都应该以经济实用为本！

三、企业数据处理

数据处理有广义和狭义两种理解,广义地理解,所有的数据采集、存储、加工、分析、挖掘和展示等工作都可以叫作数据处理;而狭义的数据处理仅仅包括从存储的数据中通过提取、筛选出有用数据,对有用数据进行加工的过程,是为数据分析和挖掘的模型所做的数据准备工作。一般意义上讲的数据处理是狭义的定义,即对数据进行增、删、改、查的操作。在目前大数据的背景下,数据处理工作往往是通过技术手段来实现的,如利用数据库的处理能力,对数据进行增加、删除、改动、查询等处理。

所谓数据处理(数据清洗),就是对原始数据进行规范化的处理,减少数据噪声,消除数据的不一致性,并对某些数据进行加工,以便数据处理软件和数据模型能够直接使用。数据清洗是数据处理的工序之一,目的是提高数据的质量,为数据分析准备有效的数据集。

数据清洗的方法有很多,主要与我们所使用的数据处理工具有关。例如使用 Excel 可以对数据进行查找替换、填充、分列、映射、透视等。如果数据的规律性很强、数据量很大,那么还可以采用 VBA 编程的方式来实现。

在实践中,数据清洗是占用数据分析师时间最长的工作,虽然此项工作的价值产出很低,同时耗费了大量的时间,但是这个工作必不可少。如果我们在数据采集、数据存储和数据传输的过程中,提高数据的质量,保证数据的有效性,那么我们的数据清洗工作可以大幅度减少。而在这个过程中,数据采集的方式、方法,以及自动化智能设备的使用是大幅度提高数据质量的关键手段。

要想在数据清洗环节节省人力资源,那么就需要在数据系统中加入数据的校验,并制定相关的数据规范,让数据在录入时就是规范的、高质量的。即使是一些用户端口的数据,在录入的时候也要加入校验工作,通过示例的方式提醒用户按照一定的规则来录入数据。

数据处理中最重要的任务是清理数据,清理脏数据,使数据更加标准化,使数据结构更加合理,使数据含义更加清晰,并使数据保持在数学模型可用状态。如图 8-6 所示,之所以进行数据处理,是因为存在以下原因。

图 8-6　数据处理原因

1. 数据不规范

数据不规范的情况非常常见。

例如同样是张三,有的地方记录为"张三",有的地方记录为"张　三"(为了让两个字的姓名和三个字的姓名具有相同的长度,中间添加了空格)。这种情况同样会发生在地址字段里,例如"北京""北京市""北　京",虽然它们都是指北京,对我们来说很容易识别,但对计算机来说,这三种写法代表三个不同地址,我们需要通过建立映射关系将数据记录格式统一。

常见的数据不规范的情况还经常发生在日期格式中。日期格式常见的几种记录方法有：

- 2015-10-20
- 2015 年 10 月 20 日
- 10/20/2015
- Oct. 20,2015
- October 20,2015
- 2015.10.20

每个人都有不同的喜好和记录数据的方式,这对计算机识别造成了很大的困难,一个公司应该有一个明确的规定,要统一数据的录入格式。

2. 数据不一致

数据不一致的情况往往是由于没有遵循单维数据表的原则导致的。例如同一条信息在不同的数据表甚至数据库中都有记录,当对此条信息进行更改后,因为没有同时对所有的数据表都做相同的更改,从而发生数据不一致的情况。为了避免这种情况,我们引入"单维数据表"的概念,其强调公司内部的同一条信息只能记录在一个地方,当其他地方需要的时候,可以使用索引查询的方式,从而保证数据的一致性,在任何数据表中存在其他表中数据来源时,都要在查询输出时进行"同步"更新。

数据的一致性虽然在技术上比较容易实现,但是要在企业经营实践中实现却有着巨大的难度。采购部门会录入供应商的信息,财务部门需要向供应商付款,所以也会保留供应商的相关信息。而采购部门和财务部门分属不同的职能部门,财务部门会采集一部分供应商的财务信息,包括银行信息、账号信息、税务信息、工商信息等,如果这些数据发生变化,如法人变更、业务变更、企业性质变更等,财务部门会对这些数据进行更新,采购部门也会对供应商的信息进行采集并登记到相关的信息管理系统中。如果采购部门的信息管理系统能够同财务部门所使用的信息管理系统对接,并且能够将同条信息关联或者建立索引关系,则该公司的数据一致性比较容易实现。但是如果这两个部门采用了不同的信息管理系统,则很容易产生数据不一致的情况。而这种情况在大多数公司中都存在并且很严重。

3. 标准不统一

我们需要对一些事物的描述方法建立统一的标准,从而让计算机可以有效地处理文本数据。

例如在描述导致产品出现质量问题的原因时,在大多数情况下是手工录入的,同样的原因,录入的描述会有不同。例如同样是描述因为电压不稳导致的产品质量问题,有的人会录入为"电压不稳",有的人会录入为"电流不稳定",还有的人会录入为"供电问题"……如果没有统一的规范,则在统计汇总数据时会产生上千个导致产品质量问题的原因。这给数据解读和分析以及寻找改善措施带来了很大的麻烦。

这就需要数据库管理员根据公司的实际情况,对该类原因进行归类,然后设定几个类别,让员工在系统中进行选择,而不是让他们手工录入。一般情况下,出现最多的前 10 个原因能够覆盖 90% 以上的情况,在录入时要先让员工选择,然后留出一个"其他"选项,当员工选择"其他"选项后才能手工录入,这样就能有效解决数据录入的标准不统一问题。

4．格式不标准

格式不标准是指在录入数据时使用了错误的格式。例如在录入日期时,因为格式不规范,计算机不能自动识别为日期格式。

这种问题比较容易处理,可以在信息系统中设定相关的数据校验,如果录入的数据格式不正确,则系统会弹出数据录入格式错误的警告。

5．附加字段多

我们在清洗数据的时候,往往需要添加新的字段,以便数学模型可以直接处理数据。例如数据库中可能没有直接的字段来记录员工的司龄,这就需要在添加司龄字段之后,通过入职日期来计算;而员工的年龄则通过出生日期来计算。

6．数据存在杂质和噪声

在外部大数据中,因为数据价值密度较低,所以数据中的杂质和噪声很多,需要大量的数据处理工作才能将有价值的数据和信息提炼出来;而企业经营数据,特别是内部采集的数据,价值密度高,几乎所有的数据和信息都是有价值的,因此杂质和噪声也会少很多。

1）数据杂质

所谓数据杂质,就是指在数据集中出现了与数据记录本身无关的数据,就如同大米中出现了沙子,需要在处理数据的过程中将这部分数据剔除。

例如录音或者录像数据,其本质是为了记录企业的经营或者管理活动,但是在录制的过程中可能因为没有活动发生,这部分数据就会成为杂质。例如企业生产线上的监控录像,当企业没有生产时其仍然在录像,那么这一时段的录像就可以从整体数据中剔除。而行车记录仪在检测到汽车已经超过 10 秒钟不动时,就暂停录像,当画面有变化时,则及时启动录像,这是一种比较智能的数据采集和记录方式。

另外一种杂质是在数据采集或者记录过程中产生的。例如问卷调查,在正式进行调查之前,编制问卷的人首先要做几遍测试,还会找其他人进行测试,以保证正式发布调研之后无差错,而这部分测试数据也会被调研系统的后台所记录,这些数据也被称作杂质,在处理调研数据集的时候需要剔除。在调研的过程中,有的人打开了调研链接,但做到一半就因为其他事情耽搁了,稍后又重新开始做该调研,而前面这部分未完成的问卷就是杂质,可以从数据集中剔除。

数据的杂质其实有很多种,使用不同的数据采集方式,就会产生不同类型的数据杂质,数据分析人员需要根据实际情况进行甄别。

2）数据噪声

所谓数据噪声,就是看似有用的、相关的数据,其实价值不大或者根本没有价值。噪声数据并非该数据集中该有的数据,或者仔细分析后没有价值的数据,当然也有一部分是我们无法解释的与其他数据有差异的数据。现在的电商靠流量和销量说话,特别是在天猫和淘宝中,买家更加关心卖家的信用。卖家为了获得更多的流量和销量,往往采取"刷"信用的方式来提高店铺的等级。对电商来说,这些"刷"来的交易数据,都可以看作噪声数据。

例如,一个订单数据集中,有一部分数据是内部测试形成的,也有一部分数据是竞争对手测试形成的,还有一部分数据可能是消费者测试网站形成的,这些数据就可以看作噪声数据,并非真正的交易数据。

第四节   企业大数据分析

大数据分析越来越成为企业发展和管理的武器。如果没有大数据分析,企业发展和管理将缺乏智力和理性的基础;如果没有企业发展和管理的土壤,大数据分析将无法反映其应用价值并被利用。互联网、传感器和其他网络字段的企业的快速发展已经产生了大量的数据流、复杂的结构、不同的格式和多维的时间与空间。与此同时,其还对数据分析的实时性和准确性提出了更高的要求。澄清企业领域的大数据结构,为企业管理构建大数据应用框架,建立风险控制模型、信用报告框架以及开发相关申请是本章的主要任务。

拓展阅读 8-4   企业构建大数据分析体系的 4 个层级

物联网概念的出现和人工智能的发展简化了大数据解决方案,利用大数据分析,企业可以有效改善决策并提高效率;利用客户数据、行为等可以优化产品与服务。另外,大数据分析的主要目的之一是确定大量数据中的特定规律。这些趋势可能成为通过引入新产品和服务获得竞争优势的关键。此外,公司使用大数据来作出决策,可为公司和用户创造巨大价值。大数据在许多行业中的应用不仅提高了企业的生产效率,还使企业发展迅速,并取得显著成果。

一、数据分析方法

数据分析是指运用合适的统计分析方法,对收集来的海量数据进行分析、深入研究和归纳总结,从而提取有价值的信息并获得结论。数据分析,简单地讲,就是把庞大、杂乱的数据处理成简洁明了的信息。企业的数据分析人员进行数据分析后的结果,可以帮助企业领导作出正确的决策,以便制订合理的营销方案。

数据分析要有方法,否则面对庞大、杂乱的数据,我们就会自乱阵脚,无从下手。业内人士经过不断研究,总结出了一些数据分析的方法。从分析数据的思维入手,常常会用到五种思维方式,即数据对比法、数据拆分法、降维思维法、增维思维法、假设思维法,如图 8-7 所示。

图 8-7   数据分析方法

(一)数据对比法

从海量的大数据中提炼出我们需要的数据,是数据分析中非常重要的一个环节。我们把这些数据提炼出来,想知道其价值的大小,就少不了对比。无论是企业的常规采购,还是个人的日常购买,为了买到更实惠的商品,总少不了货比三家。货比三家,其实就是对商品质量、价格等数据的对比,通过对比,一目了然地选出最实惠的商品,作出购买决策。如果该商品在市场上只有一家出售,那么关于价格和质量的数据就是独立的且无法对比,而如果购买者迫切需要该产品,也只能在这种昂贵的情况下购买。就像我们在天猫上看到一件漂亮的花呢大衣,价格是 198 元,我们可以再去京东看看衣服的销售价格。如果京东的价格是 208 元,通过比较这两个价格,我们可以很容易地知道天猫上的衣服比较实惠,就会选择买天猫上的衣服。我们的购买决定是通过比较服装在天猫上的价格和京东的价格来作出的。

在业务运营过程中,通常记录产品的日常销售数据。而只看当天的销售数据,并不能改善营销策略。但是,比较特定的为期两天的销售,可以比较出销售较好的一天。在这种情况下,可以重新制订日常营销计划以提高产品销售。否则,公司的发展将似一艘漂泊在广阔海洋的船,无法到达其成功的岸边。

众所周知,许多企业家希望通过在线商店开展业务。常见的在线商店包括淘宝和京东,但企业家不知道选择哪一个。此时,有必要比较淘宝和京东的相关数据作出正确的选择。淘宝要求用户支付保证金,以便有资格开设商店,京东可以在不支付任何费用的情况下开设商店;淘宝的装饰更困难,京东的装饰相对简单。通过比较这两种商店的投资,企业家更容易开设京东商店。京东商店的优势在于企业家可以直接运作而没有投资。

评估数据的价值后,可以选择高价值数据并将其应用于营销业务,以提升营销效果。离开数据分析师获得的数据,则无法评估数据的价值。因此,要知道数据的价值,必须收集更多数据、比较数据,选择最有价值的数据,然后根据数据指导营销、投资和决策。数据比较是数据分析中最常用的思路之一。如果公司希望使用大型数据营销,则必须定期掌握它,并在公司的运营中灵活地使用它来提高公司的竞争力,使公司更好地发展。

(二)数据拆分法

企业在发展中难免会遇到困惑,企业利用数据对比的思维方式可以快速发现问题,但是要找出问题背后的原因,数据对比的思维方式又会变得无济于事。这时候企业的数据分析人员可以尝试换一种思维方式来解决问题。试试数据拆分的思维方式,往往能找到问题背后的原因。

企业在成立之初、销量尚少的时期,通常将所有的销售量信息做成一个表,当企业的产品销量大幅增加、规模扩大数倍,业务人员也增长了数倍时,仍只有一个表的话,信息太多,查看也变得不方便。为了方便查看,企业需要把一个表的数据拆分成几个表,如通常会按照销售人员的姓名来拆分销售表(业务员小张、小李、小赵等,每人一个销售表)。这就是数据拆分,即把庞大的销售数据拆分成简单明了的几个表,把每一位销售人员的销售表发给他们自己及其上级,便于销售人员自己及其上级及时发现销售工作中的问题,及时调整销售策略。在企业的销售工作中,为了提高工作效率,少不了会用到数据拆分的思维方式。

何谓数据拆分?简单地理解,就是一个将数据化繁为简的过程,在这一过程中找到自己需要的数据指标,或是排除自己不需要的数据指标。这样,原来的几十个数据指标就变成几个数据指标,分析人员的工作量可以大幅减少,而且能做到提纲挈领。数据拆分的思维方式,可以让人快速查找到电商销量降低的原因。

　　某网上商城的运营负责人,经过对比店铺每天的销售金额数据,吃惊地发现商城昨天的销售金额只有前天的 40%。但是他怎么对比这两个数据,也看不出昨天销售金额陡降的原因在哪里。经过深入思考,他改变了自己的思维,采用数据拆分的思维方式试图找出销量陡降的原因。

　　他将销售金额的数据进行了拆分。销售金额＝客单价×成交用户数量。在影响销售金额的两个因素中,企业的客单价基本是固定的,可见成交用户数量的多少直接影响了当日的销售金额,而成交用户数量＝访客数量×转化率。

　　经过对销售金额数据的拆分,就可以找到影响销售金额的主要因素,排除"客单价"这一影响小的因素,就可得到"转化率"这一影响大的因素,进而知道如何来提高销售金额。数据拆分的优点是便于分析,可以找到细节。运用数据拆分的思维方式,企业的数据分析人员就可以对症下药地解决企业运营中的问题,从而促进企业持续发展。

(三)降维思维法

　　企业的数据分析人员在进行数据分析的时候,常常会遇到数据维度太多、难以从总体上把握的困难,这时候继续用常规的思维方式分析数据的所有维度,就会导致工作量成倍增加,分析的条理性差,且耗时耗力。为了提高数据分析的工作效率,数据分析人员此时必须改变思维方式,排除不可用的思维方式,尝试可用的思维方式。通过比较,有一种思维方式可以让数据分析人员的思路豁然开朗,这就是降维思维。

　　降维思维简单地讲就是减少数据的维度,当数据分析人员只想获取对数据分析有价值的数据、那些与数据分析无关的数据都可以排除的时候,就可以采用降维思维,把数据变少、变精,从而快速完成数据分析。比如在电商卖家的一组数据中,有较多个维度的数据:浏览数量、访客数量、访问深度、订单数量、销售数量、销售金额、成交用户数量、客单价、转化率。这些数据之间存在一定关系,知道某两个维度的数据,就可以简单地算出另外一个维度的数据。例如,销售金额＝成交用户数量×客单价,成交用户数量＝访客数量×转化率。数据分析人员可以把销售金额、成交用户数量、客单价、访客数量、转化率这五个维度的数据降为客单价、访客数量、转化率三个维度的数据。如果需要成交用户数量,通过访客数量乘以转化率就可以轻松获得。如果需要销售金额,通过简单的两步计算就可以完成:第一步,访客数量乘以转化率,算出成交用户数量;第二步,成交用户数量乘以客单价,算出销售金额。数据分析人员利用降维思维,就可以做到化多为少、化繁为简,从而有的放矢,提高数据分析的工作效率。

　　使用降维思维后,数据明显地变简洁了,而且不影响我们获取成交用户数量、销售金额等有价值的数据。数据分析人员要想从庞大繁杂的大数据中提取有价值的、自己需要的数据维度,就可以优先考虑以降维思维进行数据分析,这会让自己的工作条理清晰、事半功倍。

(四)增维思维法

　　当我们通过现有的数据维度无法清楚地解释我们遇到的问题、不能一目了然地反映问题的情况时,就需要增加数据的维度来进行数据分析。我们把这种数据分析的方式称为"增维思维"。

增维思维是相对于降维思维而言的。如果说降维思维是三选二,把三个数据维度变为两个,那么增维思维就是二变三,用现有的两个数据维度算出一个新的数据维度,用所得到的新的数据维度能简单明了地解释我们遇到的问题。例如,数据分析人员想知道产品不受欢迎的原因,要用到搜索指数(指数越高,说明用户需求越旺盛,两者成正比)和宝贝数(表示竞争,数量越多,表示竞争越强,越不好卖)两个维度的数据。但是,数据分析人员经过分析发现,这两个维度的数据不足以清楚地解释问题,于是他们采用增维思维,用这两个维度的数据计算出一个新维度数据来帮助他们进行分析。有些数据分析人员用搜索指数除以宝贝数,得到一个新数据,用这个新数据来表示产品的竞争度(竞争度数据数值越大,表示商品越好卖)。这样就把两个数据维度变成了三个。增加的维度,通常被数据分析人员称为"辅助列",辅助解释问题。

(五)假设思维法

当我们面对海量的数据,用数据对比、数据拆分、降维思维、增维思维等思维方式都无法分析清楚问题的时候,不妨采用假设思维试一试。"假设"是统计学的专有名词。

"假设"是我们人人都熟悉的,无论是企业、创业者或是个人,都运用过假设思维。企业常会在年初假设新的一年企业的奋斗目标,如销售额达到 1 000 万元,有了这个假设的目标,企业就会思考达成这 1 000 万元目标的过程是怎样的、需要采取什么样的方案,让一件原来毫无头绪的事情变得有条有理,让企业知道先做什么、后做什么,从而有条不紊地开展工作,并一步步靠近和实现目标。创业者经常会在创业之初憧憬自己创业成功,这也是假设思维的运用。某创业者打算开网店,并计划半年能实现盈利,于是他假设自己每个月的工作目标,如果每个月的工作目标都能实现,半年后他就能如愿实现盈利。我们个人也会经常应用假设思维,如农民会假设自己今年的收获数量、员工会假设自己下一年的年薪等。

假设思维简单地讲就是从结果找原因。假设思维属于逆向思维,就好比在做一道数学证明题,我们已经知道了结论,然后要找出实现这种结论的原因。电商企业想增加销售金额,首先需增加访客数量,其次是增加成交用户数量。如果这两个数据都没有增加,销售金额就难以增加,企业就无法实现增加销售金额的目标;如果这两个数据都增加了,销售金额就会大幅增加,企业就会顺利实现目标。

数据分析人员在以下两种情况下可以果断地采用假设思维的方式进行数据分析:第一种是根本不知道事情发展结果的情况。数据分析人员可以运用假设思维,假设一种结果,再由这个结果来寻找达成这种结果的方案。第二种是在几种结果中进行选择的情况。数据分析人员可以运用假设思维,根据每一种结果,逆推条件,从而找到解决问题的最佳路径,或者找到解决问题的最优策略。

让数据分析人员由迷茫变得坚定,由拿不定主意变得决策果断,这正是假设思维的优点。企业在应用大数据营销的时候,运用假设思维可以让数据分析人员思路清晰,使企业获得最佳决策,也让企业获得良好的营销效果。

数据分析人员在进行数据分析时,只有明确自己的需求或需要解决的问题,才能选择最合适的思维方式,高效率地完成数据分析这一艰巨工作。通过了解数据分析的五种思维方式,我们更加清楚了数据分析的目的,那就是帮助我们快速找到有用的数据,在大数据营销中作出最佳决策。

二、数据分析工具

阿基米德曾说:"给我一个支点,我可以撬动整个地球。"这绝不是吹嘘。做任何事情,只要能找到合适的工具,就能提高工作效率、化繁为简。大数据是一座诱人的金矿,获取数据、处理数据成为摆在企业眼前的难题。企业不知道获取数据的工具、不能处理数据,便无法挖掘数据中的商业价值。于是,企业迫切需要分析数据的工具。企业在经营的过程中,有了合适的工具,就能让那些毫无头绪的事情变得条理清晰,就能让那些看似不可能的事情变得易如反掌。

(一)常见的数据分析工具

常见的数据分析工具有:Excel,SPSS 统计分析工具与数据分析工具家族,R 语言,SAS,其他软件系统以及在线资源。

数据分析师经常要处理各种数据,这时选择合适的工具就非常重要了。每个数据分析工具都有其适用的范围。大多数数据分析工具都可以代替人工计算,从而大幅度提升效率。

Excel 能够做的事情远超过大多数人的想象。当然,工具就是工具,永远替代不了人的思考能力。数据处理、数据分析和数据解读工作还是需要人的大脑来完成。但掌握了工具可以让我们事半功倍,节省大量的时间。如果掌握了自动化的工具,如各种 ERP 软件的 BI 功能模块,则会减少大量的手工处理工作。现在各大 ERP 供应商都已经开发了这样的功能,能够即时展现常规的报表。

1. Excel

Excel 是数据分析师首选的工具,无论你需要处理的数据量多大,这个工具绝对可以完成企业经营和管理中 90% 以上的数据分析工作;如果你能够掌握相对较为高级的功能,那么它能够处理 95% 以上的工作;如果你能够掌握一部分 VBA 功能,那么基本上它能够完成企业经营和管理中 99% 的数据分析,这样说一点儿都不夸张。

Excel 是进行绝大多数数据分析和处理工作的首选。它不仅可以用来录入数据、储存数据、处理数据,还能够用来展示数据。掌握 Excel 的常规数据处理和分析功能是数据分析师必备的技能。

Excel 的前身是苹果公司开发的 iCal 表格软件,现在其已经经历 10 多个版本。自Excel 2010 版本开始,Excel 已经与微软的 SQL Server 数据库功能连接起来,并引入一些处理巨量数据的功能,包括 Power View、Power Pivot、Power Map 等工具,以及一些数据压缩功能,能够轻松应对上百万条的数据,并可以实现多表关联,不需要把各种数据都合并到一个报表中。

2. SPSS 统计分析工具与数据分析工具家族

SPSS 曾是最为著名的社会学统计软件，1968 年由斯坦福大学的三个学生成功开发，目前该软件有 50 多年历史了。SPSS 的原意是 statistics program for social science，后来在 2000 年被修订为 statistical product and service solutions，即"统计产品与服务解决方案"软件。2009 年，SPSS 被 IBM 以 12 亿美元的价格并购，并被纳入 IBM 大数据处理平台体系。SPSS 因为统计分析功能非常强大，成为社会学研究、市场研究等统计分析必不可少的专属工具，其最早采用图形化的界面，学习曲线短，非常受欢迎。

SPSS 与 Excel 有些类似，集数据录入、数据整理、数据分析、数据图形输出等功能于一身，其功能完整、齐全，并提供代码编写程序的功能，也具有图形界面操作功能。SPSS 在易用性方面略逊于 Excel，但 SPSS 强大的统计分析功能是 Excel 难以望其项背的，即使 Excel 添加了常见的优秀统计分析插件，也难以与 SPSS 相提并论。因为 SPSS 的操作风格与 Office 的操作风格非常不同，也不兼容，有较高的学习成本，所以 SPSS 的普及率较低。

目前，除 Excel 外，采用图形界面、易于操作的数据分析软件只有 SPSS 了，它是除 Excel 外进行数据分析最好的选择。当然，如果你是专业人士，懂得编程，能够熟练使用 R 或者 SAS，那么 SPSS 反而变得比上不足、比下有余，这也是 SPSS 的一个困境。

3. R 语言

使用过 R 的人都会感叹开源软件的力量。R 是一个免费的开源软件，但其有效性和强大性不输于其他昂贵的收费统计分析软件，包括 SPSS。因为 R 具有开源特性，所以会有大量的数据统计人员将自己的算法打包分享给大家。

正是因为 R 具有开源特性，其缺点也非常明显，有些算法是否正确或者权威，很难由第三方或者专业机构审查，数据分析结果的可信程度需要自己去把握，这就对使用者的专业能力提出更高的要求。这也是为什么 FDA（美国食品药品监督管理局）只认可 SAS 统计分析的结果，而不会认可 R 的统计分析结果。

4. SAS

没有最好，只有更好，SAS 是由美国北卡罗来纳州立大学 1966 年开发的统计分析软件。

在大数据时代，SAS 服务器版本能够很好地实现与数据服务器的对接，并具备稳定的开发功能，目前已经成为数据分析领域的权威。

但是，就如杀鸡不需要宰牛刀一样，针对一些日常的经营数据分析，SAS 的复杂程度让其使用者的数量锐减，所以 SAS 占领着高端市场。一些普通的数据处理和常用的分析使用普通的软件如 Excel 就可以轻松完成，就不必要使用 SAS 来完成了。

SAS 的学习曲线也较陡峭，需要使用者具有编程知识和理解数据的能力，入门较难，但如果你立志从事数据分析行业，希望在这个行业有所建树，那么掌握 SAS 是必不可少的。

SAS 在功能和模块上也在与时俱进，它能够跟进最新的算法，并不断更新和完善。SAS 9.3 版本竟然比 9.2 版本大了几个 GB，可见其在更新上的努力。

5. 其他软件系统以及在线资源

随着大数据技术的发展,越来越多的企业涉足大数据应用领域,其中有大量的软件和工具,也有大量的平台提供大数据服务。其中大多数企业都是从外部大数据的角度提供服务,也有的是提供在线的平台。

(二)专业的数据分析工具

业内人士经过大量研究,归纳总结出6个专业的分析大数据的工具:Hadoop、Hpcc、Storm、Apache Drill、RapidMiner和Pentaho BI。企业掌握了这6个获取大数据、分析大数据的工具,就能让海量的大数据为己所用。

1. Hadoop

企业在大数据浪潮中乘风破浪地前进,就需要掌握一些大数据专业知识。企业要进行大数据营销,离不开收集数据、分析数据。企业的数据分析人员在数据分析的过程中,常常会用到数据分析工具Hadoop,于是有人说,Hadoop俨然大数据的代名词。

Hadoop工具受到了很多企业、数据分析人员,甚至个人的喜爱,因为掌握了Hadoop工具,任何人都可以处理数据。Hadoop工具有五大显著优点:第一,高效。Hadoop工具以并行的方式处理数据,从而极大地提高了数据处理的速度,处理数据的速度快得惊人。Hadoop工具处理海量大数据的高效性,令人啧啧称赞,从而奠定了它在数据处理工具中的主导地位。第二,可靠性强。Hadoop工具按位存储和处理数据的能力值得人们信赖。第三,高容错性。Hadoop工具能假设数据储存、计算的失败,所以它能自动保存数据的多个副本,可以在数据储存失败的情况下重新处理数据。第四,高扩展性。它是在可用的计算机集簇间分配数据并完成计算任务的,这些集簇可以方便地扩展到数以千计的节点中。第五,成本较低。Hadoop工具主要从社区服务器获取数据,在社区服务器的基础上处理数据,成本低廉,人人都能用得起。为此,Hadoop被人们誉为大数据分析的最佳工具。

Hadoop工具的优点明显,但它不是万能的,它的缺点是数据处理结果精确度不高,如发射卫星、正规记账、银行开户账号明细等需要精确的业务,不能使用Hadoop工具。

企业有了Hadoop,就可以得心应手地进行大数据分析。毫不夸张地说,只要企业需要进行大数据分析,就会想起Hadoop工具。大数据的发展,也让Hadoop由一种边缘技术发展成为大数据分析的标准。如今,Hadoop工具在数据分析中占有重要地位,预计在未来很长一段时间内,其他数据分析工具仍然无法撼动Hadoop的地位。

2. Hpcc

Hpcc的意思是高性能计算与通信。Hpcc来源于美国,美国的“高性能计算与通信”项目的报告中就提到了这一分析工具,这个项目也被美国国会称为Hpcc计划,即美国总统科学战略项目。

Hpcc项目有明确的目的和目标。美国成立Hpcc的项目是通过大力研究、开发数据,来解决许多核心科学与技术难题。Hpcc项目有两大目标:第一,开发千兆比特网络技术,扩展研究网络连接能力,扩展教育机构的网络连接能力(发展在线教育);第二,开发可扩展的计算系统及相关软件,来提高太位级网络传输性能。

Hpcc 项目的主要内容包括五个部分：先进软件技术与算法、高性能计算机系统、信息基础结构技术和应用、基本研究与人类资源以及国家科研与教育网格。Hpcc 项目促进了美国信息技术开发的高速发展。

3. Storm

Storm 是一个实时数据分析工具，被称为"实时的 Hadoop"。

Storm 是全球知名的移动互联网企业 Twitter 开发的一个数据分析工具。Twitter 用 Storm 处理实时大数据。Twitter 上的用户每天连续不断地产生的推文超过了 1.4 亿条，为此 Twitter 需要一个能处理连续的流数据（流数据即动态数据），实现连续数据分析，还能从海量的推文中获得信息数据发展趋势的分析工具。Storm 不处理静态数据，而是专门用来处理连续的数据，并且用途很广。阿里巴巴、支付宝、淘宝、Groupon 等企业也广泛使用 Storm 处理实时大数据。

Storm 应用于数据处理中，有两个显著特点：第一，简单。Storm 可支持众多的编程语言，使其范围更广，操作非常简单。第二，可靠。Storm 可以非常可靠地处理庞大的数据流，还可以辅助处理 Hadoop 的批量数据。Storm 因其简单、可靠，受到了很多企业的喜爱，也让枯燥的数据分析变得有趣了。

Storm 与 Hadoop 的不同之处在于：Storm 是一个分布式的、容错的实时计算系统，不涉及数据储存，在任何时间点都能使用；Hadoop 可以储存数据并且很可靠，它总是假设数据会丢失，同时维护多个工作副本，能够重新构建丢失的数据，Hadoop 擅长批量处理大数据集。Storm 能被开源，它向人们提供了一个新的大数据分析模型。尽管如此，Storm 在数据分析中的地位尚未超越 Hadoop，Hadoop 仍然是目前运用最多的大数据分析工具。

4. Apache Drill

Hadoop 工具在数据分析中占有重要地位，这并不等于说 Hadoop 工具是万能的、十全十美的。Hadoop 数据查询速度较慢，为此企业迫切需要一种快速、高效地提高 Hadoop 数据查询速度的方法。谷歌的 Dremel 项目让数据分析研究人员获得了灵感。Apache Drill 工具实现了谷歌的 Dremel 项目，让谷歌实现了分析处理海量数据集。

Apache Drill 工具是 Apache 软件基金会的一个开源项目，这个开源项目的名字为 Drill。Apache 软件基金会把 Drill 作为一个孵化项目来经营，对全世界的工程师开放。Apache 软件基金会称，Drill 项目计划创建开源版本的谷歌 Dremel Hadoop 工具。谷歌有了 Dremel Hadoop 工具，就能提高 Hadoop 数据分析工具互联网应用的运行速度。此外，Hadoop 用户使用 Apache Drill 可以快速查询海量数据集。

Apache Drill 这个开源工具，使更多的企业有望创建自己的 Drill 项目，从而帮助企业支持广泛的数据源、数据格式和查询语言。

Apache Drill 既是一个数据开源工具，也是 Hadoop 数据的一个辅助工具。Apache Drill 擅长互动分析大数据集，Apache Dril 工具可以高效地对大数据集进行分析，它期望在几秒内完成 PB 级的数据分析，力求在几秒内完成万亿条记录的数据分析，提升了 Hodoop 处理速度。

5．RapidMiner

面对海量的大数据，为了提高数据分析的效率和效果，拥有一款合适的数据分析工具成为企业梦寐以求的事情。企业一直在寻找适合企业的最佳数据分析工具，工程师、科学家经过不断研究开发出了一款数据分析工具——RapidMiner。

RapidMiner 是一个开源数据挖掘解决方案，或者说是一个开源数据挖掘软件，它为企业提供了一个 GUI（图形用户界面）的数据处理和分析环境。

RapidMiner 最大的特点就是拥有先进的技术，RapidMiner 的主要优点有四个：第一，免费。RapidMiner 为企业免费提供数据挖掘技术和库。第二，简单。RapidMiner 数据挖掘过程简单，采用简单的可视化编程，简单的插件和推广机制。第三，数据挖掘功能强大。RapidMiner 可以用简单脚本语言自动进行大规模进程，还得到了 400 多个数据挖掘运营商支持。第四，数据挖掘直观。RapidMiner 可以实现许多尖端高维数据的可视化建模。这些优点让 RapidMiner 成为非常受欢迎的一款开源数据挖掘软件。

RapidMiner 可以对商业的很多方面给予支持，在大数据营销中，企业可以利用 RapidMiner 提升用户忠诚度，进行邮寄营销（指企业通过邮局或电子邮件将企业的产品销售信件送到目标用户的手中）、效益最大化地保留客户等。

RapidMiner 成为全球开源数据挖掘软件的领导者。数据挖掘网站 KDnuggets 把 RapidMiner 与 30 多款专业的数据分析解决方案进行比较，结果是 RapidMiner 的表现最优秀。KDnuggets 还连续三次将 RapidMiner 评为最常用开源数据挖掘工具。

6．Pentaho BI

Pentaho BI 是一个开源商务智能软件，通过连接 Hive 进行大数据分析，其有以下特点。

Pentaho BI 与传统的 BI 产品完全不同，Pentaho BI 是一个以流程为中心的解决方案的框架。Pentaho BI 有明确的目的，它为商务智能应用量身定做，通过把一系列企业级 BI 产品、开源软件、API 等组件集成起来，从而实现其目的。

Pentaho BI 以流程为核心。数据分析人员都知道，流程定制较为容易，企业需要什么流程可以随时添加新的流程。Pentaho BI 由组件和报表组成，企业利用这些组件和报表对所有的流程加以分析。Pentaho BI 包含的主要元素有数据分析、报表生成以及工作流管理等。

Pentaho BI 的主要优点是成本较低。企业购买 Pentaho BI 只需要每年支付固定的维护费。而商业的 ETL 软件购买成本昂贵，需要百万元，每年还需要另付一些维护费。

众所周知，企业面对的大数据"不纯净"，需要一个"清洗"数据的过滤层，这就是 ETL。ETL 就是把原始大数据处理成用户直接能用的数据的过程。比如用户要喝纯净水，纯净水公司将自然界的雨水、河水、井水抽到公司，然后过滤、转化、加工、净化装在瓶子里。ETL 处理数据的过程就如同把自然界的水处理成用户需要的纯净水的过程。Pentaho BI 工具的出现，取代了昂贵的 ETL 软件，降低了"清洗"数据的成本，深受企业喜爱。

第五节 企业大数据管理与应用

在"互联网＋"时代,流行这样一句话:"得数据者得天下。""互联网＋"时代是一个信息定输赢的时代,大数据更是"互联网＋"时代锻造竞争力的关键因素。不懂得运用大数据原理的企业在这场竞争中将处于不利地位。"互联网＋"时代是一个以数据和技术为王的时代。

一、大数据营销方式

移动互联网和大数据的发展带动了整个社会的飞速前进。"互联网＋大数据"应运而生,在互联网的基础上更进一步地阐述了"互联网＋"的实质就是要构建一个互联网组织,并且创造性地使用互联网工具,以推动企业和产业进行更有效的商务活动。结合大数据营销的运用,让精准营销成为可能,推动整个社会的发展,在未来的发展中创造更多的财富。

2015 年,"互联网＋"成为社会和业界的追捧热词,也成为国家的重点发展战略。"互联网＋"的出现无疑为企业的发展和社会的进步提供了更多的有利条件。在这个大数据环境中,企业的第一营销力就是大数据。"互联网＋"的出现帮助企业更好地运用大数据做到精准营销,并更好地匹配客户需求,实现公司甚至整个行业的发展。

精准营销就是根据一定的需求分类,去实现最精准的定位。企业强调"以客户为中心"确定客户和洞察客户需求,精确地制定个性化营销,最终实现企业利润最大化。可是,精准营销的预测很可能导致过分依赖数据、过多在意数据,而忘记精准营销的目的。

李宁作为一个传统体育服饰的品牌代表,是中国最大的运动品牌之一,最近几年一直在不断调整其品牌营销策略,"运动生活"是李宁调整战略后新聚焦的品类,为了能够迅速而准确地打开定位市场,李宁打算通过代言人代言的方式,迅速而准确地建立起在该品类的知名度,并吸引目标消费者。

精准营销要求李宁公司清晰地把控自己新品系列"调性"和受众。经大数据多渠道的数据建模,李宁公司全方位调研后把"90 后"女性作为未来消费主力军,作为企业主要的产品战略方向和主要消费人群。

李宁公司通过大量的用户数据和用户行为进行一系列精确分析,最终确定消费者喜欢的代言明星要符合小清新、运动、时尚、阳光等几个主要标准。李宁公司应该如何在众多明星中找到合适而又受消费者喜欢的代言人呢?综合考虑,李宁公司对 100 位当红而又具有影响力明星的社交网络进行了非常详细的分析与总体评价;在性别、年龄、地域、兴趣标签、语义情感等几个方面把粉丝的集中倾向属性和李宁新品系列"调性"进行了综合匹配,做到确保其推送信息可以精准抵达目标消费者,并且抵达的速度极快、影响的范围很广。

毋庸置疑,李宁公司的精准化营销策略取得了突破性进展,促进了公司的经营发展,实现了利润的最大化。当然,通过大数据进行营销优化的企业并不只有李宁一家,沃尔玛、家乐福、麦当劳等众多企业也在不断收集、整合、分析数据,致力于不断改善客户服务体验,争取掌握客户的最新消费习惯,实现数据与交易记录的融合,并利用大数据工具对数据展开分析,从而帮助企业更好地进行筛选。企业通过这样的方法在提升销售额和减少库存上都做得非常理想。

虽然,"速食"文化的确可以带来快速的成功,但也容易造成很多问题未能得到彻底解决。尤其是近几年,"精准营销"一词犹如洪水猛兽般席卷而来,各个大中小型企业就像是在抓救命稻草一样死死抓住这条命脉。就目前来看,企业的精准营销问题仍没有解决,主要表现在两个方面:一方面是目标人群不够精准,误将现有用户或忠实用户当作产品的核心用户;另一方面是轻视用户行为,仅凭基本的社会属性定义用户。因此,要想做到精准营销,达到企业营销目标,就要做到以下两个方面。

一方面,要学会树立精准的思想、建立正确的思维模式,一切从市场和需求出发。在市场竞争条件下,需求影响营销,客户需求决定一切。相信大家都知道这个简单的道理,如果不能很好地把握客户需求,那么,不管公司的产品和服务多好、数据技术多高超,都无法让客户满意,因为企业销售的产品,并不是客户所需要的。所以,要想做到精准营销,就必须做到一切从市场和需求出发。

另一方面,要想精准营销,必须实行规范精准的行为,也就是按客户需求和个人特征的不同区分客户,分别营销。只了解客户的基本需求是不够的,因为这不能帮助企业销售人员实现个性化营销效率的最大化,更别说实现企业利润的最大化了。因此,要学会根据客户的需求进行细致分类,只有做到精准、精细、精确才是精准营销。就像我们平时看电影,有的人喜欢看喜剧,有的人喜欢看悲剧,有的人喜欢看动作片,这就是需求的大方向分类,但是细分的话又有很大区别。精准营销就是要找出这些区别,利用这些区别,让客户看到他们想要的。

由此我们可以看出,只有借助"互联网+大数据"的优越条件,才能做好精准营销。

二、大数据监控手段

数据是数字证据,可用于跟踪历史并通知你过去发生的事情。借助数据记录,管理层可以准确地跟踪问题发生、跟踪责任、跟踪结果、跟踪过程,并促进事物的发展。如果没有数据记录,则没有跟踪。

通过建立数据指标,各级的管理人员可以实时观察和检查当前的业务状态,他们可以随时调整策略以适应公司当前的业务状态。监测目的是确保公司的发展可以根据计划轨道进行,如果在此过程中发生偏差,则必须随时调整策略,无论偏差是正面还是负面。如果是一个积极的偏差,这意味着规划过程中的预后在那段时间过于保守,必须进行审查;如果它是一个负面的偏差,必须修改和分析此过程中发生的问题,寻找主要原因并解决问题。监控整个公司的业务流程,是为了让它按照既定方向和目标执行,而不是偏离。

就如同城市里安装的监控摄像头一样,每个人都不希望自己被监控,所以我们会要求明示安装视频监控摄像头的位置。是否被监控,有些时候是你无法左右的,而且你会觉得有监控的好处大于没有监控,但是监控信息需要被安全地保存并妥善地处理,以免违反相关的法律法规。

比如,中国公司的财务管理一般都比较规范,因为会涉及交税,财务会计都有规范,并且每个月都需要给税务机关提供报表,所以其中的数据比较规范。中国有自己的会计准则,这个会计准则将大多数的财务问题都解释得非常清楚,所以企业会保留很多年的历史财务数据。

但是在大多数情况下,财税会计在企业中是不适合管理会计或者管理财务的。因为管理财务是为管理中的经营和管理决策服务的,而财税财务是为政府纳税服务的,这两者还是有着本质的区别的。

常规的财务数据分析已经有比较完善的模型和标准,很多财经网站和媒体都会直接给出针对上市公司的财务分析指标,方便大家理解上市公司的财务状况。但这些是针对财税财务报表的,可能会存在不真实的情况——会有失偏颇。更何况,从管理财务的角度看问题和从财税财务的角度看问题是不同的。另外,财税财务和管理财务所研究的对象不同,衡量的指标也不同。财税财务的分析主体只有一个——企业整体;而管理财务的分析主体,可以是一家公司、一个项目、一个部门、一个产品、一个团队、一个店铺,只要能够在独立核算上有较为清晰的区分,管理财务就能够作出更多、更深入的分析,为管理者提供各种决策服务。

所以,我们可以很轻松地得出结论:没有管理财务账目的公司基本都不会进行深度的管理财务分析。

数据分析领域的财务分析与常规的财务分析最大的区别在于主体的细化。管理财务需要细化到每个子公司、每个业务、每个产品、每个业务部门、每个业务单元、每个客户和订单,然后以它们为主体进行财务的数据分析。这就需要企业的财务管理在数据上建立足够的明细和科目,确保能够把成本和费用计入相应的主体。

三、探寻规律,掌握发展的钥匙

所谓的洞察,就是理解事物为什么会发生,找到事物发展的规律,并对未来事物的发展进行预测。商业洞察就是对商业逻辑的探寻,寻求商业现象背后的逻辑和因果关系,从而为商业决策提供依据。人类的洞察力来自对外部世界的敏锐观察,并将观察到的信息经过大脑加工形成对外部世界万物的认知,基于这些认知作出更加正确的决策,从而获得更好的收益。

数据分析的终极目的是预测未来事物如何发展。如果我们对商业社会现象有足够的数据,通过数据挖掘,找到事物的发展规律,则必然能够对商业社会的近期和中期的发展方向与趋势作出一定的判断,这就是数据分析所带来的洞察。

在传统的商业模式下,很多公司除设立市场部门外还设立了市场研究部门,它们利用统计抽样的方法了解市场情况、消费者的需求,并利用统计分析的方法来寻找规律,获得商业洞察。在大数据时代,越来越多的数据集让企业有更多的资源来获取商业洞察。

无论是关联关系,还是因果关系,应用这些事物之间的关系来对未来作出预测和判断,以及利用这些关系来把控事物的发展方向,都是大数据时代下的需求。并不是大数据不强调因果关系或更注重关联关系,而是大数据的量级与分析成本还很高,与其花费大量的时间去研究事物之间的因果关系,还不如利用数据挖掘成果快速做出行动,最终发现因果关系,这对于指导企业作出规划大有裨益。

（一）大数据应用案例之医疗行业

Seton Healthcare 是采用 IBM 沃森技术医疗保健内容分析预测的首个客户。该技术允许企业找到大量病人相关的临床医疗信息，通过大数据处理，更好地分析病人的信息。

在加拿大多伦多的一家医院，针对早产婴儿，每秒钟有超过 3 000 次的数据读取。通过这些数据分析，医院能够提前知道哪些早产婴儿出现问题并且有针对性地采取措施，避免早产婴儿夭折。

它让更多的创业者更方便地开发产品，如通过社交网络来收集数据的健康类 App。也许数年后，它们收集的数据能让医生给你的诊断变得更为精确，比如不是通用的成人每日三次、一次一片，而是检测到你的血液中药剂已经代谢完成会自动提醒你再次服药。

Express Scripts 就是这么一家处方药管理服务公司，目前它正在通过一些复杂模型来检测虚假药品，这些模型还能及时提醒人们何时应该停止用药。Express Scripts 能够解决该问题的原因在于所有有关数据。因为它每年管理着 1.4 亿个处方，覆盖了 1 亿美国人和 65 000 家药店，虽然该公司采用能够识别潜在问题的信号模式，但它也使用数据来尝试解决某些情况下之前曾经发现的问题。

同时，Express Scripts 还着眼于一些事情，如所开处方的药物种类，甚至有人在网上谈论医生。如果一个医生的行为被标记为红色的旗帜，那么他在网络上就是个好人的形象，更是你所需要的医生。

（二）大数据应用案例之保险行业

保险行业并非技术创新的指示灯，然而 MetLife 保险公司已经投资 3 亿美元建立一个新式系统，其中的第一款产品是一个基于 MongoDB 的应用程序，它将所有客户信息放在同一个地方。MongoDB 汇聚了来自 70 多个遗留系统的数据，并将其合并成一个单一的记录。它运行在两个数据中心的 6 个服务器上，截至 2016 年，已存储 24 TB 的数据。

大多数疾病可以通过药物来达到治疗效果，但如何让医生和病人能够专注参加一两个可以真正改善病人健康状况的干预项目却极具挑战。安泰保险目前正尝试通过大数据达到此目的。

安泰保险为了帮助改善代谢综合征患者的预测，从千名患者中选择 102 个完成实验。在一个独立的实验室工作内，通过患者的一系列代谢综合征的检测试验结果，在连续 3 年内，扫描 600 000 个化验结果和 18 万索赔事件，将最后的结果组成一个高度个性化的治疗方案，以评估患者的危险因素和重点治疗方案。这样，医生可以通过服用他汀类药物及减重 5 磅（1 磅≈0.45 千克）等建议而减少患者未来 10 年内 50% 的发病率，或者在患者体内的含糖量高于 20% 时，建议其降低体内甘油三酯总量。

四、挖掘未被满足的需求

如今，大数据已经充斥我们生活的每个角落，我们生活的方方面面都受到了大数据的影响。例如，谷歌等公司利用大数据研究智能家居，已经在该研究上投资了数百亿美元，智能家居的实现可谓近在咫尺。可以说，利用大数据可以做到众多传统商业无法有效完成的工作。由此可见,大数据所带来的影响是巨大的,已经成为人们用来致富和达到目的的最有效的手段,也正是大数据使我们的生活方式焕然一新,因此大数据的价值堪比无形的石油和黄金。

就目前而言,大数据的价值更多地在企业营销中得到了体现。企业利用大数据可以获得更多的潜在客户,进而获得更多的盈利。大数据的出现使得客户体验成为当下营销必不可少的重要部分,使得客户真正地成为企业的"上帝"。因此,只有充分、有效地利用大数据深入了解自己的客户,才能真正地达到营销的目的。

简单来讲,每个人都是一个"数据人",我们在互联网上进行的一切活动都被企业、互联网、手机以及大数据定位跟踪,从而使得它们对我们了如指掌,之后便会为我们量身打造我们需要的商品,这不但满足了我们的需求,还给它们带来了无限商机。

我们平常在浏览网页的时候往往会发现,打开的网页的右下方或者左下方会经常出现一些商品促销广告,这些促销的商品可能就是我们最近在淘宝上所关注的物品。面对这些情况,我们目瞪口呆,这个网页怎么会知道我们现在所关注的是哪方面的事情呢?事实上,我们每次在网页中的浏览和购买轨迹都已经被记录与映射到了网络与手机传感器上,我们作为普通消费者的消费轨迹在无形中就被数据化了。

客户的购买需求是不断变化的,企业只有不断了解客户的购买需求,才能对其内部运营、生产和供应链有针对性地作出相关调整,从而更好地带动企业物流和资金流的有效运转。传统的了解方式更多采用的是抽样市场调查,这种方法具有一定的片面性,从调查到调整运营模式,整个过程表现出一定的滞后性,不能从根本上解决问题。在"数据人"时代,企业能够更加便利地分析客户的兴趣、关注热点以及企业自身运营环境,使得客户的生活轨迹可以更加真实、精准地被记录下来,而这对于企业来说,能够更加有效地把握市场,使得调整自身运营更具有实时性和精准性,从而实现企业目标。

那么,客户的数据信息从何而来呢?

首先,传统结构化数据。大数据技术的不断提高,使获得数据的方式也得到了不断的改进,再加上互联网、物联网技术已经发展到了一定阶段,我们可以发现,获取传统结构化数据的方式变得越来越简单、快捷、精准。

其次,非结构化数据。移动互联网的出现推动了微博、微信、电子邮件等一系列社交软件向着更加快捷的方向发展,也使得由此而产生的非结构化数据量更加庞大,这就可以使企业更加快速地获取关于客户的更多有用的信息。

最后,流数据。流数据是由流媒体而产生的数据。流媒体也叫流式媒体,指企业用视频传送服务器将节目作为数据包发送到网络。如今,无论是手机信息、监控信息还是通信信息等,都可以产生大量的流数据,企业要有效挖掘这些流数据,如此才能更好地了解客户的各种喜好、习惯、思维等信息。

例如电商的销售模式,其更多的是关注网站或者店铺的数据分析,考虑更多的是流量、点击率、转化率、关注客户数、注册用户数、用户活跃度、订单量、客单价和营销费用的分析,还可以直接借助更多在线工具实现精准数据分析。如果是淘宝、天猫、京东等电商平台,这些平台本身就会提供一些数据分析的方法和工具,可以通过在线的方式即时地看到分析结果,也能够针对一个时间段、一次促销活动、一个产品等作出比较详细的分析。

如果是传统的分销模式,则生产厂家对数据的掌握就不如电商模式直接,电商平台可以提供全平台的数据作为分析的参照物,而传统行业只能依赖传统的零售监测平台,如ACNielsen、J. D. Power、Gfk、慧聪、中怡康等来获得相关的数据。针对消费者需求的调研,也只能自己进行,没有平台的数据可以直接拿来使用。

有的公司的数据比较健全,如以会员为主题的连锁经营体系就会有比较详尽的数据。而对于匿名的销售模式,如连锁商超、连锁餐饮店等模式,你不知道来你店里的人是谁,无法跟踪,对他们的信息知道得也很少,你所能够分析的数据就只有收银数据,对未来预测的能力也会大幅度削弱。

无论是什么经营模式,都只能根据已有的数据来分析,没有数据的环节是无法分析的,要么投入高昂的费用去采集数据,要么进行抽样调查,所以,在不同的模式下,要结合实际情况去进行数据分析。

从方法和思路上看,营销和销售中的数据分析必须从以下几个维度进行,并且要结合数据的可用性以及可采集性,采集更多的数据,因为任何数据通过数据分析师都能够得出更多有价值的信息,协助你作出更好的决策。客户维度:从客户的维度进行分析是首要的。因为任何产品和服务都必须考虑目标客户的需求,所以我们要对客户进行各方面的分析。如果是客户自身的数据,则可以对客户进行画像、细分、需求研究、行为研究、习惯研究,从而指导我们的营销策略、产品开发和改进策略;如果是客户与我们的接触点的数据,如收银数据、订单数据、送货数据、会员卡数据,则反映了企业的经营活动效果,可以在这类数据的基础上了解客户对产品和服务的反应,从而为企业的经营活动提供更多借鉴。产品或者服务维度:对产品和服务作出评价,分析企业是否有足够好的产品线结构,是否有现金流产品,是否有具有发展潜力的明日之星产品,是否有赚钱的产品,是否有品牌产品。另外,还可以从竞争的角度进行分析,如分析产品和市场上已有的产品的竞争力,分析自己的产品和其他产品的差异,从而为企业改善产品、提高产品竞争力提供借鉴。

大数据发展到今天,越来越多的企业意识到了大数据的重要性,明白合理利用大数据可以为企业创造无法想象的巨大价值。只有真正通过大数据了解了你的客户,才能知道客户的真正需求,进而更好地为客户提供更贴切的个性化定制产品和服务,才能赚取更多的利润,这是每个企业获得成功前都应该做的最基本的工作。

五、指导未来实践的规律

预测是数据分析的终极目标。

之前提到的"数据"是数字化的证据,在日常管理中,数据的价值在于它的"数字基础"和决策的基础。如果要用作基础,那么数据必须对未来情况进行判断,即对未来进行预测。数据分析用于商业和管理决策服务,最终在未来的实践中引导我们,因此预测是最能体现数据价值的地方。

但是,预测也是最困难的。经济预测和天气预报均对我们的生活产生积极影响。如果可以预测天气的变化,就可以提前采取预防措施以降低由于恶劣天气而导致的影响和损失;如果可以预测未来的经济变化,就可以及时审判并为未来的经济发展做好准备;如果能够预测竞争对手的策略,就可以提前采取措施竞争,击倒对手;如果能够预测购买客户,就可以提前生产,缩短交货日期,并提高客户满意度。

预测是理解客观世界的基本技能和自然科学研究的基本出发点。通过分析历史数据,我们可以了解事物的规律,以便推断出事物的未来变化,并可以更好地找到应对策略。

通过数据分析来预测商机,如果未来能实施,商机将变成商业机会。通常,人们认为预测一件事情的发展方向和结果是非常难以做到的。诚然,这个纷繁复杂的世界充满了不确定性。但是,随着科学技术的不断发展,人们对于未来的预测越来越准。大数据营销的一个优势就是利用数据对企业未来的发展趋势进行预测,这一点其实就是利用大数据进行商业预测。

那么,究竟如何利用大数据进行商业预测呢?

要想进行预测,仅仅考虑未来的发展因素是远远不够的,还应当结合各种背后的推力。很多企业在进行商业预测的时候,并没有考虑到事实背后的原因,这也是预测失败的根源之一,但仍然有企业在这方面做得很好。

惠而浦作为一家大型家用电器制造商,在为公司进行商业预测的时候,就会将未来的各种可能销售需求都一一拿出来进行分析,并且还会描述这样进行预测的原因,如与其他企业进行合作推动市场需求、企业外部竞争激烈。惠而浦较其他家电制造商而言,最大的优势就在于其利用大数据来实现产品的创新。在产品的研发阶段,其研发人员每天都会花大把的时间去收集数据和处理数据,同时他们用两个月的时间跑遍了5个省、20个城市,通过走访上百个家庭,调查消费者在洗衣过程中的每一个要求,从而获得市场需求信息,进而设计出了功能更加强大、操作更加简便、设计更加潮流、更能够满足广大消费者需求的洗衣机。惠而浦的产品还专门设计了一个"6th sense"的按钮,当然,这个按钮并不是惠而浦的研发人员头脑一热想出来的,而是经过对惠而浦100多年来的用户数据进行分析而设计出来的。

惠而浦利用大数据来进行商业预测是一个非常典型的案例,但是惠而浦并不是在这方面独一无二的代表,还有很多企业也充分看到了大数据在商业预测中的应用所带来的巨大商业价值,且在这方面同样成为先驱。事实上,在进行商业预测的时候,对于背后原因进行分析是提高商业预测准确率最为有效的方法。

例如,商业周期是企业进行商业活动时经常遇到的一个问题,是经济运行中周期性出现经济扩张和经济紧缩的交替、更迭的一种现象。对家电行业而言,商业周期是影响家电行业需求的驱动力,但是影响商业周期长短的背后因素还有很多,包括失业率、消费者信心等相关数据信息,都会严重影响家电销量。因此,人们如果没有全面了解背后的各种驱动因素,就无法对企业在家电市场领域的发展趋势作出准确的商业预测。

还应对整个市场中同行业、同类商品的市场投放等数据信息进行收集,分析该商品在市场同行业领域是否达到饱和,从而进行商业预测分析。

2012年,众多互联网、移动互联网的应用开始蓬勃发展,当时各个业务都不成熟;同时,大数据才刚刚出现在人们的视野中,人们对于数据的认识处于稀疏和冷启动状态。商业中偶尔会有人借助大数据帮助企业发展,但是他们并没有真正明白大数据究竟是用来干什么的。如今,人们对大数据的认识已经非常深刻和深入,对于初创企业来讲,大数据带来的益处是创业者绝对想象不到的。创业者和初创企业可以利用行业生命周期图来判断当前某一产品的生命周期处于何种阶段,是引入期还是成长期,抑或是成熟期或衰退期,从而判断该产品是否已经在市场中达到饱和,进而确定自己的发展方向。这对于初创企业和众多创业者而言,具有极其重要的指导意义。

企业进行商业预测,可以在很大程度上了解自己和同行业竞争对手的真实情况,并有助于企业实现精准的商业预测,指导企业制定更加优质的销售策略,从而进一步降低成本、提高销售业绩,达到预期的营销目标。

本章小结

"互联网+"时代,世界发生巨大的变化。这些变化改变了社会的运行方式和人们的生活,也在深刻地改变着产业的竞争生态和企业的管理方式。在"互联网+"的一系列思维和技术变革中,云计算、大数据、物联网、移动互联网、智慧城市和人工智能等理论日益被人们所熟悉,大数据成为其中的核心力量,它代表着一种连接的力量,使各种事物的客观反映通过数据活跃起来,成为能够产生信息、知识和智慧的力量。

自 2010 年,"大数据"的概念由美国数据科学家维克托·迈尔-舍恩伯格系统地提出后,从硅谷到北京,不断有人开始谈论大数据,人类也开始进入大数据时代。智能化设备的出现,使得一切行为可以数据化,并且通过数字化的分析和归纳,人们可以更加深入地探索现实世界的规律,达到以往世界中所达不到的高度。如今,大数据时代已经全面开启,越来越多的企业和个人品牌开始加入大数据营销之中,将数据作为企业营销和发展的重要依据,开启一个全新的"互联网+大数据"时代。

在大数据时代,大数据作为未来一种新型的商业发展模式,它的发展已经不仅仅局限于了解大数据,更多的是需要真正将大数据应用到企业和个人品牌的发展之中,从而获得更加精准化的营销方式。大数据的出现让数据的精准化分析成为可能,也让大家更为详细而深入地了解到大数据的存在,将目光从追求大数据的因果关系中解放出来,将注意力更多地放在大数据的营销和使用上面,从而创造出更大的经济效益和社会效益。基于以上目的,本章简述了数据的概念、分类及发展,并着重介绍了企业大数据获取、企业大数据整理、企业大数据存储、企业大数据分析、企业大数据管理。

章尾案例8-1

华为:布局万物互联的工业 4.0 大数据时代

近几年,工业 4.0 被大家频繁提起,各行各业的人都开始关注这个新名词,认为工业 4.0 是企业发展的一个重要的关键因素。而华为技术有限公司(以下简称"华为")在大数据时代下,抓住机遇,做到了布局万物互联的工业 4.0 大数据时代,将企业的发展与当今时代相结合,实现了企业收益的最大化。

在工业 4.0 的基础上,实现万物互联是许多企业的追求。目前互联网技术是整个社会的主要操作系统,它的存在将重塑传统行业的微笑曲线价值链,实现各个环节共同创造价值、传递价值、分享价值,在大数据布局万物互联的工业 4.0 大数据时代的影响下,进入真正意义上的万物互联工业4.0的大数据时代。

2015年，华为首席财务官孟晚舟曾表示：华为聚焦的管道行业将是支撑产业互联网的关键，到2025年，其市场前景将达到4000亿美元。华为认为，到2025年，预计全球互联数将超过1000亿，互联就像空气和水一样，终将融入我们生活的每一个角落，无所不在。万物互联、大数据将驱动智能化的新工业革命，驱动传统产业升级，重构新的工业文明和商业文明。产业创新焦点将从消费互联网向产业互联网迁移，未来将是一个美好的全连接世界，万物互联、随时在线将成为新常态。

德国最早提出了工业4.0的概念，而工业4.0的核心是云计算、大数据，它将颠覆传统行业的重构，华为所聚焦的管道行业将是支撑产业互联网发展的关键。谷歌在2014年尝试推出无人驾驶汽车，其中最核心的技术就是数据传输和互联。无人驾驶汽车对技术的要求是每一次传输的时延小于1毫秒，转换为我们可理解的定义就是谷歌汽车在每小时80千米的行驶状态下，每行驶1米的距离就要完成一次数据传输和转换，这样才能保证汽车在道路上安全行驶。

华为轮值首席执行官徐直军也曾指出，管道战略是华为的核心战略和主航道，未来投资都会围绕管道行业。华为始终坚持聚焦管道战略，"力出一孔"，沿着信息管道进行整合和发展。运营商、企业、消费者业务领域紧密围绕管道进行投资和协同，为客户提供更快、更宽、更智能的信息管道和服务，共同应对大数据时代的机遇和挑战。

孟晚舟说："不管华为的哪一项业务，只要我们认定了方向、认定了目标，就会始终如一、心无旁骛地坚持下去。所以，对我们来说数字并不是重要的，重要的是如果我们认为这个行业是值得深度投资和开发的，就会坚持在这个领域的投资策略和业务策略。"

由以上这段话可以看出，工业4.0概念的兴起，是通过新的数据通信来协同制造、协同营销的，这是企业的关键一步。工业4.0虽然从不同方向开始，但都是在同一个目标结束——在大数据的基础上，实现"万物互联"，这就是华为在这一方面所作出的突出成就。

自2015年开始，中国企业家纷纷前往德国德累斯顿市的一个虚拟未来工厂参观，开始注重智能工业4.0的存在，未来的世界必将是注重工业4.0的社会，智能化的流程将逐渐融入我们的工作和生活中。那么，华为是如何做到布局万物互联的工业4.0大数据时代的呢？

一方面，华为为了使自身实现万物互联的标准，真正掌握未来社会亿万财富之门的钥匙，为自己制订了详细的目标，坚持管道战略，加大对技术研究领域的投入，从而达到优化组织架构的目的，真正实现布局上的万物互联，实现工业4.0的大数据时代。

华为曾经做过一个详细的统计预测，到2025年，智能手机用户在全球范围内将有80亿人，1000亿终端将通过网络相互连接。简而言之，就是在工业4.0的大数据时代下，在2025年，每一天每一分钟，都会产生比现在多无数倍的信息流和数据流，将成为一个大数据流量时代。在这样的前提下，华为适时提出了坚持管道战略，就是将大数据理解为水，华为就是运输水的管道。华为加大对技术研究领域的投入，并运用复杂系统对这些水进行处理，然后通过管道将这些水送到需要的地方，从而实现真正意义上的组织架构优化，实现真正意义上的万物互联。

另一方面，华为坚持追求一流的科研技术和"互联网＋"思维，将移动宽带、云计算、大数据分析、物联网、社交网络和互联网紧密相连,在智能化的工业革命浪潮中,实现万物互联,实现真正的工业4.0。

华为一直致力成为未来几年甚至几十年内推动整个工业4.0产业生态链的中坚力量,成为这一领域的主导者之一。布局万物互联的工业4.0大数据时代,就需要在未来的社会中,精心打造万物互联的世界,华为的大数据流量管道,极大地推动了工业4.0时代向前发展,为传统企业转型升级提供极大的便利。显而易见,企业想要在未来社会发展,肯定离不开华为打造的万物互联的驱动。

资料来源:https://www.jiaheu.com/topic/144444.html.

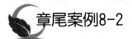

章尾案例8-2

长虹:进军数字化和个性化,推进智能化工厂转型

2016年3月,谷歌的AlphaGo与棋手李世石进行的人机围棋大战,引发了围绕人工智能的各种思考。而无人驾驶汽车和各种AI的实践,也让越来越多的人感觉到生活正在被人工智能渗透。但是,我们到底需要什么样的人工智能?人工智能又如何服务于我们,提升我们共同的福祉?这样的话题不断引起大家的热烈讨论,接地气、见效果的智能服务成为大家的共同期盼。

阿基米德曾经说过:"给我一个支点,我可以撬动整个地球。"这句话,同样可以用来形容四川长虹电子控股集团有限公司(以下简称"长虹")于2016年3月30日发布的全球首个开放的物联运营支撑平台(United Platforms,UP平台)的支点价值。这次长虹的UP平台,是看得见、摸得着、感受得到的、实实在在的智能服务的生动应用,它标志着长虹智能服务新兴产业的核心基础能力构建的形成。根据长虹提出的"十三五"五大新兴产业发展规划,智能服务业将是长虹转型的新引擎。

UP平台的基础是长虹拥有海量智能硬件用户群、具有强大的软件服务和大数据运营能力。长虹和IBM成立了大中华区首个大数据竞争力分析中心,并成立行业首个大数据公司。经过数年积累打磨后的UP平台,将实现智能硬件、O2O服务等用户行为数据的采集、分析并反向完善智能硬件和O2O服务,跨界协同聚合用户,为用户提供"更加懂你"的个性化"产品+云+数据+服务",由此将家电行业带进"物+联"的智能服务新时代。截至2016年,长虹智能产品达5 000万台,由此产生的设备数据100 PB,拥有5 000万用户,用户行为数据超过80 PB,用户标签15 782个,活跃用户超过1 200万人。这显然是家电同行之中领先的实践与布局。

长虹UP平台具有安全、平衡、开放三大特点。UP平台全面支撑长虹各产业单元业务,以及智慧家庭、智慧社区、智慧生活等领域孵化的物联网创新应用业务,即由物到"物+联"。为什么叫"物+联"?长虹首席技术官(CTO)阳丹形象地归纳为——通过物与物之间相互连接,或者说是物和互联网和人之间的连接,就会产生某种程度的化学反应,化学反应的直接表达是用户和用户行为诞生的数据,而通过用户和用户行为诞生的数据本身,就存在各种运营的可能,或衍生更多的智能服务,甚至可能产生企业意想不到的其他服务,这就是生态系统自循环产生之后的动力与魅力。

通过 UP 平台平衡产品布局和用户运营,为长虹带来了显著的运营优势、战略优势和竞争优势,实现"把握用户入口、构建平台生态、汇聚社会资源、形成商业形态"。这样将产生更多新的商机,而且具有巴菲特所言的"广阔护城河",远远抛离传统的竞争对手。

UP 平台是一个开放的公共服务平台,非私有云,打通物联智能硬件开放、支持物联网生态应用及推广,以平台形式提供技术和服务的能力。同时,平台虽汇集各种数据,拥有"数据湖"的资源,但业务数据私有化,平台不具备第三方数据的拥有权。这种开放的态度,在移动互联网时代至关重要。作为一家传统制造业企业,长虹迈出难能可贵的一步,并且还将致力于转型发展,这就更具有标志性意义。

UP 平台还具有整合智能研发、智能制造、智能交易的能力,拥有强大的供应链资源,最终实现"O2O+C2B",以数据驱动为用户主动、无感、精准提供"所需即所得"的个性化产品及服务。自 2015 年以来,长虹先后推出"点点帮"智慧物业、"妥妥医"智慧健康、"购食汇"智慧饮食、"E 家能"智慧能源等业务,这些业务都开始大规模落地运营。

由以上内容可以看出,长虹 UP 平台是一个智能型应用,而且开放、平衡、安全,并为第三方友商提供强有力的支撑。长虹掌门人赵勇曾经说过:"未来长虹不再是一个家电制造商,而是一个生活服务商。手机可以免费,电视也可以免费,它只是一个服务终端而已。"长虹 UP 平台拥有用户中心、设备中心、支付中心等 21 个能力中心及能力开放平台,在此平台上,友商、第三方开发者、创业公司等都可以实现平台共享、能力共享,从而大大提高了合作伙伴的物联数据运营效率,有效获取用户行为数据,实现终端设备的自动响应与服务,并根据用户需求进行大规模个性化定制。

预见未来的最好方式就是创造。长虹首席技术官阳丹引用美国前总统林肯的名言称:"这是一个逐渐展开的未来,坦白讲,我们现在也不敢说完全了解它。"万物从互联到"互懂",决策从人工到智能,智能物联网正将人类发展推向奇点。有人称,长虹这一次华丽转身,有望成为家电行业中的 IBM,这是一个必然趋势。那么,长虹家电究竟如何进军数字化和个性化,推进智能化工厂转型呢?

一方面,实现 O2O 营销,线上与线下同价格。如何实现更为开放和更具互动性的导购模式,将给传统零售业的互联网转型带来重大影响。只有实现线上与线下同价格,做到真正用用户自己产生的数据来归纳分析用户行为,才能挖掘产生对用户最有价值的建议。比如,智能化应用小到家用冰箱缺少饮料后自动反馈给用户,大到根据你的身体状况为你作出健身计划,这些智能化服务将使大家日常生活的满足感、幸福感与安全感不断提升。

另一方面,物联网的存在帮助长虹由硬件智能向智能服务迈进,不断分析客户需求,实现个性化和智能化应用,推动传统工业向智能化工厂转型,实现了物联网的商业布局。众所周知,智能化家居的应用在大数据时代成为所有企业重视的一个问题,只有真正地将移动互联网和物联网结合起来,才能更好地实现信息与数据的交互,在工业 4.0 时代,推动形成真正的智能化工厂。

"互联网+"时代下的长虹,在不断智能制造升级、不断改革创新之后,实现了快速升级、飞跃发展,从而推进了传统工业的转型。长虹作为新时代的标杆,在这个工业 4.0 的时代,开拓进取,不断创造行业的奇迹和辉煌。

资料来源:https://www.163.com/dy/article/HDFCAI6C05118JLV.html.

 **章尾案例8-3**

海尔：用大数据为客户提供私人定制服务

工业4.0时代,企业可为用户提供更好的产品,个性化定制服务成为最大的特色。每个人都可以根据自己的性格、爱好,按照自己的心意制造产品。海尔集团公司(以下简称"海尔集团")的私人定制就是在这种大趋势下应运而生的,用大数据为客户提供私人定制服务,并把互联网基因注入企业的血液中,使海尔集团在激烈的市场竞争中立于不败之地。海尔集团打造全球首家空调智能互联工厂,实践"工业4.0",开启私人定制时代。

作为家电行业的佼佼者,海尔家电一直致力于为客户服务,企业只有了解了消费者需求,才能争取牢牢占据市场的主动权和话语权。如今的海尔集团率先掀起了家电私人定制的热潮,实现了对传统制造模式的颠覆,促使家电行业向工业4.0时代迈进。

2015年4月16日,海尔全球定制洗衣机暨可视互联工厂发布会在三水举行,首批由全球50万用户参与众创定制的洗衣机正式启用。全球用户都可以向位于三水工业园的海尔佛山滚筒互联工厂(以下简称"佛山海尔")定制洗衣机。

众创洗衣机还有一个小名——intelius,寓意智能、品质、高科技。intelius可以满足用户对功能差异化的需求。比如,法国人偏爱将洗衣机放在靠近卧室的位置,因此需要更静音;德国人热衷于环保,希望洗衣机更节能;俄罗斯人提出洗衣机操作要更简便……

发布会现场排列各式intelius洗衣机,洗衣机的颜色、大小、功能各异,有着明显的用户定制特征。其中一台洗衣机的控制面板在待机状态下,显示的是用户的全家福照片。"在基础功能上,如果用户需要烘干,就加一个烘干模块。"现场工作人员介绍,控制面板共有5类、26个模块,超过1万种组合可供用户自由搭配。

佛山海尔建成行业内首个精密装配机器人社区,应用200多个无线射频识别器、4 300多个传感器、10台视觉识别机器人、60多个设备控制器,彻底实现自动无人生产的"黑灯工厂"。全球用户都可以在此私人定制洗衣机,并且在下单之后拿起手机,就可以看到实时的生产信息,如何时排产、何时上线、何时发货等。

由以上内容可以看出,海尔集团真正做到了将互联网和大数据融合在一起,实现了互联工厂。海尔集团定制流程并不是完全封闭的,而是透明化的。用户将自己的需求通过订单的方式传送给海尔集团服务人员,海尔集团服务人员会将订单送进互联工厂,工厂将会随即下单定制所需模块,有效地利用了智能化、信息化、模块化等先进的生产理念,将用户的个性化需求直接与工厂相对接,实现了对传统制造模式的颠覆,促使家电行业向智能化工业4.0时代转型,这就是海尔集团的私人定制。

海尔集团定制的整个流程包括定制需求、定制内容、定制下单、订单确认、模块定制、装配、物流、使用交互等关键性阶段。在整个私人定制的流程中,并不是完全封闭的,用户可以通过各种终端设备获取订单进程,了解定制产品在整个生产流程中的进展和具体位置。这就是在互联网时代,有效地利用智能化、信息化、模块化这些先进的生产理念,向"互联网+"与工业4.0时代靠近。

智能化生产线成为主要的发展方向,而在海尔家电的私人定制中,整个智能生产线集合了产品数据、设备数据、供应商数据、操作者数据、在线智能检测数据、入库数据等。生产过程中的各项重要数据构成了一个庞大的数据链系统,并且将所有零部件和整机通过条码或 RFID 系统,实现了产品的全生命周期管理,实现了智能化的私人定制。

资料来源:https://www.sohu.com/a/248124930_362042.

【本章思考题】

1. 大数据决策与传统的基于数据仓库的决策有什么区别?
2. 简述企业大数据采集工具及方法。
3. 简述企业大数据分析工具及方法。

【即测即练】

参 考 文 献

[1] 刘凤瑜,等.人力资源服务与数字化转型[M].北京：人民邮电出版社,2020.

[2] 郦巍铭.现代人力资源管理[M].杭州：浙江大学出版社,2009.

[3] 李凤,欧阳杰.数字化颠覆传统人力资源管理[J].企业管理,2019(8)：103-105.

[4] 王兴山.数字化转型中的企业进化[M].北京：电子工业出版社,2019.

[5] 仝方平.大数据在人力资源管理中的应用[J].数字通信世界,2020,185(5)：259.

[6] 陈文需.基于大数据时代人力资源管理变革探讨[J].中外企业家,2019(17)：119.

[7] 刘晶.大数据时代的数字化人事档案管理策略探究[J].数字化用户,2019(11)：72.

[8] 卢燃.信息时代下人力资源管理的数字化转型[J].财富时代,2020,180(5)：155.

[9] 李爽.上海联通人力资源管理数字化转型的探索与实践[J].通信企业管理,2019(6)：6-9.

[10] 罗文豪.数字化转型中的人力资源管理变革[J].中国人力资源开发,2020(7)：3.

[11] 泛亚人力.未来的人力资源管理到底会面临哪些问题[EB/OL].(2016-05-24).https://www.
sohu.com/a/76851082_411041.

[12] 组织与人才发展研究院.2020企业数字化学习趋势洞察蓝皮书[R].2020.

[13] 科特勒,等.营销管理[M].上海：上海人民出版社,2016.

[14] 斯威特伍德.智慧营销：营销部门数字化转型指南[M].蒋春丽,蒋顺利,译.北京：机械工业出版
社,2019.

[15] 顾颐,张海红,杨瑾,等.决战数字化运营：策略与实战[M].北京：电子工业出版社,2018.

[16] 孟子涵.大数据营销的本质理念及营销模式转变[J].市场调查信息(综合版),2019(2)：
00131-00132.

[17] 李丹萍.基于数字化转型的中小企业营销分析[J].电子技术,2019,48(1)：93-95.

[18] 李思.数字化转型助力营销公司管理水平提升——营销公司数字化解决方案实施与应用[J].全
国流通经济,2019,2225(29)：62-63.

[19] 王云龙.以三大系统助推数字化精准营销[J].中国农村金融,2019(3)：19-20.

[20] 郭庆秋.新时代市场营销理念的创新发展[J].大众投资指南,2019,344(24)：51-52.

[21] 爱分析.中国营销数字化行业趋势报告[R].2020.

[22] 阳翼.数字营销[M].北京：中国人民大学出版社,2020.

[23] 虎啸奖组委会.虎啸洞察报告(2019—2020)[R].2020.

[24] 苏朝晖.客户关系管理：建立、维护与挽救[M].北京：人民邮电出版社,2020.

[25] 史雁军.数字化客户关系管理[M].北京：清华大学出版社,2018.

[26] 云计算与大数据研究所,北京道润创德科技有限公司.中国客户体验管理数字化转型发展报告
(2020年)[R].2020.

[27] 古普塔,莱曼.客户终身价值：企业持久利润的源泉[M].王霞,申跃,译.北京：电子工业出版
社,2015.

[28] 埃文斯,科瑟尔.社会化客户体验：用社交媒体吸引和留住客户[M].姚军,等译.北京：机械工业
出版社,2015.

[29] 史雁军.客户管理：打造忠诚营销价值链的行动指南[M].北京：清华大学出版社,2012.

[30] 马士华,林勇.供应链管理[M].北京：机械工业出版社,2020.

[31] 乔普拉,迈因德尔.供应链管理[M].北京：中国人民大学出版社,2017.

[32] 黄滨.透明数字化供应链[M].北京：人民邮电出版社,2019.

[33] 彭俊松.工业4.0驱动下的制造业数字化转型[M].北京：机械工业出版社,2019.

[34] 刘宝红.采购与供应链管理：一个实践者的角度[M].北京：机械工业出版社,2019.

［35］ 刘宝红.供应链的三道防线：需求预测、库存计划、供应链执行［M］.北京：机械工业出版社，2018.

［36］ 刘宝红.供应链管理：高成本、高库存、重资产的解决方案［M］.北京：机械工业出版社，2016.

［37］ 刘宝红.供应链管理：实践者的专家之路［M］.北京：机械工业出版社，2017.

［38］ 柳荣.新物流与供应链运营管理［M］.北京：人民邮电出版社，2020.

［39］ 王先庆.新物流［M］.北京：中国经济出版社，2019.

［40］ 宫迅伟.采购2025：数字化时代的采购管理［M］.北京：机械工业出版社，2021.

［41］ 郁士祥，杜杰.5G＋物流：构建现代智慧物流新场景［M］.北京：机械工业出版社，2020.

［42］ 布里格姆.财务管理［M］.14版.北京：机械工业出版社，2014.

［43］ 黄娟.财务管理［M］.重庆：重庆大学出版社，2018.

［44］ 荆新，王化成，刘俊彦.财务管理学［M］.北京：中国人民大学出版社，2017.

［45］ 耿明通，刘姝恬.美的集团财务共享中心优化研究［J］.合作经济与科技，2020，646（23）：142-144.

［46］ 任振清.财务数字化转型——大型企业财务共享服务中心建设实践［M］.北京：清华大学出版社，2020.

［47］ 中兴新云，南京大学，厦门大学.财务的自动化 智能化 数字化［R］.2020.

［48］ 王兴山.数字化转型中的企业进化［M］.北京：电子工业出版社，2019.

［49］ 王兴山.数字化转型中的财务共享［M］.北京：电子工业出版社，2018.

［50］ 王媛，姬潮心.大数据时代下的企业财务管理研究［M］.北京：中国水利水电出版社，2018.

［51］ 付建华，刘梅玲.财务共享——财务数字化案例精选［M］.上海：立信会计出版社，2019.

［52］ 张庆龙，董皓，潘丽靖.财务转型大趋势 基于财务共享与司库的认知［M］.北京：电子工业出版社，2018.

［53］ 井底望天，等.区块链与大数据：打造智能经济［M］.北京：人民邮电出版社，2017.

［54］ 赫尔.风险管理与金融机构［M］.王勇，董方鹏，译.北京：机械工业出版社，2008.

［55］ 刘兴赛.未来银行之路［M］.北京：中信出版社，2019.

［56］ 陆岷峰，王婷婷.基于数字银行背景下数字信贷风险控制管理的战略研究［J］.金融理论与实践，2020（1）：21-26.

［57］ 周月刚.信用风险管理：从理论到实务［M］.北京：北京大学出版社，2017.

［58］ 王军伟.风控：大数据时代下的信贷风险管理和实践［M］.北京：电子工业出版社，2017.

［59］ CERM教材编写委员会.大数据·智能时代企业风险管理入门：企业风险管理员指南［M］.北京：中国财政经济出版社，2018.

［60］ 陈红梅.互联网信贷风险与大数据：如何开始互联网金融的实践［M］.2版.北京：清华大学出版社，2019.

［61］ 腊阳，山丘.互联网消费金融：业务架构、运营和数字化转型［M］.北京：机械工业出版社，2020.

［62］ 王松奇.银行数字化转型：路径与策略［M］.北京：机械工业出版社，2020.

［63］ 陈晓华，曹国岭.互联网金融风险控制［M］.北京：人民邮电出版社，2016.

［64］ 何平平，车云月.大数据金融与征信［M］.北京：清华大学出版社，2017.

［65］ 杨旭，汤海京，丁刚毅.数据科学导论［M］.北京：北京理工大学出版社，2017.

［66］ 顾炳文.风口区块链［M］.北京：民主与建设出版社，2018.

［67］ 葛畅，钟雨萌.传统汽车企业数字化转型下的财务风险分析——以H集团为例［J］.湖北经济学院学报（人文社会科学版），2021，18（9）：66-69.

［68］ 于跃，王庆华.大数据的特质及其安全和信用风险［J］.行政论坛，2016，23（1）：83-88.

［69］ 刘亚亚，曲婉，冯海红.中国大数据政策体系演化研究［J］.科研管理，2019，40（5）：13-23.

［70］ AGGARWAL C C. Data classification［M］//AGGARWAL C C. Data mining. Cham：Springer，2015.

［71］ BENSON G，URICH G H. Method and system for managing a data object so as to comply with predetermined conditions for usage：U. S. Patent 5845281[P]. 1998-12-01.

[72] MOHANTY S，JAGADEESH M，SRIVATSA H. Big data imperatives：enterprise 'Big Data' warehouse，'BI' implementations and analytics[M]. New York：Apress，2013.

[73] GORELIK A. The enterprise big data lake：delivering the promise of big data and data science [M]. Sebastopol，CA：O'Reilly Media，2019.

[74] SRINIVASAN V. The intelligent enterprise in the era of big data[M]. Hoboken，NJ：John Wiley & Sons，2016.

[75] LYKO K，NITZSCHKE M，NGOMO A C N. Big data acquisition[M]//CAVANILLAS J M，CURRY E，WAHLSTER W. New horizons for a data-driven economy. Cham：Springer，2016.

[76] CHEN M，MAO S，ZHANG Y，et al. Big data：related technologies，challenges and future prospects[M]. Heidelberg：Springer，2014.

[77] KARAU H，KONWINSKI A，WENDELL P，et al. Learning spark：lightning-fast big data analytics[M]. Sebastopol，CA：O'Reilly Media，2015.

[78] HALPERIN D，ALMEIDA V T D，CHOO L L，et al. Demonstration of the Myria big data management service[C]//2014 ACM SIGMOD International Conference on Management of Data，2014.

[79] HASSANI H，SILVA E S. Forecasting with big data：a review[J]. Annals of data science，2015，2(1)：5-19.

[80] SIMON P. Too big to ignore：the business case for big data[M]. Hoboken，NJ：John Wiley & Sons，2013.

[81] 王鑫茹. 企业大数据资源价值分析与评估研究[D]. 鞍山：辽宁科技大学，2020.

[82] 赵兴峰. 企业经营数据分析：思路、方法、应用与工具[M]. 北京：电子工业出版社，2016.

[83] 周浩. 数据为王——企业大数据挖掘与分析[M]. 北京：电子工业出版社，2016.

教师服务

感谢您选用清华大学出版社的教材！为了更好地服务教学，我们为授课教师提供本书的教学辅助资源，以及本学科重点教材信息。请您扫码获取。

≫ 教辅获取

本书教辅资源，授课教师扫码获取

≫ 样书赠送

企业管理类重点教材，教师扫码获取样书

 清华大学出版社

E-mail: tupfuwu@163.com

电话：010-83470332 / 83470142

地址：北京市海淀区双清路学研大厦 B 座 509

网址：https://www.tup.com.cn/

传真：8610-83470107

邮编：100084